Introdução à Textologia

Coleção Estudos
Dirigida por J. Guinsburg

Equipe de realização — Tradução: Leda Tenório da Motta; Revisão: Vera Lúcia Bolognani e Dainis Karepovs; Produção: Plinio Martins Filho.

Roger Laufer

INTRODUÇÃO À TEXTOLOGIA
Verificação, Estabelecimento, Edição de Textos

EDITORA PERSPECTIVA

Título do original
Introduction à la Textologie
Vérification, établissement, édition des textes

Copyright © Librarie Larousse, 1972

Direitos em língua portuguesa reservados à
EDITORA PERSPECTIVA S.A.
Av. Brigadeiro Luís Antônio, 3025
01401 – São Paulo – Brasil
Telefone: 288-8388
1980

Sumário

PRELIMINARES

Textologia: ciência do texto IX
Situação da textologia IX
Textologia e crítica literária X
Textologia e leitura XI
Textologia e edições críticas XI
Textologia e textualidade XII
Introdução à textologia XIII

1. PROBLEMAS GERAIS DA EDIÇÃO DOS TEXTOS

1.1. Posição do leitor 1
1.2. Edições científicas de textos modernos 5
1.3. Escolha do texto de base 7
    1.3.1. Limites da escolha 7
    1.3.2. Exercício da escolha: critérios da autoridade 8
        A. *Critérios pretensamente objetivos: moral, história e interesse geral* 8
        B. *Critérios subjetivos: gosto do autor ou do editor e coerência textológica* 10
    1.3.3. Graus da escolha: os estados do texto 12
        A. *Estados pré-originais e originais de manuscritos ou de impressos* 14
        B. *Estados preparatórios* 14
        C. *Estados parciais* 14
        D. *Estados de segunda edição* 15
        E. *Estados simultâneos* 16
        F. *Estados não superponíveis: versões distintas* 17
    1.3.4. Graus da escolha: relações entre vários estados 17
        1.3 4.1. Filiações textológicas gerais 18
            A. *Linhagens diretas* 18
            B. *Linhagens indiretas* 18
        1.3.4.2. Filiações manuscritas 19
            A. *Casos normais* 20
            B. *Casos anômalos* 22
        1.3.4.3. *Dois exemplos de Joseph Bédier* 24
            A. *A tradição manuscrita do "Lai de l'Ombre"* 24
            B. *"Conversações de Pascal com M. de Sacy"* 25

- 1.3.4.4. *Filiações impressas* 28
  - A. *"Histoire de Gil Blas de Santillane"* 28
  - B. *As "Cartas Filosóficas"* 31
- 1.3.5. Localização dos exemplares 34
- 1.4. Estabelecimento do texto 34
  - 1.4.1. Texto de base e texto ideal 35
  - 1.4.2. Exemplar ideal e texto de base 40
  - 1.4.3. Preparação prática do texto 41
  - 1.4.4. Classificação dos erros 42
  - 1.4.5. Análise dos erros 46
    - A. *O ato de cópia* 47
      - *Leitura e escrita: erros literais* 47
      - *Volta ao original: erros de localização visual* 50
      - *Memorização: erros psicolingüísticos* 51
    - B. *A ação de cópia* 53
    - C. *A natureza dos erros* 54
  - 1.4.6. O texto e os níveis gráficos 54
    - 1.4.6.1. *Um exemplo concreto: "Gargantua" de Rabelais* 55
      - *Caracteres* 55
      - *Formato aparente e paginação* 55
      - *Pontuação e alíneas* 56
      - *Fidelidade ou transposição* 57
    - 1.4.6.2. *A tipografia do discurso direto* 57
    - 1.4.6.3. *As maiúsculas* 59
    - 1.4.6.4. *A pontuação* 60
- 1.5. Apresentação do texto 61
  - 1.5.1. Apresentação do texto de autor 61
  - 1.5.2. A introdução ou pré-texto 62
  - 1.5.3. As notas, tábuas e índices: subtexto e/ou pós-texto 63
  - 1.5.4. As variantes 65
- 1.6. Texto serial e espaço gráfico 67
  - 1.6.1. As variantes complexas 68
  - 1.6.2. As variações do espaço gráfico 74
  - 1.6.3. As séries inteira ou parcialmente factícias 75
    - 1.6.3.1. *As coletâneas* 77
    - 1.6.3.2. *As coleções* 79
    - 1.6.3.3. *Escritos diversos* 82

2. PROBLEMAS MATERIAIS DA EDIÇÃO DOS TEXTOS

- 2.1. Generalidades 85
  - 2.1.1. O feiçoamento do livro 86
  - 2.1.2. Bibliofilia e bibliografia material 87
  - 2.1.3. Bibliografia material, arqueologia do livro e textologia ... 88
- 2.2. O estudo material dos manuscritos 90
- 2.3. Rudimentos de história das artes e técnicas do livro 92
  - 2.3.1. O período artesanal 93
    - *A composição* 94
    - *A ornamentação* 97
    - *A imposição* 98
    - *O papel* 100
    - *A impressão* 106
    - *A impressão e a correção: as provas* 106
    - *A distribuição dos tipos* 108
    - *A brochagem* 109
  - 2.3.2. O período industrial 110
    - *A prensa* 110
    - *A composição* 110
    - *A ornamentação* 111
    - *A imposição* 111
    - *As provas em granel* 111
    - *A impressão e a estereotipia* 111
    - *A brochagem e a encadernação de editor* 113

2.4. A descrição bibliográfica 113
   2.4.1. Um exemplo de formulário de colação: as primeiras edições autorizadas dos *Pensamentos* de Pascal 115
   2.4.2. Edição, estado, emissão; impressão, tiragem 119
   2.4.3. Edições original, princeps, pré-original; contrafação e prefação . 120
   2.4.4. Descrição do papel e das manchas impressas 121
   2.4.5. Descrição e identificação: as impressões 122
   2.4.6. Recomendação prática aos bibliógrafos e textólogos 126
2.5. De alguns empregos da bibliografia material 127
   2.5.1. A ordem das edições vizinhas 128
      A. *As edições de mesma família* 128
      B. *As edições de família duvidosa* 133
   2.5.2. Crítica literária e bibliografia material 135

CONCLUSÃO 137
  Legado e perspectivas práticas da textologia 138
  Problemas teóricos do texto .. '. 138

ORIENTAÇÃO BIBLIOGRÁFICA 141

Preliminares

TEXTOLOGIA: CIÊNCIA DO TEXTO

A textologia estuda as condições gerais de existência dos textos. Palavras, o vento leva; o que se escreve permanece: nem os textos, nem as leituras, contudo, escapam às investidas do tempo. A escrita se altera, muda o espírito. A textologia se empenha em assegurar a boa transmissão de certas mensagens. Ela faz parte, portanto, das ciências da comunicação, assim como a filologia clássica e medieval, das quais se distingue por sua menor extensão (tendo por objeto textos melhor conservados e culturalmente mais próximos), um desenvolvimento modesto (a filologia clássica reúne o saber de muitos séculos), mas uma maior abertura a um problema de hoje: a transformação da cultura ligada aos meios de comunicação de massa, o questionamento da tipografia e da escrita.

SITUAÇÃO DA TEXTOLOGIA

A palavra é empregada de forma corrente nos países de línguas eslavas. Ela foi criada por Tomachevski nos anos vinte e usada por ele no subtítulo de um livro publicado em Leningrado em 1928, *O escritor e o livro. Esboço de textologia*[1]. Tais particularidades não são desprovidas de interesse. Elas pedem uma dupla análise.

A textologia passou a constituir disciplina autônoma na primeira década do poder soviético, ou seja, em uma época em que se

---

1. Esta palavra existe numa acepção precisa há meio século. Jacques Seebacher reinventou-a e a empregou no sentido de análise textológica. Sem entrarmos no mérito de seus fundamentos, e tendo em vista unicamente a clareza terminológica, parece-nos justo que, ao adotarmos a palavra, nos ponhamos de acordo com o seu uso científico internacional.

destinava à difusão de massa o "legado" da erudição: a arte de editar textos servia então a uma revolução cultural. Se o termo não foi adotado nos países ocidentais, isso se deve a condições econômicas particulares, que impediram os pesquisadores e grandes editoras de colaborarem. Ainda em nossos dias o editor de textos é ali menos remunerado que um tradutor, fato que por si só fala da situação. E mais: inexiste um mecanismo de proteção, que resguarde o seu trabalho das contrafações.

Apesar do que, a edição de textos modernos sofreu um processo de renovação nos países anglo-saxões, graças ao desenvolvimento da bibliografia material, que parece ser — se não pouco conhecida — ao menos pouco praticada da União Soviética. A importância dos estudos shakespearianos explica em parte esse progresso, também determinado pela instituição das licenças para pesquisa e das Editoras Universitárias.

Que possibilidades teria uma textologia à francesa? Muito poucas, sem dúvida, se tivermos em mente um futuro próximo. Bem entendido, nós possuímos uma prática textológica, de que devemos tomar consciência e que não raro é de qualidade. O que não temos é uma teoria. Seu lugar é preenchido por afirmações de cunho pragmatista. É certo que cada época, cada obra e cada público colocam problemas distintos e específicos, que seria ingênuo e vão pretender resolver decretando regras fixas. Porém, negligenciar o esclarecimento das escolhas particulares, que poderia ser obtido por meio de uma reflexão geral, seria igualmente falho. Os progressos dos trabalhos de equipe nas nossas melhores edições contemporâneas levam a pensar que é chegado o momento de uma reflexão em comum. Esta obra estará justificada se vier a instaurar o debate em torno do problema.

TEXTOLOGIA E CRÍTICA LITERÁRIA

Está aí um alvo que vai muito além de uma erudição perfeccionista. Entre os formalistas russos que se impuseram a tarefa de fundar uma ciência da literatura, Tomachevski foi dos mais eminentes. Não é por acaso que hoje, para nós, a simples menção da textologia evoca certas pesquisas de vanguarda sobre o texto e a textualidade. O que torna nula a oposição entre dois modos de pesquisa, ontem negligenciados e qualificados como auxiliares, que a filologia clássica era a única a continuar adotando: a poética e a crítica dos textos.

É o texto que funda todo estudo literário. Tal constatação não anula a necessária referência de toda crítica literária a um *exterior* do texto (contexto, extratexto, metatexto) em que este se situa para alcançar a significação. Ela evita que se confunda atualização histórica de uma leitura e condição de legibilidade. A escrita manuscrita e a tipografia formam os textos tradicionais. Certas orientações gráficas atuais, que tentam libertar-se de Gutenberg, do alfabeto ou do fonetismo não alteram muito nossa situação no interior do sistema da escrita. A coerência da linguagem escrita, que sinais físicos a tornam possível, é transmitida por meio das manchas impressas e dobradas em volumes, que constituem produtos manufaturados. A indiferença para com as técnicas de produção e de comercialização do livro denuncia uma alienação cultural e econômica. Um texto é necessariamente sustentado por um objeto. As condições materiais da existência dos textos são estranhas aos significados que estes veiculam, a ponto de parecer imensamente irônica uma redução materialista dos textos à tecnologia dos impressos. E no entanto, os "textos" das civilizações sem escrita, os escritos das civilizações sem imprensa nos mostram o quanto nossa literatura é prisioneira da letra. Em vista de uma série de implicações suas, a textologia concerne à filosofia da literatura.

TEXTOLOGIA E LEITURA

Por sua natureza, a textologia é disciplina aplicada e bastante árida: vencidas as primeiras páginas, tratar-se-á de variantes, de anotações, de comentários.

O leitor que evita a introdução e vai direto ao documento histórico ou à ficção literária nem sempre está cometendo um erro: a edição científica dos textos não lhe diz respeito. Ele porém deve estar apto, sempre que necessário, a exercer seu julgamento. Se o dito que diz *está escrito, logo é verdade* perdeu sua autoridade, há um outro que parece indiscutível: *está impresso, logo é autêntico*. Para quem se interessa pela letra, já que é ela quem fala no livro, não é sensato confiar assim no objeto que lhe é vendido. Não que o enganem deliberadamente: o que lhe propõem, por comodidade e economia, é um texto mediocremente fiel. Toda reprodução tipográfica comporta erros mecânicos e humanos; com o tempo, esses erros são acumulados e compostos. Que texto é reproduzido? O mais acessível e menos caro, que não raro é o último a imprimir-se, e portanto o mais falho. Aliás, evita-se assinalar a edição que serviu de base, por negligência ou necessidade de fuga aos direitos comerciais. Para que se reencontre um texto fiel, é preciso voltar às edições originais, melhor ainda, aos manuscritos originais, no caso de terem eles sido preservados.

TEXTOLOGIA E EDIÇÕES CRÍTICAS

Para os textos modernos, escritos a partir da Renascença, pode-se geralmente determinar, por meio de critérios externos, a autoridade relativa dos documentos que os transmitem, ao passo que para a Antiguidade e a Idade Média deve-se recorrer a critérios internos de crítica textológica. Essa diferença de teor, unida aos problemas de língua e de escrita (filologia, paleografia), obriga-nos a considerar separadamente cada campo. Há manuais de crítica textológica das línguas clássicas que se servem da experiência de vários séculos. Jérôme Carcopino enganou-se ao pensar que com "os escritos de hoje, cuja reprodução tipográfica é controlada pelos autores por meio de provas, torna-se a crítica verbal um excesso quase grotesco"[2]. Gustave

---

2. *Les Bonnes Leçons*, Paris, P.U.F., 1968, p. VIII.

Rudler afirmou com maior exatidão: "nenhuma edição corrente tem autoridade até verificação"[3]. Foi Rudler quem nos forneceu o único estudo em língua francesa sobre textologia (palavra de que não necessitava, porque teria ela recoberto para si quase todo o campo dos estudos literários): atribuição, estabelecimento e técnicas de apresentação dos textos, fontes, gênese, influência. Por precaução pedagógica, ele se limitava aos textos bibliograficamente simples (romances, ensaios), deixando de lado os conjuntos de estatuto complexo (obras "completas" ou escolhidas, coleção de poemas, de artigos, de correspondência, etc.). Não lhe foi dado desfrutar dos progressos da bibliografia material, que começava a constituir disciplina autônoma (em Oxford, onde Rudler ensinava). Seu trabalho, escasso e envelhecido, merece ainda ser lido.

Duas outras publicações marcaram época, embora tenham sido mais restritos os seus objetivos. No que se refere à crítica interna das fontes manuscritas, as análises reunidas por Joseph Bédier em 1930, no seu *Études Critiques*, são ainda um modelo de elegância, às vezes enganosa, a serviço de um método sob muitos aspectos ultrapassado. E as considerações bibliográficas de Gustave Lanson no seu prefácio às *Cartas Filosóficas* não obtiveram maior sucesso na prova do tempo: trata-se de um trabalho considerável que não leva a resultado algum, por carecer de conhecimentos históricos sobre as artes e técnicas do livro. Acusada de dissociar história e crítica, a escola lansoniana logrou fazer-se respeitar por seus adversários em vista de seu prestígio. A história fatual e a crítica dos detalhes desacreditaram história e crítica: sem dúvida alguma, a edição das *Cartas Filosóficas* desencorajou os editores científicos.

Mas censurar certas fraquezas de Lanson, ou fazer o elogio de algumas qualidades de Bédier, não nos deve levar a recomeçar uma polêmica inútil. Bédier, aliás, tem sua parte de responsabilidade no pragmatismo que temos tomado por doutrina. É preciso colocar a necessidade conjunta da erudição e da interpretação, sem correlatá-las jamais.

TEXTOLOGIA E TEXTUALIDADE

A textologia situa-se assim no limitado domínio que separa os textos deles mesmos, não partilhando senão uma pequena parte de sua significação. O que não deve causar espanto: estabelecer um texto é um procedimento tautológico, modernizá-lo consiste apenas em modificar certas normas no interior do código gráfico. A textologia malogra nos casos difíceis: transmissão oral, textos inacabados, rascunhos, etc., ou seja, naqueles em que se pretende realizar a tarefa sedutora mas absolutamente irrealizável de textualizar não-textos.

Estabelecer o texto dos *Pensamentos* de Pascal foi para numerosos pesquisadores verdadeira ambição, justamente porque se tratava

---

3. *Les techniques de la critique et de l'histoire littéraires en littérature française moderne*, Oxford, O.U.P., 1923, p. 59.

de apontar uma significação. A "decepcionante" originalidade de Louis Lafuma em sua edição de 1952 foi de evitar a questão da significação, limitando-se sua intervenção a fornecer ao leitor a sucessão dos signos escritos por Pascal nas folhas de papel, em sua ordem primeira e incompleta, de acordo com uma classificação provisória parcial, anterior a uma redação e mesmo a uma ordenação definitiva. Lafuma procedeu como textólogo. Seus predecessores tinham se empenhado em escrever um texto a partir dos fragmentos pascalianos. Resultado: o que se lia era Brunschvicg-Pascal*. Fazia-se por nós o trabalho de textualização. Lafuma coloca "à disposição do leitor todos os elementos necessários a um estudo objetivo dos *Pensamentos*"[4] : exceto um texto a ser lido.

A textologia cuida da boa utilização dos signos tipográficos: ela se aplica somente a textos já tipografados ou pelo menos pré-tipografados, isto é, compatíveis com o sistema. Ela é uma semiologia científica dos textos porque descarta a significação humana, filosófica, etc., em proveito do sentido operatório dos signos entendidos como fundadores do espaço da textualidade. As abordagens críticas da significação têm, sem dúvida, seu lugar nas edições críticas; elas porém só fazem parte da textologia na medida em que modificam ou confundem a textualidade que se propõem elucidar, mas que acabam obscurecendo por alterar o seu espaço gráfico.

Sendo um texto misto, uma edição crítica monumental na realidade constrange o leitor a escolher entre texto e notas, já que não lhe é dado apenas ler, desprovido que é de uma visão tridimensional. *O espaço do texto é gráfico*.

INTRODUÇÃO À TEXTOLOGIA

A presente introdução tenta situar as práticas e os problemas atuais da textologia no campo francês. Os especialistas poderão notar que há falhas de informação e não muita experiência.

Para facilidade de exposição e de consulta, o livro está dividido em duas partes: 1) Problemas gerais da edição dos textos; 2) Bibliografia material e edição dos textos. Sacrificamos à divisão das tarefas a ordem dos assuntos. E a primeira das tarefas é tomar a decisão de editar tal texto para tal público. Será preciso, em seguida, estabelecer o texto a partir de fontes na maioria das vezes impressas (baseando-nos algumas vezes em manuscritos de autor, mas excepcionalmente em edições manuscritas). A crítica textológica tradicional é de grande interesse metodológico, porém de pouca utilidade prática para o editor

---

* Léon Brunschvicg (1869-1944), filósofo francês que se dedicou aos problemas de filosofia das ciências, estudioso de Pascal (*Nature et Liberté, le génie de Pascal 1925*), organizou-lhe as obras completas em colaboração com Pierre Boutroux e Félix Grazier (1897 e anos seguintes).

4. Em Blaise Pascal, *Pensées sur la religion et sur quelques autres sujets*, Paris, Éditions du Luxembourg, 1952, t. I, Introdução por Louis Lafuma, p. 19. Os erros de edição relativos à ordem interior dos maços de papel foram estritamente materiais. Ver mais adiante pp. 115 e ss.

e o leitor de textos modernos: assim, reduziremos ao máximo nossa exposição sobre o assunto. O conhecimento dos livros enquanto objetos materiais, ao contrário, é indispensável; sua vulgarização seria oportuna e até mesmo urgente. A análise material dos manuscritos (paleografia e codicologia) pode oferecer, sempre que aplicada, ensinamentos seguros, porque objetivos[5]: a bibliografia material, fundamento de um saber concreto sobre os livros, é a verdadeira ciência auxiliar da textologia.

Nosso objetivo é contribuir para a divulgação de tais conhecimentos. Há quem se ponha a editar e até mesmo a descrever livros, ignorando tudo a respeito de suas técnicas de fabricação: seja isso dito sem nenhuma arrogância, já que estas linhas falam de seu autor. A severidade de alguns julgamentos referidos ao longo das páginas que se seguem justificará a observação corrente: *os melhores pagam*.

Se são fundados esses julgamentos, o são sob o endosso das escolas soviética e anglo-saxônica. A seus iniciadores, Boris Tomachevski e Ronald MacKerrow, dedico esta introdução.

---

5. Para o campo do grego, ver Alphonse Dain, *Les Manuscrits*, Paris, Les Belles Lettres, 2. ed., 1964. Na página 169 lemos o seguinte aforismo, que se poderia muito bem estender a outros domínios: "Editar um texto é trabalho que se ensina e se aprende".

1. Problemas Gerais da Edição dos Textos

1.1. POSIÇÃO DO LEITOR

Digamos que eu queira ler a *Condição Humana* de Malraux, ou *O Homem Unidimensional* de Marcuse: muito simplesmente compro esses livros, ou então tomo-os emprestados. Vejo o filme *L'Enfant Sauvage*; descubro que se trata de um desenvolvimento do *Mémoire et Rapport* de Jean Itard sobre Victor de L'Aveyron* e compro um exemplar de "poche" do livro. Este me oferece ainda um ensaio-liminar de Lucien Malson, ensaio que ocupa a metade do volume; na verdade, o comentário não tem aqui outra função senão compensar a concisão acadêmica do texto: questão de módulo, de preço de uma coleção. Mas se é o grande poema épico indiano *Mahabharata* o que eu procuro, de repente vejo-me abandonado.

A imprensa assegura aos textos do patrimônio humano uma difusão cada vez maior; entretanto, o grau de disponibilidade desses textos nas livrarias, sua acessibilidade nas bibliotecas encerram o leitor dentro de um espaço limitado pelos meios materiais, pela diversidade das línguas e dos tempos, pela estreiteza de sua própria cultura. O leitor curioso não levará muito tempo para ressentir-se da ausência desses textos. Apesar da escrita e da imprensa.

Essa difusão esconde uma outra insuficiência: a inexatidão, o arbitrário. Tomemos dois exemplos, em Voltaire e Sartre.

A. *Contos e Romances* de Voltaire. Edições recentes é que não faltam: Garnier-Flammarion, Livre de Poche, Bibliothèque de la Pléiade, Classiques Garnier, Club Français du Livre, Imprimérie Nationale, L'Ambassade du Livre, P.U.F. — Sansoni, Club des amis

---

* Trata-se da criança que foi encontrada nas florestas de Aveyron, na França, vivendo em contacto unicamente com a natureza; a obra *Memóire et Rapport*, do médico francês Jean Itard (1775-1838) constitui um relatório clínico sobre o "selvagem de Aveyron" e foi desenvolvida para o cinema por François Truffaut.

du livre progressiste –, sem contar as edições separadas do *Cândido*, de *O Ingênuo*, etc. Dessas edições, a mais volumosa apresenta 38 textos, e a mais modesta 8. Algumas seguem a ordem cronológica da composição (que nem sempre é conhecida), ou a ordem metodológica. A confusão não é inédita. Em 1764, pela primeira vez, ao que parece, uma edição em dois tomos reúne seis romances (lembremo-nos de que, por essa época, muitos dos romances de Voltaire estão ainda para serem escritos). Em 1775, a edição Cramer, "encadrée"*, compila quinze "romances alegóricos, filosóficos, etc.", seis dos quais haviam sido objeto de publicações autônomas algum tempo atrás; dois outros romances (*O Touro Branco* e a *História de Jenni*), apenas publicados, não eram ali incluídos por razões comerciais óbvias. Em 1778, a edição Bouillon reúne quarenta contos, inclusive os contos em verso. Em 1785, a edição da Kehl seleciona vinte e cinco desses contos, entre os quais aparecem quatorze da editora Cramer (foi excluído o *Pot-Pourri*). As modernas seleções da Garnier-Flammarion (René Pomeau) e da Bibliothèque de la Pléiade (René Groos) conservam vinte e seis desses textos: os da Kehl e mais o *Pot-Pourri*.

Quando não publicava separadamente seus contos, Voltaire os inseria em coletâneas de obras variadas. Toda seleção posterior baseia-se portanto em uma ordem metodológica, que permite sejam eles extraídos das *Obras Completas* do autor. Por que então hesitar em modificar a seleção tradicional? "Mostrar a mesma iniciativa da Bouillon não seria perpetuar o caráter combativo de uma obra viva?"[1] A decisão mais significativa do ponto de vista da história literária consiste em excluir, por consentimento unânime e quase tácito, os contos em verso: é indiscutível que se moderniza dessa forma a imagem do escritor, com vistas a lhe granjear leitores, que se procede a um arranjo, tudo com o cuidado de não atentar contra a escrita do texto.

Na realidade, inocentemente, atentamos contra ela. O leitor curioso e paciente terá apenas que comparar as edições para cientificar-se disso. Tal comparação (que se chama colação em termos de arte) deve porém examinar o texto com base nas edições autênticas: o texto fiel é estabelecido em uma edição crítica. De onde vem o texto que as edições modernas propõem ao leitor? É justamente isso o que elas não dizem. Ora, numerosos contos de Voltaire nunca tiveram uma edição crítica. Verifiquemos. Que se escolha, entre os contos mais freqüentemente reimpressos, aquele que seja também, por precaução, dos mais curtos: *O Branco e o Negro*. Esse conto aparece originalmente em uma coleção chamada *Contes de Guillaume Vadé*, no ano de 1764, em Genebra. Pois bem, a Biblioteca Nacional de Paris apresenta duas edições diferentes com esse mesmo endereço bibliográfico (data e local), além de uma terceira, de 1764 também, publicada "en Europe" como afirma a página de título. Constatamos, de imediato, que a própria bibliografia das obras de Voltaire publi-

---

* A coleção *encadrée* (enquadrada) reúne textos de caráter diverso.
1. Jean Varloot, na sua Introdução, Club du Livre Progressiste, Paris, 1959.

cadas no século XVIII é problemática. Por esse motivo, nos limitamos a uma rápida investigação, conservando, além das edições mencionadas, as de 1771, 1775 e 1785[2], que comparamos com um dos textos modernos, o da Garnier-Flammarion. Deixando de lado diferenças de pontuação e ortografia, encontramos em cinco trechos algumas diferenças substanciais:

Trechos	Texto Garnier-Flammarion SIM	Variante NÃO
1	il se hâte de passer un des ponts de la rivière (p. 273)	passer sur un des ponts de la rivière
2	la princesse l'a accepté pour son époux (p. 274)	pour époux.
3	jette au loin ses deux diamants funestes (p. 276)	ces deux diamants...
4	J'étais le vautour qui a déplumé l'aigle; le rhinocéros qui donnait cent coups de corne à l'éléphant (p. 277)	le vautour qui l'a déplumée; le rhinocéros qui lui donnait cent coups de corne.
5	Rustan se retrouva dans la maison de son père (p. 278)	se trouva...

Essas diferenças se distribuem assim:

Trechos	1764[1]	1764[2]	1764[3]	1771	1775	1785
1	NÃO	NÃO	NÃO	SIM	NÃO	SIM
2	NÃO	NÃO	SIM	NÃO	NÃO	SIM
3	NÃO	NÃO	NÃO	NÃO	NÃO	SIM
4	NÃO	NÃO	NÃO	SIM	NÃO	SIM
5	SIM	NÃO	SIM	SIM	NÃO	SIM

Podemos observar que o texto Garnier-Flammarion concorda com o de 1785, que serviu de base às duas grandes edições Beuchot e Moland, do século XIX. Ele deriva, sem dúvida, do de 1785: direta ou indiretamente. Que significam então as diferentes variantes? Teriam elas sido autorizadas por Voltaire? Teria Voltaire corrigido seu primeiro texto? Estes são problemas que não se podem resolver de imediato no caso de um texto de mais de cem anos. Nós apenas os estamos colocando.

B. *O Muro* de Jean-Paul Sartre. Voltemo-nos agora para um autor moderno e examinemos, ainda, por questão de prudência, a curta novela de sua autoria que dá título ao livro. Ela aparece inicialmente na *Nouvelle Revue Française*, no número de 1º de julho de 1937. É esse o texto que nos servirá de base: iremos compará-lo com cinco outros exemplares, todos diferentes[3]. Deixaremos novamente

2. Aqui estão as siglas que atribuímos aos exemplares da Biblioteca Nacional consultados: 1764[1]: *Contos de Guillaume Vadé*, s. l (Genebra), 1764, cotés Z Beng. 173 et Z Beuchat 174; 1764[2]: *Contes...*, Genebra, 1764, p. Z 1629; 1764[3]: *Contos...*, "En Europe", 1764, Z Beng. 175 (1); 1771: *Obras*, Genebra, Cramer, 1771, t. XVII, Beuchot 1882. 1785: *Obras*, Khel, 1785, t. XLIV, p. Z 60944.

3. São todas edições publicadas pela Gallimard, de Paris, exceto a de 1963, da Livre de Poche; a de 1943 é qualificada "décima-sexta edição", e a

de lado a pontuação, particularmente variável no caso das alíneas e do estilo direto. Descubriremos, em dez trechos, diferenças substanciais:

Trechos	Texto "Nouvelle Revue Française" SIM	Variante NÃO
1	puis ils se mettaient à écrire sur leurs papiers (p. 38)	*omitido* "sur leur papiers"
2	Tom et Jean m'attendaient (p. 39)	*omitido* "m'"
3	qui portait un uniforme beige	... uniforme belge.
4	agitait la tête de temps en temps (p. 44)	... de temps en temps la tête
5	nous amener dans la cour. Bon. Les types (p. 48)	*omitido* "Bon".
6	Après, dis-je durement, (p. 48)	... dis-je rudement,
7	Nous le regardions; le petit Juan aussi le regardait: nous le regardions tous les trois (p. 50)	Nous le regardions tous les trois
8	il devait comprendre tout d'un coup (p. 51)	... tout à coup
9	Je préferais crever plutôt que de livrer Gris (p. 59)	Je préferais plutôt crever que de livrer Gris
10	Je les imaginais. (p. 60)	Je les imaginai.

Essas diferenças se distribuem assim:

Trechos	1943	1946	1961	1963	1964
1	NÃO	NÃO	NÃO	NÃO	NÃO
2	NÃO	NÃO	NÃO	NÃO	NÃO
3	SIM	SIM	SIM	NÃO	SIM
4	NÃO	NÃO	NÃO	NÃO	NÃO
5	SIM	SIM	SIM	NÃO	SIM
6	NÃO	NÃO	NÃO	NÃO	NÃO
7	SIM	NÃO	NÃO	NÃO	NÃO
8	SIM	NÃO	NÃO	SIM	NÃO
9	SIM	SIM	SIM	NÃO	SIM
10	NÃO	NÃO	NÃO	SIM	NÃO

A ordem cronológica adotada dissimula a singularidade da edição Livre de Poche, a de 1963. Esta última apresenta três variantes próprias e duas voltas ao texto original. Não é a deterioração do texto o que surpreende, mas sim suas duas oportunas correções. A quê ou a quem atribuí-las? A manutenção dos demais erros impede-nos de pensar que uma edição anterior à de 1946 tenha servido de texto de base: as palavras omitidas, difíceis de serem descobertas, não foram restabelecidas; pelo contrário, 1963 comete nova omissão. As correções (8 e 10) se impõem no contexto a todo leitor atento; justifica-se, no entanto, o nítido erro três (uniforme belga (*belge*) no lugar de bege (*beige*). Trata-se, com efeito, de um médico belga, o que aliás é dito em alguma parte na novela, sendo que este traz um uniforme

---

de 1946 "décima-nona edição", onde "edição" tem o sentido de porção de uma tiragem.

de cor pouco usual: nem cáqui nem verde... A rigor, seria o caso de se perguntar se um médico estrangeiro, belga principalmente, usaria seu uniforme nacional durante a guerra civil da Espanha. Mas pelo menos, o adjetivo belga constitui aqui um erro inteligente. A comparação das variantes de 1963 nos trechos 3, 8 e 10 nos faz pensar que o compositor tipográfico, fazendo uso de um texto já deteriorado, se permitiu melhorá-lo *ex ingenio*, por sua própria conta, tecendo *hipóteses* dentre as quais duas se revelam felizes e uma infeliz, embora perturbadora: se ignorássemos o texto de 1937, talvez fôssemos tentados a segui-lo.

Dois outros erros merecem um comentário. No trecho 1, a omissão de "sur leurs papiers" (nos seus papéis) não prejudica a compreensão do texto. A precisão pode ser julgada literariamente boa (descritiva) ou ruim (redundante). Na edição de 1943, a frase "puis ils se mettaient à écrire" (em seguida se punham a escrever) termina a página: nesse lugar se justifica mais a omissão, tendo ela aí maiores chances de passar despercebida, desde que o sentido permaneça completo. Esse tipo de argumento material tem mais força do que um julgamento estético. No trecho 7, dá-se uma omissão por redução: uma seqüência de palavras repetidas provoca um erro de leitura, podendo os olhos se desviarem do primeiro grupo para o segundo e confundi-los. Fala-se a propósito, de um *salto para o mesmo*. Tal erro deteriora sensivelmente o texto, mas só uma colação minuciosa das edições permite detectá-lo, já que ele escapa facilmente à vista, cuja tendência é seguir o modelo falso.

Muito embora sejamos contemporâneos à problemática da novela de Jean-Paul Sartre, é forçoso constatar que algumas dezenas de anos foram suficientes para degradar-lhe o texto.

1.2. EDIÇÕES CIENTÍFICAS DE TEXTOS MODERNOS

Em que edição se deve ler um texto? A resposta varia para cada um e pode ser encontrada nos manuais ou repertórios de bibliografia sinalética retrospectiva. A esse respeito só podemos fornecer aqui indicações muito gerais, e antes de tudo esta: nenhuma coleção pode garantir a qualidade de um texto porque nenhum instituiu regras suficientemente rigorosas ou as publicou.

A primeira dessas coleções, por ordem cronológica, intitula-se "Les Grands Écrivains de la France" e foi lançada em 1862 pela Hachette, sob a direção de Adolphe Régnier. A notícia publicitária de certos volumes afirma que seu mérito principal é "a fidelidade do texto, que reproduz as melhores edições publicadas pelo autor, ou, no caso de não ter sido o autor o editor de suas obras, se baseia nas fontes mais autênticas e mais dignas de confiança. Ao texto adotado ou assim constituído juntam-se as variantes — todas, sem exceção, no caso dos escritores mais importantes; quanto aos demais, a escolha é feita por meio de um critério estético"[4]. Mas isso é ainda demasiada-

---

4. Fim do tomo I das *Obras* de La Bruyère, 1865, no verso de uma folha não paginada, marcada "VIII".

mente vago. A grande originalidade da coleção foi o estabelecimento de léxicos de autor, o que permite à lexicologia alcançar um grande desenvolvimento, patenteado pelos trabalhos de Émile Littré. Os autores tratados pertenciam essencialmente ao século XVII, isto é, ao classicismo: o que se tencionava era apresentar essa época literária com a mesma seriedade devida aos textos da Antiguidade grega e romana.

Em 1910 começava a aparecer uma outra coleção, "Les Classiques Français du Moyen-Age", série que fazia recuar no tempo a obra empreendida pelos grandes escritores. Já a Sociedade "Les Belles Lettres" procedia à operação contrária: aumentava o seu negócio, grego e latim, com uma coleção "Les Textes Français" que nunca chegou a impor-se no mercado, em virtude de não ter encontrado uma fórmula e um público. Cada volume era submetido à aprovação de um comitê, que encarregava um segundo especialista da "revisão em colaboração" com o editor científico responsável: mas, para sermos corretos, essa menção inserida no verso da página de rosto* omite a pequena frase capital que figura na maior parte dos volumes de autores clássicos: "e de lhe supervisionar a correção".

Ora, é a correção das provas, tarefa ingrata e penosa, que garante a exatidão de um texto. Algumas grandes edições americanas adotaram a regra de cinco correções "científicas", número que parece ser justificado pela prática e que, sem dúvida, reduz os erros à proporção de um para cada cem páginas em média. É realmente importante que se saiba que duas correções consecutivas, feitas minuciosamente, deixam passar pelo menos um erro a cada dez páginas. Um procedimento bastante eficiente, utilizado por vezes na Alemanha, porém demasiado trabalhoso, consiste em verificar cada palavra de trás para frente, letra por letra. O leitor atencioso deverá portanto estar pronto a questionar, quando se fizer necessário, a exatidão literal de uma edição.

Existem hoje três coleções de textos literários modernos: *Classiques Garnier* (Garnier), *Bibliothèque de la Pléiade* (Gallimard) e *Textes Littéraires Français* (Droz). Há vinte anos atrás, cada uma delas visava um público distinto: secundaristas, burgueses ilustrados e universitários. Essas diferenças se reduziram na medida em que as duas primeiras elevaram o seu nível científico. Nenhuma delas porém parece possuir uma doutrina textológica claramente definida. O mesmo acontece com a Caisse Nationale des Lettres, que subvenciona diversas publicações, edições científicas entre elas, e com o Sindicato dos críticos literários, que confere, judiciosamente por sinal, um prêmio anual de edição crítica[5].

Numerosas editoras, que não raro são clubes, encarregam-se das edições de obras completas; algumas dessas edições são excelentes, muito embora certas obras tomadas separadamente devam ser lidas em coleção de poche. Cabe ao leitor informar-se.

---

* Ver a primeira nota que fizemos para o item 2.3.1. da segunda parte.

5. A partir de 1963, foram laureados Mme Béatrice Jasinski e MM. Roger Pierrot, Jean Gaulmier, Jacques Petit, Georges Lubin, Henri Mitterand, Maurice Regard, Pascal Pia, Victor Del Litto.

1.3. ESCOLHA DO TEXTO DE BASE

1.3.1. LIMITES DA ESCOLHA

Assim que se toma a decisão de editar um texto, convém escolher uma realização concreta (manuscrita ou impressa) que servirá de base ao seu estabelecimento: é o texto de base.

Se essa realização só se dá em um exemplar, este será necessariamente tomado como texto de base: não há possibilidade de escolha. Vários exemplares representam freqüentemente um estado único do texto: a comparação estabelecerá, nesse caso, sua conformidade. Tal comparação implica uma colação minuciosa.

Em outros casos, os exemplares se reagrupam em séries, constitutivas de um número equivalente de estados distintos completos (para os estados parciais, ver 1.3.3.C). As séries formam três classes de acordo com o seu grau de autoridade:

A: uma única série detém a autoridade (no sentido pleno da expressão: produto autêntico do autor, que respeita a sua "vontade");
B: duas ou várias séries compartilham a autoridade (variaram produto e vontade);
C: nenhuma série detém a autoridade.

Esta última classe forma três subclasses de acordo com a sua relação com o texto originário[6]:

c_1: o texto original desapareceu e os estados subsistentes não são ordenáveis (traduções independentes de numerosas obras medievais[7]);
c_2: o texto original é posterior; notas, rascunhos, etc., atestam a atividade produtora do escritor antes do término do texto (ver 1.3.3.B);
c_3: o texto original nunca existiu e não existe nem mesmo um texto fixo: o que faz redundar em absoluto fracasso qualquer tentativa de reconstituir um texto primitivo (literatura folclórica de transmissão oral).

A questão da escolha não se coloca para os textos das classes A e C. A classe A, por sinal, engloba os casos de exemplar ou estado único, visto que pressupõe que se possa atribuir a uma única série a

---

6. O termo "originário" denota a vinculação a um corpo na ausência do texto original (c_1), do texto primitivo (c_2), ou de ambos (c_3).

7. A popularidade aumenta a diversidade: assim como os cantares espanhóis, de que "se conservam numerosos códices, centenas deles, todos anônimos, todos aparentados, todos diferentes entre si numa infinidade de detalhes", escreve Menendez Pidal, e continua: "a propósito, em plena época moderna é possível encontrarmos casos dignos de nota: Quevedo, por exemplo, é um autor com diferentes obras que não poderiam ser estudadas num texto único e fixo, uma vez que os originais manuscritos nos trazem um texto flutuante, onde, na maioria das vezes, não chegamos a distinguir aquilo que é do autor daquilo que é dos propagadores" (R. Menendez Pidal, D. Catalán e A. Galmes, *Como vive un romance. Dos ensayos sobre tradicionalidad*, Madri, in "Revista de filologia española, anejo LX", 1954, p. X).

autoridade; os critérios empregados são portanto externos (determinação de datas, autenticidade material, etc.).

1.3.2. EXERCÍCIO DA ESCOLHA: CRITÉRIOS DA AUTORIDADE

Quando a autoridade é ou parece ser compartilhada, faz-se necessário escolher, isto é, deliberar com o auxílio de critérios, sejam eles objetivos ou subjetivos: a autoridade do autor é dessa forma submetida a uma autoridade superior.

E o que se escolhe é ora a primeira edição publicada, ora a última a ter sido revisada pelo autor. Essa contradição prática levou os editores avisados e os organizadores de coleções a um total empirismo: é um fazer e um deixar fazer que nunca se explicam, de sorte que a própria aplicação de critérios pretensamente objetivos parece advir de um *parti pris* subjetivo. Essa atitude não deixa de alimentar mal-entendidos: o editor científico só assume pela metade suas responsabilidades, se dispondo, muitas vezes contra a sua convicção, a seguir um suposto caminho. Ora, para os textos literários modernos, que o tempo não mutilou gravemente, o exercício das faculdades críticas situa-se nesse nível de decisão. É aqui que entra a enérgica observação que A. E. Housman fazia em 1921 aos classicistas britânicos, referindo-se ao método científico em crítica textológica: "É bom que se possuam conhecimentos, que se possua um método, mas uma coisa importa mais do que tudo: é preciso ter uma cabeça sobre os ombros, e não uma abóbora, com massa cinzenta por dentro e não queijo branco"[8].

A. Critérios pretensamente objetivos: moral, história e interesse geral

a_1. *O critério moral.* Em vida do autor, a autoridade moral é definida juridicamente, sem dar margem a ambigüidades. A lei de 11 de março de 1957 relativa à propriedade literária e artística define uma concepção dualista do direito de autor, direito em que distingue atributos de ordem moral e patrimonial (pecuniária). A autoridade (direito moral) implica as seguintes prerrogativas[9]: divulgação (publicação), paternidade (menção do nome: de família ou pseudônimo), retrato e arrependimento (correções, remanejamentos e mesmo retirada do circuito comercial) e finalmente respeito (autorização para tradução e adaptação). O exercício do direito de arrependimento e de retrato pode custar caro ao autor, que se acha preso ao editor comercial por meio de um contrato: nem por isso acha-se esse direito mais sujeito a uma prescrição. Não chegamos a imaginar de que maneira poderia um editor científico opor-se à vontade de um autor vivo; já o editor comercial pode pressioná-lo multando-o, fazendo-o pagar integralmente ou em parte o preço das modificações introduzidas no seu texto após a entrega do manuscrito definitivo.

---

8. "The application of thought to textual criticism", in *Proceedings of the Classical Association*, 1921, p. 84

9. Seguimos aqui a exposição de André Françon, *La propriété littéraire et artistique*, P.U.F., coleção "Que sais-je?", 1970.

Quanto aos sucessores, herdam um direito moral quanto às prerrogativas de divulgação, paternidade e respeito, mas não nos parece que isso aconteça com relação às de retrato e arrependimento. No que se refere às obras de domínio público, sabe-se que a jurisprudência recusou o exercício do direito de respeito a uma sociedade – *Société des Gens de Lettres* – concedendo-o porém a uma outra – *Caisse Nationale des Lettres* – que dele ainda não fez uso.

Estas considerações seriam desnecessárias, não fosse o fato de que os editores científicos invocam ainda "naturalmente" a última vontade do autor para justificar a escolha da última edição por ele revisada, transformando-se, por assim dizer, em executores testamentários perpétuos. A noção de última vontade, contudo, só comporta um sentido objetivo – o legal – e não poderia ser ampliada para além do espaço de aplicação previsto por lei.

a_2. *O critério histórico.* A última vontade deixa de ser universalmente reconhecida a partir do início do século. "Não há por que aceitar essa regra", escrevia Rudler em 1923, continuando: "historicamente, a verdadeira data de uma obra é a de seu aparecimento"[10]. A história que dá margem a esse tipo de asserção é a história fatual dos discípulos de Lanson: ela se preocupa com os grandes acontecimentos literários, com a sorte das obras concebidas na sua singularidade, e não com o espaço circunjacente ao texto, etc. Em uma palavra, ela repousa sobre uma certa idéia de leitura, estreita e subjetiva, que teria por finalidade erigir em lei a apropriação das obras por uma tradição de ensino.

Há um outro critério histórico que foi igualmente utilizado e que se poderia expor da seguinte maneira: historicamente, a verdadeira forma de uma obra é aquela que lhe emprestou a tradição. Sem dúvida alguma, tal afirmação teria feito tremerem os defensores da escola positivista. No entanto, o recurso à vulgata, isto é, ao estado de maior difusão de um texto, não é coisa rara, podendo ser verificado na prática, quando não na terminologia editorial. Sim, porque uma falsa elegância faz com que se empregue a palavra de maneira imprópria; a edição Furne, revisada, é qualificada de "vulgate de *La Comédie Humaine*"[11], muito embora se trate do último estado desejado pelo autor. A vulgata pode ser, por vezes, um dos textos revisados pelo autor, sem ser o último (edição Charpentier de *Madame Bovary*); mais freqüentemente, ela é uma edição póstuma de obras completas (edição Beuchot ou Moland de Voltaire; edição Assézat-Touneaux de Diderot) ou de uma única obra (edição Neufchâteau de *Gil Blas de Santillane*). A *Vulgata* de São Jerônimo chama a atenção porque teve o seu papel no desenvolvimento do cristianismo ocidental; mas seu valor textológico não deixou de ser questionado. As vulgatas de autores modernos não passam de edições de referência ou de trabalho, nas quais editores consecutivos e pouco escrupulosos foram buscar um texto desprovido de autoridade. Elas só valem pela história pós-

---

10. Gustave Rudler, *op. cit.*, pp. 84 e 85.
11. Jean Pommier, *L'invention et l'écriture dans "La Torpille" d'Honoré de Balzac, avec le texte inédit du manuscrit original*, Droz Minard, 1957, p. 221.

tuma dos textos. Fazer a história póstuma do texto, entretanto, não era o que pretendia Raymond Naves na sua edição das *Cartas Filosóficas:*

> Entre as numerosas variantes recolhidas por Gustave Lanson com base em todas as edições que se sucedem até 1784 (Khel), escolhi as mais expressivas, as que permitiriam ao leitor avaliar a evolução do pensamento de Voltaire, evolução particularmente sensível a partir de 1750; salvo raras exceções, conservei apenas aquelas que chegaram até a edição Kehl, isto é, até Moland praticamente, através da edição Beuchot. Chamarei comumente a este último estado do texto *vulgata* das *Cartas Filosóficas*[12].

O que ocorre na realidade é que, devendo selecionar certo número de variantes, de acordo com os princípios da coleção Garnier, Raymond Naves tenta se escudar numa autoridade exterior arbitrariamente definida. Ele acaba se confundindo nas suas referências, sem que dê mostras da mesma filosofia de ironia que instilam estas últimas.

a_3. *Interesse geral.* Alguns especialistas soviéticos defendem uma concepção mista, segundo a qual o respeito pelo interesse geral atenua o respeito pela vontade do autor: Max Brod merece nosso reconhecimento por ter assim salvado da destruição os manuscritos de Kafka, contrariando a última e expressa vontade do autor. Esses especialistas rejeitam portanto qualquer modificação, resultante de um acomodamento interessado do autor à sua consciência ou a seu tempo, feita em nome da *última vontade criadora*[13]. O que equivale, de um lado, a reafirmar o valor perpétuo da última vontade, e de outro, a identificar vontade histórica (ou política, ou moral) e vontade criadora: identificação arbitrária inúmeras vezes desmentida (Balzac, Zola, Hamsun, Celine, Aragon, etc.).

B. *Critérios subjetivos: gosto do autor ou do editor e coerência textológica*

b_1. *Gosto do autor ou do editor.* Invoca-se ainda o gosto literário ou ideológico para se tomar por texto de base a primeira ou a última edição: escritores como Ronsard e Corneille teriam, na velhice, aprimorado suas obras iniciais por meio de um trabalho de revisão, ou tê-las-iam tornado insípidas, pesadas, mutiladas; Sorel teria cedido ao conformismo ao dar continuidade à sua *Histoire Comique de Francion:*

> Se fôssemos seguir os princípios comumente admitidos em matéria de edição das obras clássicas, deveríamos reproduzir o texto de 1633. Isso significaria, contudo, privar o romance de Sorel daquilo que representa seu maior interesse. As correções por ele introduzidas na segunda e posteriormente na terceira edição têm por principal finalidade não o aperfeiçoamento da obra, mas, pelo contrário, seu abrandamento, o enfraquecimento da significação, a atenuação do escândalo [...]. Todas as alterações introduzidas por Sorel no texto primitivo serão encontradas entre as variantes [...]. Reproduzimos inclusive as homilias aborrecidas e sentenciosas que ele inseriu na sua segunda

---

12. Introdução às *Cartas Filosóficas* de Voltaire, Garnier, 1956, p. XIII.
13. S. A. Reisser, *Paleografija i Tekstologija*, Moscou, Prosvesčenie, 1970, pp. 126 e s.

e terceira edições, visto que elas permitem apreciar o caminho que percorreu o espírito público de 1623 a 1633, o progresso do conformismo e os recuos da liberdade[14].

Seria inútil submetermos Antoine Adam ao mesmo julgamento tendencioso a que ele sujeita seu autor. Mas examinemos seus argumentos. O aspecto documentativo do romance é realçado, com efeito, se as atenuações são consignadas como variantes; dessa forma, respeita-se também a intenção original do autor. Este último teria, no caso, exercido sobre sua obra um direito de arrependimento patrimonial e não moral. Mas um tal argumento não tem nenhuma força jurídica, já que o direito moral está fundado no direito patrimonial. A célebre sentença facultando ao pintor Rouault a recuperação de telas por ele vendidas no passado deve ser interpretada como uma extensão do direito de seqüela (graças ao qual os artistas vivos recebem uma porcentagem da mais-valia obtida por suas obras em vendas sucessivas) e não como um julgamento da criatividade. Antoine Adam limita-se à consideração de certos aspectos particulares, aos quais sacrifica a própria coerência narrativa: "no fim do livro XI, conta-se o casamento de Francion e Nais, e quando chegamos ao livro XII vamos descobrir que simplesmente não houve casamento". Essa contradição, afirma Adam, "não tem uma importância real". Não vamos aqui nos estender inutilmente sobre o assunto, questionando a posição de Adam. Só não podemos concordar com o fato dele situar-se no exterior da obra e, por fim, de liquidar os problemas movido por uma incontrolável subjetividade. Se a obra, a cada uma de suas etapas, 1623, 1626 e 1633, se revelava incoerente, cabe-nos perguntar por que motivo teria ela sido integralmente reeditada; no caso contrário, é preciso que essa coerência seja demonstrada, e que as "atenuações" sejam julgadas em função de sua lógica textológica.

b_2. *Coerência textológica.* O princípio de coerência textológica traz a autoridade para o próprio âmbito do texto. E não poderia ser de outra forma, se formos pensar nas obras de domínio público. O editor científico deve julgar as partes relacionando-as com o todo. Fundamentando sua decisão no texto, ele estará fugindo à subjetividade individual que invalida tanto os critérios morais quanto os históricos, artísticos e ideológicos; estará se submetendo à subjetividade histórica, na qual se inscreve toda leitura. Quanto a seu trabalho, deverá ser substituído como o de seus predecessores. Não há diferença de natureza, nesse nível, entre crítica literária e crítica textológica, e sim uma diferença de grau e de documentação. Com efeito, o editor científico dispõe, no caso de cada texto a ser interpretado, de dois, e às vezes três interpretantes, cada um deles ligado a um conjunto de interpretantes (as variações dos estados sucessivos). Esses limites rigorosos não deixam de restringir o interesse de um estudo de variantes, mas oferecem, por outro lado, um grau de certeza superior à interpretação. Não é por acaso que expressões como *crítica de textos, crítica textológica* e *textologia* nos parecem ambíguas, aplicadas que

---

14. Antoine Adam, *Romanciers du XVIIe siècle*, Gallimard, "Bibliothèque de la Pléiade", pp. 1258-1259.

são ao estudo de textos entendidos como sistema duplo de significantes e significados.

Todo editor científico tem um projeto comum que é transmitir o texto na sua integridade. Independente da maneira como possa ser interpretado ou desenvolvido, repousa esse projeto necessariamente no primado do texto. Editar um texto é reproduzi-lo. O critério da escolha já faz parte da decisão de editar o texto: a própria idéia de texto pressupõe o respeito pelo texto. A edição do texto é tautológica no seu projeto, e singularizante na sua realização.

b_3. *Autocensura, ingerência externa e colaboração camarada.* Vimos que um autor pode censurar seu próprio texto por ocasião da publicação original ou mesmo de uma reedição: mas quaisquer que tenham sido seus motivos, é apenas o resultado que deve ser julgado. Quando se trata de uma ingerência externa, reconhecida pelo autor e por ele refutada, tanto os critérios internos como os externos haverão de denunciá-la: restituir um texto mutilado e adocicado é a coisa mais comum, basta que as circunstâncias, de alguma forma, venham a favorecê-la. Mas pode acontecer de um autor pouco experimentado vir a aceitar ou procurar os conselhos de um profissional, que lhe dará, por assim dizer, lições de escrita: o que pode ocorrer quando o escritor não pertence à *intelligentsia*. Fourmanov, por exemplo, tendo recorrido a Lepechinsky para a revisão de alguns diálogos de seu romance *Tchapaev*, não logrou depois disso restabelecer seu primeiro texto: tal particularidade, segundo Prokhorov, seria bastante característica da edição dos clássicos soviéticos: "a inexperiência artística dos autores, bem como o nível cultural superior de numerosos redatores literários desempenharam, no caso, um papel importante, da mesma forma que a comunidade de posições ideológico-estéticas e a mútua camaradagem que pautava essas relações"[15].

As sugestões camaradas são aceitas por alguns autores e recusadas energicamente por outros, por uma questão principalmente de temperamento: e isso nos faz lembrar Flaubert e Maxime du Camp, Supervielle e Etiemble, Faulkner e Ben Wasson[16]. O estudo dessas variações pertence à gênese do texto, tanto quanto a influência da crítica teatral, por exemplo, sobre as obras dramáticas (remanejamentos da *Andromaque* de Racine).

1.3.3. GRAUS DA ESCOLHA: OS ESTADOS DO TEXTO[17]

Os graus e dificuldades concretas da escolha dependem do distanciamento entre os estados. Antes de distinguirmos tipos principais

---

15. E. I. Prokhorov, "*Tchapaev* de D. A. Fourmanov. História do texto do romance", na coletânea *Tekstologija*, n. IV, Moscou, 1967, p. 43.

16. Ver C. Gothot-Mersch, na sua edição de *Madame Bovary*, Garnier, pp. 360-362; *Correspondance* Supervielle-Etiemble, 1969, pp. 179-181; J. B. Merither, "Notes on the textual history of *The Sound and the Fury*", in *Papers of the Bibliographical Society of America*, LVI (1962), pp. 285-316.

17. Estados de um texto e estados de uma edição são duas noções distintas, tanto quanto texto ideal e exemplar ideal (ver 1.4.2.).

de estados, para a facilidade das análises, convém colocar o problema na sua generalidade. É Tomachevski quem o expõe de forma lúcida:

> Dans l'ensemble, l'auteur qui reprend une de ses oeuvres en modifie le système poétique en sa totalité ou en ses parties. Plus cette reprise est proche du moment de la création de l'oeuvre, plus elle lui est organiquement liée, plus la modification du système répond au projet artistique fondamental. Mais plus l'auteur s'éloigne de son oeuvre, plus il est fréquent que la modification du système se réduise à un placage d'éléments de son nouveau style sur le fonds du style organique ancien devenu étranger. Une question fort difficile se pose alors à l'éditeur qui doit décider si l'auteur a réussi à trouver un nouveau système, à reprendre l'oeuvre sans rien laisser pour compte, de manière que, d'une part, il n'y ait pas de contradictions internes entre divers lieux de l'oeuvre, ni de différence de style criante, et que, d'autre part, le nouveau système fusionne organiquement avec le projet artistique de l'oeuvre. De là dépend le choix d'une version selon le principe du texte relevant d'un système unique[18*].

Toda retomada do trabalho de escrita altera ou modifica a coerência textológica. Não há no francês palavra alguma que designe essa retomada ("pererabotka") sem implicar o seu resultado: *révision* (revisão), *correction* (correção), *remaniement* (remanejamento, envolvendo abreviação e acréscimo) e *refonte* (reforma). Entende-se por revisão desde a simples leitura até a reforma total da obra; na maioria das vezes, ela determina a correção de detalhes materiais (a intervenção voluntária no nível dos significantes consiste necessariamente numa correção visando sua conformidade ao texto que se reproduz, às normas tipográficas ou ainda aos conhecimentos vigentes). O remanejamento determina uma modificação das partes, e a reforma uma modificação do todo: o que pode dar origem a estados inconciliáveis, a textos diversos.

A distância entre os estados pode ser facilmente medida por meio de coordenadas temporais e espaciais: tempo decorrido entre as redações (ou impressões) dos estados e alteração do espaço linear gráfico (ou tipográfico) de um estado a outro. Essa medida, em muitos casos, tem um valor indicativo e confirma o bom senso. É o que se poderá constatar examinando os principais tipos de estados:

---

18. B. Tomachevski, *Pisatel' i Kniga. Očerk tekstologii*, Priboj, Leningrado, 1928, p. 164 (nossa tradução). Seu ponto de vista é o mesmo do mais importante textólogo soviético, D. S. Likhatchov.

* Em termos gerais, o autor que retoma uma de suas obras modifica-lhe o sistema poético, seja na sua totalidade ou em suas partes. Quanto mais próxima estiver essa retomada do momento da criação da obra, mais organicamente ligada à obra ela estará, e mais adequada ao projeto artístico fundamental será a modificação do sistema. Porém, quanto mais se afasta o autor de sua obra, maiores possibilidades tem a modificação do sistema de reduzir-se a uma superposição de elementos de seu novo estilo sobre o fundo do antigo estilo orgânico, que lhe parece agora estranho. Uma questão bastante difícil se coloca então para o editor, a quem cabe decidir se o autor teria logrado encontrar um novo sistema, se ele teria retomado a obra integralmente, de tal forma que, de um lado, não houvesse contradições internas entre seus diversos trechos, nem uma diferença de estilo gritante, e de outro, o novo sistema se fundisse organicamente com o projeto artístico da obra. Da resolução desse problema depende a escolha de uma versão que se coadune com o princípio do texto oriundo de um sistema único.

A. Estados pré-originais e originais de manuscritos ou de impressos. O autor pode optar por divulgar, de forma pública ou privada, um ou vários estados de seu texto; um estado pode ser constituído por uma edição manuscrita (de um ou vários exemplares) ou por uma edição impressa (de milhares de exemplares). A divulgação pública não autorizada de um texto destinado a um círculo de amigos cria um estado *pré-original* quando é seguida de uma publicação original por parte do autor; o fato é comum no século XVII (*Máximas* de La Rochefoucauld). A divulgação privada de edições manuscritas paralelas ou posteriores à edição impressa original pode criar estados distintos que sugiro sejam chamados *para-originais* (é o caso do exemplar da *Nova Heloísa* caligrafado por J.-J. Rousseau em homenagem a Mme. d'Houdetot). Uma edição manuscrita única precedendo a primeira edição impressa constitui a verdadeira edição original (exemplares de apresentação dos *Contos da mãe pata* a "Mademoiselle"*, e do *Cândido* a Mlle. de la Vallière). O manuscrito ou "texto batido" (original ou não) que se destina à impressão constitui uma edição manuscrita pré-original, de estatuto bastante próximo do de uma edição pré-original: o autor teve a oportunidade de corrigir o texto em fase de impressão, modificando assim seu projeto.

E que dizer da edição original dos *Pensamentos* de Pascal? Talvez que, em junho-julho de 1669 (essa é a data que traz o título), o comitê de publicação tenha feito imprimir "um número restrito de exemplares, cerca de uns trinta, que se destinavam aos prelados e doutores de quem se solicitava uma aprovação". O mesmo comitê teria, em seguida, observando as correções e supressões exigidas, mandado imprimir a edição toda, isso antes do Natal de 1669 (o título traz a data de 1670). Louis Lafuma designa por "impressão" a edição de 1669 e por "primeira edição" a de 1670. Num caso como esse, levando-se em conta que o comitê de publicação toma o lugar do autor, dever-se-ia concluir que é a edição de 1669 plenamente original, e a de 1670 uma segunda edição. Mas, na realidade, a descrição material proposta é falha: as pretensas "impressão" e "primeira edição" constituem dois estados distintos de uma mesma edição original ou, em outras palavras, *estados parciais* (ver o tipo *C* mais abaixo, c 2.4.1.).

B. Estados preparatórios. É preciso distinguir desses estados ideais os estados preparatórios da redação: menções da intenção do autor, projetos, notas, planos, fragmentos, rascunhos e manuscritos de trabalho. Esses documentos de um texto em devir constituem o material essencial para os estudos de gênese. Mas evidencia seu caráter pré-textológico o menor grau de coerência e fixidez que o caracteriza. Pertencem esses estados à classe dos textos desprovidos de ordem estrita (coleções, coletâneas: ver 1.3.1. e 1.6.3.).

C. Estados parciais. Pode acontecer de uma mesma edição apresentar estados diferentes de uma determinada parte do texto. Na época das impressoras manuais, as modificações que eram introdu-

---

* *"Mademoiselle"* era o título que se dava, na monarquia francesa, à filha mais velha do irmão mais velho do rei.

zidas na composição (conjunto de caracteres tipográficos destinados a imprimir um lado do fólio*) o eram no momento mesmo da impressão (correção na máquina) ou então por ocasião da brochagem, quando se substituíam as folhas erradas por folhas corrigidas (chamadas *cartões*), compostas e impressas em separado. Pouco a pouco, as *erratas* foram tomando o lugar de práticas como essas, que se tornavam demasiado caras para as condições econômicas da época. No século XIX, o reparo ou substituição de alguns clichés quando se procedia a tiragens sucessivas é igualmente responsável pela introdução de estados parciais. A ordem de sucessão dos estados parciais e conseqüentemente sua autoridade relativa, de uma maneira geral, podem ser estabelecidas por meio de procedimentos objetivos (comparação dos indícios materiais: ver 2.5.).

D. Estados de segunda edição. Em épocas remotas da história do livro (1500-1800), a segunda edição consiste, a rigor, em um estado corrigido da edição original. O hábito de se tirar provas, e enviá-las ao autor antes da impressão, só veio a generalizar-se no início do século XIX: assim, a primeira edição de uma obra bem-sucedida teria muitas vezes funcionado como verdadeiro mecanismo de prova. Entretanto, a menção "segunda edição" não aparece sistematicamente na página de rosto; induzir-se-á portanto esse dado a partir de uma análise bibliográfica (ver 2.5.). Mais interessados nas edições originais (por boas razões), os bibliófilos não chegaram a perceber sua importância textológica. São raros os exemplares conservados: para ilustrar, existe um único, em biblioteca pública, no caso dos dois primeiros tomos da obra *Gil Blas de Santillane*.

Essas segundas edições de que tratamos aqui acompanham a primeira com um intervalo de algumas semanas ou alguns meses. Sejam quais forem as modificações que se introduzam no texto, elas partem quase que invariavelmente do interior do próprio texto (a não ser que se trate de modificações sugeridas por terceiros). Mas a autoridade superior das segundas edições é hoje totalmente ignorada. Vejamos alguns exemplos.

O *Gargantua* de Rabelais da grande edição Abel Lefranc baseia-se no texto da última edição revisada pelo autor (1552). Pois muito bem, as modificações que encontramos ali são não apenas muito posteriores ao período de redação da obra como também podem ser explicadas por motivos de prudência. Razão pela qual, M. A. Screech e Ruth Calder se decidiram a retomar a edição original de 1534 (de que há um exemplar único incompleto). Mas uma segunda edição revisada havia aparecido logo em seguida à primeira, no ano de 1535; os editores se limitam a publicar suas variantes[19], sem se perguntar pelo fundamento de uma tal preterição.

---

* Traduzimos por *fólio* o termo francês *feuille* e por folha o termo *feuillet*. O fólio é a folha aberta que se imprime de ambos os lados e que, dobrada para a brochagem, apresenta duas folhas ou quatro páginas. (N. da T.)

19. Seguem, para tanto, o exemplar Y^2 2130 da Reserva da Biblioteca N., sem colacionar outros exemplares (apontados por Plan).

La Rochefoucauld publicou cinco textos diferentes de suas *Máximas*. Jacques Truchet reuniu esses textos num admirável dossiê crítico, juntando-lhe o estado pré-original impresso, diversos estados manuscritos pré-originais e outros documentos. A segunda edição autorizada surge em setembro de 1966, pouco menos de dois anos depois da primeira. Jacques Truchet analisa os remanejamentos ali efetuados e conclui: "Temos boas razões para afirmar que essa edição, onde La Rochefoucauld ousou ser plenamente fiel a si mesmo, corrigindo todo tipo de excesso que pudesse vir a desmerecer a primeira, constituiu-se na mais harmoniosa e na mais equilibrada de todas as edições"[20]. Assim é o critério de coerência textológica que determina aqui a escolha da *segunda*. Não obstante, o acaba afirmando sem maiores explicações: "mas, naturalmente, é a última edição publicada sob orientação do autor que continua a servir de texto de base"[21].

Charles Duclos revisou inúmeras vezes sua obra *Les Confessions du Conte de****. Segundo Laurent Versini, o texto de 1767 é inferior (correções de forma e de conformismo inexpressivas). Versini tem razão. Mas a verdade é que ele retoma a edição original (de cerca de dezembro de 1741) sem examinar o estatuto da segunda (1742), surgida poucos meses mais tarde, ao que parece, e que corrige algumas inadvertências. Aqui, Versini comete um erro[22].

E. Estados simultâneos. Muitas vezes acontece de ser o mesmo texto editado simultaneamente em dois países. Trata-se, nesse caso, de edições originais, que não devem ser confundidas com contratações desprovidas de autoridade. As condições habituais de autenticidade se invertem: a fabricação da edição estrangeira é acompanhada pelo autor, a da edição do país de origem por amigos seus. Pois bem, é desta última, da edição feita no país do autor, que saem em seguida todas as demais edições. Mas Lanson e Rudler mostraram claramente a superioridade dos originais londrinos das *Cartas Filosóficas*[23] e do *Adolfo*[24], cuja elaboração foi fiscalizada, em maior ou menor escala, tanto por Voltaire quanto por Benjamin Constant. Também a correspondência de Victor Hugo com Albert Lacroix, seu editor belga, mostra o cuidado minucioso que teve o autor em corrigir as provas dos *Miseráveis*: a edição original de Bruxelas tem prioridade textológica sobre a edição parisiense, que sem dúvida foi a primeira a sair, como afirma Bernard Leuillot[25].

---

20. Introdução à edição dos Clássicos Garnier, 1967, p. XXVI.

21. *Ibid.*, p. III.

22. A edição da Droz (*Les Textes Littéraires Français*), 1969, por outro lado, é bastante informada e meticulosa. A emissão que vimos de assinalar torna-se patente em vista disso.

23. "Société des textes français modernes", Paris, 1909; nova tiragem revista e complementada por A.-M. Rousseau, Paris, Didier, 1964.

24. Manchester U. P., Manchester, 1919.

25. *Victor Hugo publie "Les Misérables"*, Paris, Klincksieck, 1970, pp. 222-223. Há uma diferença de dias, ao passo que o trabalho de impressão se prolongou por quase sete meses. Observar, entretanto, que certas correções que trazem a edição de Paris não aparecem na de Bruxelas (*ibid.*, "Les *modifications* de Waterloo", pp. 395-398).

F. *Estados não-superponíveis: versões distintas*. O autor pode remanejar ou reformar um texto a ponto de criar duas versões distintas. Em geral, ele dá preferência à segunda versão, mas não é sempre que isso acontece. "Maiakovski atribuiu os mesmos direitos às duas versões (do *Mistério Bufo*, 1918 e 1921) e Tolstoi mandou imprimir posteriormente a primeira versão e não a segunda (de *Guerra e Paz*, 1868-1869 e 1873)"[26]. Zola modificou profundamente os romances de sua juventude antes de tornar a publicá-los. Goethe criou duas obras sobre o mesmo tema: *Urfaust* e *Faust erster Teil*. O critério de coerência interna impõe-se aqui, porquanto se trata de decidir sobre a independência de duas versões. Conseqüentemente, toda e qualquer escolha que se faça só terá sentido dentro de uma perspectiva de *Obras Completas*, ao nível da continuidade e da evolução de uma escrita, isto é, de uma outra coerência (ver 1.6.3.2.).

1.3.4. GRAUS DA ESCOLHA: RELAÇÕES ENTRE VÁRIOS ESTADOS

Todo estado se define por sua ascendência e/ou descendência. O conjunto de estados constitui uma linhagem, comparável, *grosso modo*, a uma linhagem genética. Os filólogos se empenharam em determinar critérios que permitissem reconstituir as relações textológicas entre os manuscritos (clássicos e medievais). Os editores de textos modernos, ao contrário, relegaram o problema aos bibliófilos ou bibliotecários curiosos, pelo menos na França: esse tipo de descuido tem sua origem no desconhecimento dos problemas específicos determinados pela transmissão dos textos modernos. Assim, o que se tem feito é julgar com base nas aparências.

Os textos modernos são conservados em exemplares autênticos, ao passo que os clássicos chegam até nós através de cópias bastante distanciadas dos originais, e cheias de erros. Alguns modernistas entraram para a escola dos filólogos com o intuito primordial de definir a filiação dos textos (domínio próprio da *estematologia*): o método dos erros[27].

A função da estematologia, contudo, é de operar um retrocesso no curso temporal, que é o da bibliografia descritiva, de percorrê-lo de cima abaixo. Um bibliógrafo é por vezes levado a postular a existência de um elo fictício[28] para completar um linhagem, mas, no geral, descobre-se a ordem de sucessão sem maiores problemas. Para este último, a porção significativa da linhagem textológica recobre o período de atividade do autor: mas a quem atribuir as modificações, ao autor ou ao impressor? O filólogo se vê às voltas com um problema análogo, embora de incidência restrita: certas variantes parecem originar-se realmente nas correções de autor[29]. Seu objetivo porém é

---

26. E. I. Prokhorov, *Tekstologija (Principy izdanija klassičeskoj literatury)*, Moscou, 1962, pp. 28-29.

27. As provas materiais são mais demonstrativas, tanto para os manuscritos (codicologia, paleografia) quanto para os impressos (bibliografia material): ver a segunda parte deste livro.

28. Gustave Rudler na sua edição do *Adolfo* já citada. O tomo III (1724) de *Gil Blas* coloca um problema semelhante.

29. Ver H. Emonds, *Zweite Auflage im Altertum*, Leipzig, 1941.

encontrar um estado autêntico: o tempo como que confundiu os estados que puderam existir em vida do autor, estados que a análise bibliográfica começa por separar.

Um estudo mais amplo sobre a transmissão de um texto francês moderno, envolvendo dois ou três séculos, nunca foi encetado. Esse tipo de estudo poderia trazer ensinamentos sobre as filiações reais e a transmissão dos erros, e contribuiria indiretamente para o conhecimento de fatos textológicos clássicos e medievais. No atual estado de coisas, a crítica dos textos modernos deve inspirar-se na crítica dos textos antigos. Assim, a ordem de nossa exposição obedecerá a essa necessidade prática.

1.3.4.1. *Filiações textológicas gerais*. As filiações se processam: A) em linha direta; B) em linha indireta.

A. Linhagens diretas. O autor revisa seu texto pela última edição publicada. Quando ele revisa cada edição, ou interrompe seu trabalho de revisão a partir de uma determinada edição, os estados autênticos se sucedem de maneira ininterrupta. Se ele revisa desordenadamente um certo número de edições, os estados autênticos se sucedem de maneira irregular, o que significa que deteriorações desprovidas de autoridade poderão: 1) ser mantidas pelo autor, que não se deu conta das mesmas ou 2) dar margem a correções que poderão ou restabelecer o texto precedente ou criar um texto novo. Na prática, ambos os tipos de linhagem colocam dificuldades análogas.

B. Linhagens indiretas. O autor revisa seu texto por uma edição qualquer, criando dessa forma um estado parcialmente regressivo em relação ao último estado revisado.

La nouvelle de Gorki, *La Mère*, parut en 1907 et fut révisée par l'auteur en 1908. La troisième édition de 1911-1912, non revue, servit de base au texte revu de 1917. En 1922 Gorki revit de nouveau son texte pour la cinquième édition, mais sur le texte de 1911-1912; la cinquième édition servit par la suite de texte de base pour les rééditions. L'édition de 1917, la quatrième, constitue une rédaction collatérale. Il faut évidemment tenir compte de cette édition parmi les sources textuelles de *La Mère*[30]*.

Madame Bovary, o romance de Flaubert, aparece em 1857 na edição Lévy. É revisado pelo autor em 1858, 1862, 1869. Em 1873, Flaubert entrega-o às edições Charpentier. De 1857 a 1873 o autor revisa sistematicamente seu romance, com base em um exemplar da edição imediatamente anterior. Em 1874, contudo, Flaubert irá revisá-lo para um terceiro editor — Lemerre — utilizando um exemplar de 1857[31]. Como é possível sabê-lo? Por indução: 548 variantes

---

30. E. I. Prokhorov, *Tekstologija*, p. 29.

* A novela *A Mãe*, de Gorki, apareceu em 1907, tendo sido revisada pelo autor em 1908. A terceira edição, de 1911-1912, não revisada, serviu de base ao texto revisado de 1917. Em 1922, Gorki revisou novamente seu texto para a quinta edição, seguindo desta vez a edição de 1911-1912; posteriormente, serviu a quinta edição como texto base para algumas reedições. A quarta edição, de 1917, constitui uma redação colateral. É necessário evidentemente incluí-la entre as fontes textológicas de *A Mãe*.

31. M.me C. Gothot-Mersch escreve: "Flaubert teria confiado a seu editor um exemplar de 1857 ou, o que é mais provável, uma das tiragens ulteriores

separam o texto Lemerre do texto Charpentier, contra 174 do texto de 1857. A reconstituição de uma linhagem indireta exige o emprego de um método crítico.

1.3.4.2. *Filiações manuscritas*. Entre os textos franceses modernos de transmissão manuscrita, apenas alguns escritos clandestinos anônimos foram submetidos a condições tão desfavoráveis quanto os textos clássicos e medievais. A datação, a origem geográfica, a qualidade geral, quando é possível determiná-las, só nos permitem esboçar algumas tímidas suposições quanto ao valor do conteúdo. Hoje em dia, perderam o seu crédito os adágios que baseavam na ancianidade a superioridade de uma lição (estado do texto em um determinado trecho do texto), a qualidade material do manuscrito ou da classe de manuscritos (conjunto de manuscritos próximos), bem como a concordância do maior número de manuscritos[32]: "não existem bons manuscritos", afirma Alphonse Dain[33]. Com efeito, a representatividade de uma tradição manuscrita é sempre terrivelmente duvidosa, já que apenas uma ínfima minoria dos manuscritos foi conservada.

Determinam-se as filiações manuscritas por meio da análise dos erros. A finalidade do estudo, na verdade, é buscar o melhor texto possível, texto ideal e não concreto. Ora, os estados representados pelos manuscritos pertencem a um mesmo conjunto, chamado texto e definido por uma comunidade textológica. Os erros são as lições diferentes que se observam entre os estados num número determinado de trechos, chamados trechos variantes: são lições dirigidas que se afastam das lições fiéis. A configuração geral dos erros descreve assim a configuração dos desvios entre os manuscritos, isto é, sua filiação, mas desde que se aceite o princípio segundo o qual toda reprodução é imperfeita, tendendo as imperfeições a acumularem-se em uma linhagem. Daí a noção de *erros comuns*; a filiação dos erros recobre a filiação dos manuscritos. Na prática, a transmissão dos erros depende de suas conseqüências: os erros patentes (impossíveis em si mesmos ou no contexto, como, por exemplo, no francês: *lx femme* ou *le femme*)

---

dessa primeira edição: com efeito, há na edição Lemerre duas variantes do texto de 1857, idênticas às de 1858" (*Madame Bovary*, Paris, Garnier, 1971, p. 364). Essas variantes comuns são: "P. 248: *le parvis de Notre-Dame* em lugar de *le parvis Notre-Dame*. P. 294: *quand donc tout cela finirait-il?* em lugar de *quand donc tout cela finira-t-il?*, Mme G.-M. não indica se as 59 demais variantes que separam a edição de 1858 da de 1857 encontram-se também na edição de 1874. Não nos parece que assim seja, já que a mais significativa das variantes que distinguem as duas primeiras (*Elle partit pour Rouen... afin d'aller* em vez de *Elle partit à Rouen... pour aller*) não é mencionada. Ora, as duas variantes comuns a 1858 e 1874 constituem erros banais de composição tipográfica. A primeira (conjetura voluntária ou restituição involuntária) elimina uma construção gramatical caduca; a segunda (erro de leitura) substitui uma forma correta por outra igualmente correta. Ambas as variantes devem ser consideradas como erros independentes, incapazes de engendrar uma família, dada a grande probabilidade estatística de *encontros* semelhantes (ver mais adiante a classificação dos erros, 1.4.4.).

32. *Lectio antiquior potior, lectio melioris codicis potior, lectio melioris classis potior, lectio plurimum codicum potior.*

33. *Les Manuscrits*, p. 169.

podem ser eliminados (na realidade nem sempre o são); os erros ambíguos podem ser contornados seja por uma oportuna volta ao texto fiel, seja pela criação de uma variante sem autoridade; quanto aos erros invisíveis, são conservados. Se formos atentar ainda para o fato de que erros independentes se produzem casualmente em um mesmo trecho, compreenderemos que a determinação dos erros coloca problemas realmente complexos (ver *Estabelecimento do texto, 1.4.*).

A. *Casos normais*[34]. Suponhamos que um conjunto completo de manuscritos de um mesmo texto tenha sido conservado: A, B, C...H. Cada manuscrito, excetuado o manuscrito original, deriva de um único outro manuscrito, do qual se distingue por uma lista de erros. Chamemos m, n, o... s o conjunto de listas de erros. Quando os manuscritos se encadeiam em linhagem direta de A até H, A é isento de erros, B apresenta os erros m, C apresenta os erros m e n, e assim até H, que apresenta o conjunto dos erros {m, n, o... s}. Relativamente ao conjunto dos erros, cada manuscrito pode ser então representado da seguinte maneira: A = {ϕ}, B = {m}, C = {m, n}, D = {m, n, o}, E = {m, n, o, p}, F = {m, n, o, p, q}, G = {m, n, o, p, q, r}, e H = {m, n, o, p, q, r, s}.

Se os manuscritos se encadeiam em linhagem indireta, 63 filiações são teoricamente possíveis para os sete manuscritos derivados, que poderemos ilustrar por meio de gráficos (chamados *estemas*):

No último dos estemas que aparecem acima, e relativamente ao conjunto de erros, cada manuscrito pode ser assim representado: A = {ϕ}, B = {m}, C = {m, n}, D = {o}, E = {o, p}, F = {o, q}, G = {o, q, r,} H = {o, q, s}. Na prática, trata-se de *reconstituir* o encadeamento real. Como chegar a isso? Eis aqui o procedimento que recomenda Dom Froger[35]: 1) orientação arbitrária; 2) orientação real.

Em um primeiro momento, todas as variantes serão consideradas como erros e relacionadas a qualquer um dos manuscritos, escolhido arbitrariamente para manuscrito de referência. A comparação palavra por palavra (colação) dos manuscritos nos permite estabelecer para cada trecho sujeito a variação um aparato "em lista":

---

34. Esta exposição geral poderá ser abandonada após uma primeira leitura, que se tornará mais fácil após a explicação feita no parágrafo 1.4.4.

35. Dom J. Froger, *La critique des textes et son automatisation*, Dunod, 1968, pp. 77 e ss.

Nº do trecho variante	Lição de referência	Grupo de referência	Variante	Grupo variante

Tomemos arbitrariamente por manuscrito de referência o manuscrito D do estema anterior. Chamemos {m', n', o' ... s'} o conjunto oposto ao conjunto de listas de erros. A lista de erros o torna-se uma lista de lições de referência para D e seus derivados, enquanto que uma lista oposta o' aparece em A e seus derivados, B e C. Temos então: D = {ϕ}, E = {p}, F = {q}, G = {q, r}, H = {q, s}, A = {o'}, B = {o', m}, C = {o', m, n}. Estabeleçamos o aparato catalogado:

Nº do trecho variante	Lição de referência	Grupo de referência	Variante	Grupo variante
1	m'	DEFGHA	m	BC
2	n'	DEFGHAB	n	C
3	o	DEFGH	o'	ABC
4	p'	DFGHABC	p	E
5	q'	DEABC	q	FGH
6	r'	DEFHABC	r	G
7	s'	DEFGABC	s	H

Juntemos os grupos variantes por tipos e níveis (número de manuscritos) e circundemo-los com um traço leve; enquadremos em seguida, em cada linha, com um traço forte, os manuscritos terminais:

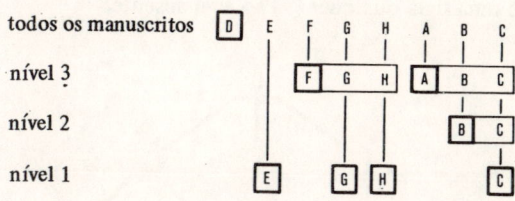

Deduzir-se-á facilmente a seguinte orientação arbitrária:

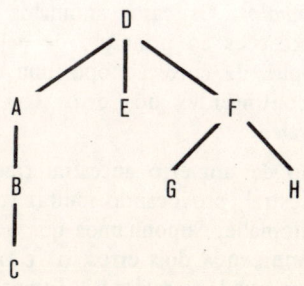

Em um segundo momento, para que se encontre a orientação real, dever-se-á estudar cada variante e decidir se ela é fiel ou falsa. Se m é falso, os manuscritos B e C são falsos; se n é falso, o manuscrito C é ainda falso. Se, ao contrário, o for correto, o manuscrito C é ainda falso. Se, ao contrário, o for correto, o manuscrito A será correto, e falsos os manuscritos D, E, F, G e H. Encontramos assim a orientação real:

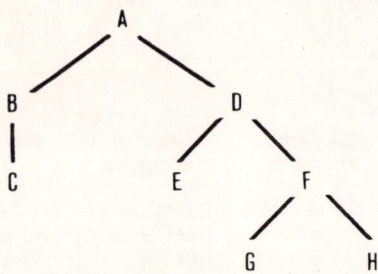

Mas pode acontecer da documentação ser falha: digamos que um manuscrito ou fragmento de manuscrito tenha desaparecido. A perda de um manuscrito terminal evidentemente não deixa vestígios, da mesma forma que o desaparecimento de um anel de uma linhagem direta (B no exemplo acima); em contrapartida, o desaparecimento de um manuscrito situado ao centro de uma estrela (F no exemplo acima) é evidenciado pela existência de uma lista de erros comuns a G e H (q) mas estranha a D, o que permite reconstituir o estema atribuindo uma sigla qualquer (y) ao anel ausente:

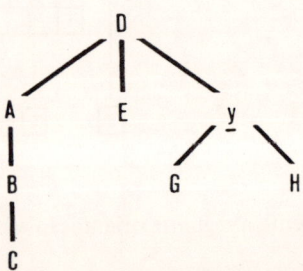

B. Casos anômalos. Os casos anômalos são determinados por duas causas: 1) exceções ao princípio de pejoração acumulativa (é o caso, por exemplo, da correção oportuna de um erro ambíguo); 2) similaridades contingentes dos erros (ou das correções) entre manuscritos colaterais.

1. A extinção de um erro ancestral fraciona a lista dos erros do manuscrito ancestral, provocando muitas vezes um encavalamento que denuncia a anomalia. Suponhamos que a lista o (lista dos erros próprios de D) compreenda dois erros, o1 e o2: o1 e o2 são conservados por F, ao passo que H só retém o2. Temos então:

```
A
|
D    (o1, o2)
|
F    (o1, o2), q
|
H       (o2), q, s
```

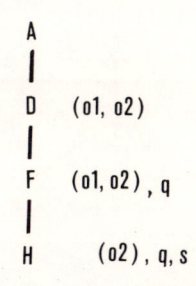

Está claro que o1 e o2 transformam-se em listas distintas, o1 = t e o2 = u, o que explica a existência de três grupos encavalados: DF, DFH, FH.

Suponhamos agora que a lista q (lista dos erros próprios de F) compreenda dois erros, q^1 e q^2, dos quais H retém apenas o último: F e H adquirem então o aspecto de manuscritos colaterais, descendendo de um manuscrito *fantasma* que parece ter desaparecido entre D, de um lado, e F e H de outro:

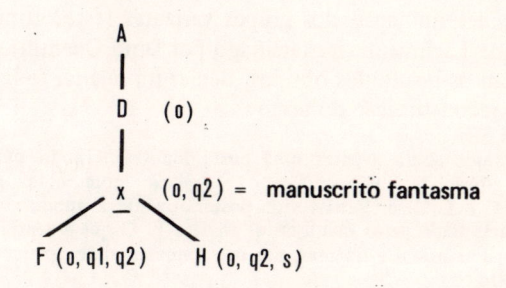

```
          A
          |
          D    (o)
          |
          x    (o, q2) = manuscrito fantasma
         / \
F (o, q1, q2)   H (o, q2, s)
```

2. Similaridades contingentes de erros entre manuscritos colaterais próximos determinam o aparecimento de um intermediário fantasma entre o ancestral e os colaterais. Suponhamos que a lista r (lista dos erros próprios de G) englobe dois erros, r1 e r2, o segundo dos quais indevidamente partilhado por H. Temos:

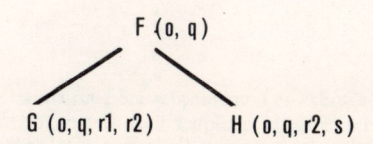

```
           F (o, q)
           /      \
G (o, q, r1, r2)    H (o, q, r2, s)
```

de que se pode deduzir, falsamente:

```
      F
      |
      y   (o, q, r2)
     / \
    G   H
```

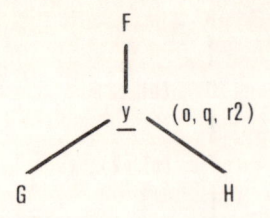

Similaridades contingentes de erros entre manuscritos colaterais afastados criam, inversamente, anomalias que são visíveis, dado o encavalamento de grupos variantes.

Diversas anomalias podem ainda se combinar. Os problemas decorrentes vão se tornando árduos e muitas vezes insolúveis. Mas não nos parece que seja assim com as tradições manuscritas de textos modernos. Será talvez mais produtivo passarmos a alguns exemplos de discussões concretas.

1.3.4.3. Dois exemplos de Joseph Bédier

A. A tradição manuscrita do "Lai de l'Ombre"[36]. Joseph Bédier começa por aplicar à classificação dos sete manuscritos um método de análise qualitativa dos erros, deixando de lado o método mais rigoroso de determinação dos grupos variantes (este último derivado do método de Lachmann, reexaminado por Dom Quentin). Não muito satisfeito com os resultados obtidos, Bédier irá rejeitar toda e qualquer tentativa de reconstituição do texto:

> Poderíamos ainda aventar uma outra hipótese. Tendo publicado uma determinada edição de seu poema – o1 – edição representada pelos manuscritos A, B, C e G, Jean Renart viria posteriormente a publicar uma segunda – 02 –, representada pelos manuscritos D, E e F. O que poderia ser expresso por meio de dois novos esquemas, um deles apresentando apenas duas ramificações e o outro três:

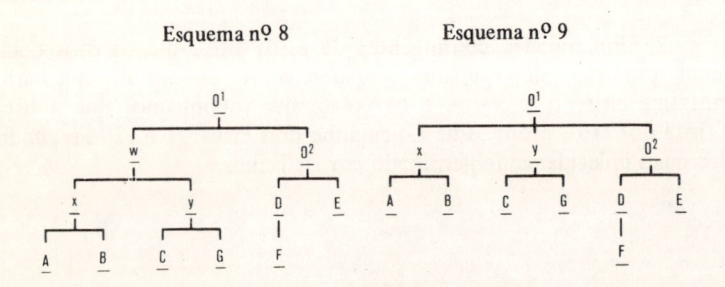

Esquema nº 8   Esquema nº 9

```
         O¹                           O¹
        /  \                        / | \
       w    O²                     x  y  O²
      / \   / \                   /\ /\  / \
     x   y  D  E                  A B C G D  E
    /\  /\  |                                |
    A B C G F                                F
```

[...] O erro comum a todas as combinações até aqui consideradas é de induzir--nos a rejeitar automaticamente qualquer lição de um texto crítico do *Lai de l'Ombre*, por mais sedutora que seja, desde que esta apareça em apenas um manuscrito. Mas uma condenação em bloco como essa não nos faria incorrer no erro de destruir eventualmente lições que são obra do próprio poeta? [...]

---

36. Publicado em *Romania* (LIV), abr. e jul.-out. de 1928.

Tomado no seu conjunto, o manuscrito E [...] nos apresenta uma belíssima versão do poema, um texto particularmente impecável nos oitenta trechos em que a lição lhe é particular. Na maior parte desses oitenta trechos, o crítico literário mais sutil, o gramático mais severo nada encontrarão que possa ser reprovado, tanto na lição A quanto na lição E. [...] Assim, por menos dignas que sejam de Jean Renart algumas das oitenta lições próprias do manuscrito E, somos levados a traçar ainda dois esquemas, cuja significação é aliás a mesma:

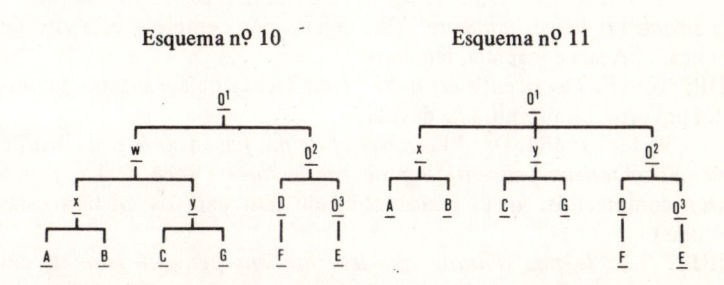

Esquema nº 10   Esquema nº 11

Tanto um quanto outro significam que D e F são os dois únicos exemplares de uma segunda edição – o2 – que nos chegaram às mãos; significam também que, pretendendo publicar uma terceira edição, e se servindo para tanto de um exemplar da edição mais recente, como convém em semelhante caso, Jean Renart teria introduzido nesta última novos retoques, em número de 80: seria essa a terceira edição – o3 – de que E constitui um exemplar fiel[37].

Mas supor a existência de estados autorizados sucessivos em linhagem direta equivale a afirmar que certas coleções de lições variantes são igualmente fiéis e devem por isso ser mantidas. Da mesma forma com o estema, que deve possibilitar a reconstituição da história dos manuscritos e sobretudo o estabelecimento do texto. O erro de Bédier é concluir, com a maioria dos editores de textos modernos, que é preciso reproduzir integralmente apenas um exemplar, como se uma revisão de autor pudesse garantir a pureza de uma reprodução.

B. *"Conversações de Pascal com M. de Sacy"*[38]*. Também aqui Joseph Bédier não emprega de maneira rigorosa o método de análise dos erros. No entanto, a clareza de sua exposição e o vigor de suas observações tornam bastante persuasiva a argumentação. Existem cinco cópias manuscritas e duas edições primitivas das *Conversações* (F e D). Eis um extrato da demonstração de Bédier:

"Parentesco do Grupo y (TFJB) com o manuscrito M".

Assinalemos as passagens que nos parecem determinar esse agrupamento:

1º Linha 188 – DG: "Les difficultés croissent *à mesure qu'on les pèse*" (As dificuldades aumentam à medida que as pesamos). MFGB: "Les difficultés croissent *à mesure qu'on espère*" (à medida que esperamos). T: "Les difficultés croissent *à mesure que'on espère les êter*" (à medida que esperamos resolvê-las).

---

37. *Ibid.*, pp. 350-352.
38. Joseph Bédier, *Études Critiques*, Paris, A. Colin, 1903, pp. 19-80.
 * Le Maistre de Sacy (1613-1684), escritor e teólogo jansenista.

Basta dispor dessa forma as variantes para que apareça claramente a divisão primordial de todos os nossos textos em duas famílias: a lição primitiva era *à mesure qu'on les pèse* (*mantida em v = DG*). Mas um copista x se enganou e leu *espère*. Desde então, *espère* passa a impor-se a todos os textos derivados do primeiro: a MJB, que nos dão do mesmo uma descrição passiva e a T, que irá glosá-lo cuidadosamente[39].

2º Linha 432. DG: *"Il rejette bien loin cette vertu stoique... La sienne est naive, familière"* (Ele rejeita por completo essa virtude estóica... A sua é ingênua, familiar).
MJB: *"Sa (F: La) science est naive"* (Sua (A) ciência é ingênua) constitui um erro, sem sombra de dúvida.

3º Linha: 464. D^2: *"Vouz venez de me faire voir le peu d'utilité que les chrétiens peuvent tirer de ces lectures* (Você acaba de me fazer compreender quão pouca utilidade têm para os cristãos essas leituras).
MFJB: *"... le peu d'utilité que les chrétiens peuvent faire de ces lectures* (... quão pouco podem os cristãos fazer uso dessas leituras).
T: *"le peu de besoin que les chrétiens ont de ces lectures"* (quão pouca necessidade têm os cristãos dessas leituras).

Como anteriormente, a lição primitiva é conservada por D. Ela se altera em um manuscrito x, passando deste para M, F, J, B. Os quatro últimos haverão de conservá-la intacta. T irá restaurá-la da melhor maneira possível, sem contudo chegar a recuperar o texto verdadeiro.

Ao chegar ao fim de sua análise, Bédier propõe o seguinte estema:

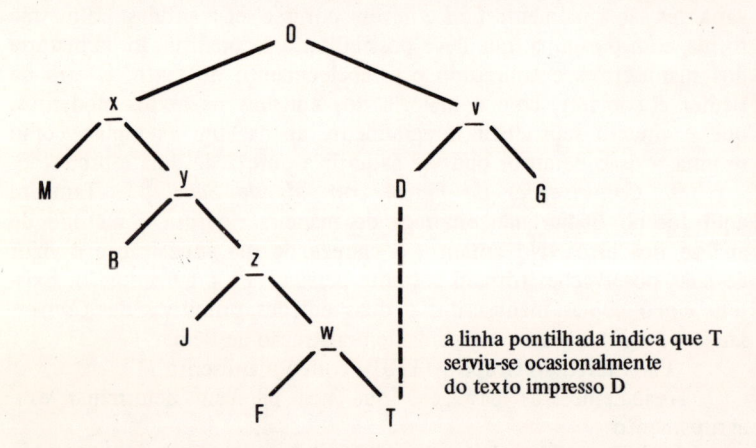

a linha pontilhada indica que T serviu-se ocasionalmente do texto impresso D

Chama-nos a atenção o fato dessa classificação postular tantos manuscritos intermediários quantos são os manuscritos encontrados em cada ramificação menos um (x, y, z, w, v). Mas a conclusão de Bédier a respeito das variantes é convincente e é isso o que nos interessa basicamente, já que a reconstituição de uma genealogia manuscrita não se coloca quase nunca para os textos modernos.

39. "A glosa *les ôter* pode ser encontrada igualmente em F, porém como emenda, feita por terceiros" (nota de Bédier).

Pierre Courcelle, porém, julgou com bastante severidade o texto de Bédier, que se baseara na versão D (Desmolets), corrigindo-a: "o aparato de Bédier é muitas vezes incompleto e até mesmo materialmente errado. As pretensas falhas atribuídas à versão Desmolets são quase sempre discutíveis; muitas vezes torna-se patente que, no seu ecletismo, Bédier se deixa levar enganosamente por um cuidado da correção gramatical, tomando por erro algo que é nada mais que uma lição fiel: a descoberta das fontes revela que são aleatórios os seus critérios, confirmando na base de três lições sobre duas, a lição Desmolets contra a adotada por Bédier"[40]. Segue-se um exemplo:

Fonte	Conversações
Montaigne, Essais, II, 12 "Je voy les philosophes Pyrrhoniens qui ne peuvent exprimer *leur générale* conception en aucune maniere de parler: Car il leur faudrait un nouveau langage. Le nostre est tout formé de *propositions* affirmatives, qui leur sont du tout ennemies: de façon que,... quand ils prononcent: "J'ignore" ou: "Je *doubte*", ils disent que *cette proposition s'emporte elle-mesme*."	linhas 145-149 Il met toutes choses dans / un doute universel et si *général*, que ce doute *s'emporte / soimême*, c'est-à-dire s'il *doute*; et doutant même de / cette dernière *proposition*, son incertitude roulle sur / elle-même dans un cercle perpetuel et sans repos,

146 s'emporte C (MO): l'emporte *DMFJB* (*cf. infra*, p. 81, n. 49; 117, n. 143, n. 5).
148 proposição *DFG* (MO): suposição C[41].

O aparato crítico significa que, em sua edição crítica (C), na linha 146, Bédier corrigiu o texto de D, M, F, J e B por conjetura: Courcelle concorda com Bédier (C), apoiando-se para tanto em Montaigne (MO); já na linha 148, Bédier rejeita o texto Desmolets (D), que é no entanto ratificado e elucidado por Montaigne (MO).

A edição de Pierre Courcelle reafirma aquele sábio princípio pelo qual todo leitor e editor de texto deveriam pautar-se: só se tem o direito de rejeitar uma versão quando ela é absolutamente ininterpretável. Quanto às fontes, elas desempenham aqui um papel de dupla finalidade: não só comentam um texto que as condensa (as *Conversações* são parcialmente constituídas de extratos) como também possibilitam que se determine o melhor estado do texto. E no que se refere a esse segundo campo de aplicação, o método freqüentemente adotado para os textos antigos consiste no seguinte: se um documento reúne por citação (direta ou indireta) duas séries textológicas, a boa qualidade da série citada garante o valor da série que se questiona; aí está uma prova com base em testemunho.

O textos das *Conversações* coloca um problema de paternidade, redigido que foi por uma terceira personagem – Fontaine – muito

---

40. L'Entretien de Pascal et Sacy. Ses sources et ses énigmes, Paris, J. Vrin, 1960, p. 81.
41. *Ibid.*, pp. 20-21.

tempo depois de ocorrido o fato. Na medida em que conserva os vestígios de uma entrevista real (ou de várias entrevistas) entre Pascal e Le Maistre de Sacy, ele não se acha integralmente textualizado: daí seu caráter irregular, obscuro e por vezes incorreto, que o aproxima sem dúvida alguma dos fragmentos de Pascal reunidos sob o título de *Pensamentos*. Ao corrigir a edição de Desmolets, Bédier pretendeu impor uma sistematização escrita a um documento alheio, em parte, às normas escritas de coerência interna. Pode-se ler com muito mais facilidade o texto das *Conversações* de Bédier-Pascal que o de Pascal elucidado por Epiteto, Montaigne e Santo Agostinho, este último apresentado por Pierre Courcelle numa edição "em espelho" com o texto das *Conversações* na página da direita e o das fontes na da esquerda. A edição de Courcelle respeita o caráter textológico incompleto das *Conversações*, permitindo-nos apreciar melhor o texto *após* seu estudo, mas já então tanto na qualidade de suporte documentário quanto na de texto.

1.3.4.4. *Filiações impressas*. A datação e a autenticidade das edições modernas geralmente apresentam problemas, visto que as indicações da página de rosto nem sempre são dignas de confiança; é por intermédio da bibliografia material que podemos verificar esses dados. Nada nos garante porém que a sucessão cronológica das edições recobre a evolução do texto (1.3.4.1. acima). Assim é preciso indicar a filiação detalhada do conteúdo.

A. *"Histoire de Gil Blas de Santillane"*, tomo I. Vejamos alguns exemplos de transmissão do primeiro tomo do romance de Lesage durante o século XVIII. Os principais pontos de referência são três edições, todas elas publicadas pela editora Ribou: 1715^1 (onde se devem distinguir dois estados parciais, tendo sido a primeira folha do primeiro capítulo corrigida em fase de impressão: estados A e B), 1715^2 (segunda edição revisada pelo autor), 1747 (última edição, revisada pelo autor); uma quarta edição, de 1732 (que reproduz com falhas a de 1715^2), igualmente da Ribou, serviu também de texto de base. E há ainda uma edição Ribou de 1730, compósita, que foi particularmente prolífica.

Aqui está um primeiro esquema dessa filiação (ver página ao lado).

Pode-se observar que as edições Ribou se sucedem em linhagem direta, havendo uma única exceção no processo; estas últimas compreendem as três edições revisadas por Lesage. Quanto às demais edições, elas reproduzem de forma anárquica diversos estados do texto. Merecem um exame detalhado três edições compósitas: a de 1730 (Ribou), a de 1771 (33 linhas) e a de 1797 (Bert). Todas elas têm a propriedade de derivar de duas edições anteriores, misturando-lhes o texto.

1730 (Ribou) apresenta o texto de 1715^1 da página 1 à página 280 (Livro I, cap. 1 até o Livro III, cap. 1), e em seguida o texto de 1715^2 da página 281 à página 395 (Livro II, cap. II até XII e último). Como interpretar isso? É que o impressor lançou mão de dois exemplares (sem dúvida alguma entregues a dois tipógrafos diferentes), exemplares esses acidentalmente diversos um do outro.

PROBLEMAS GERAIS DA EDIÇÃO DOS TEXTOS

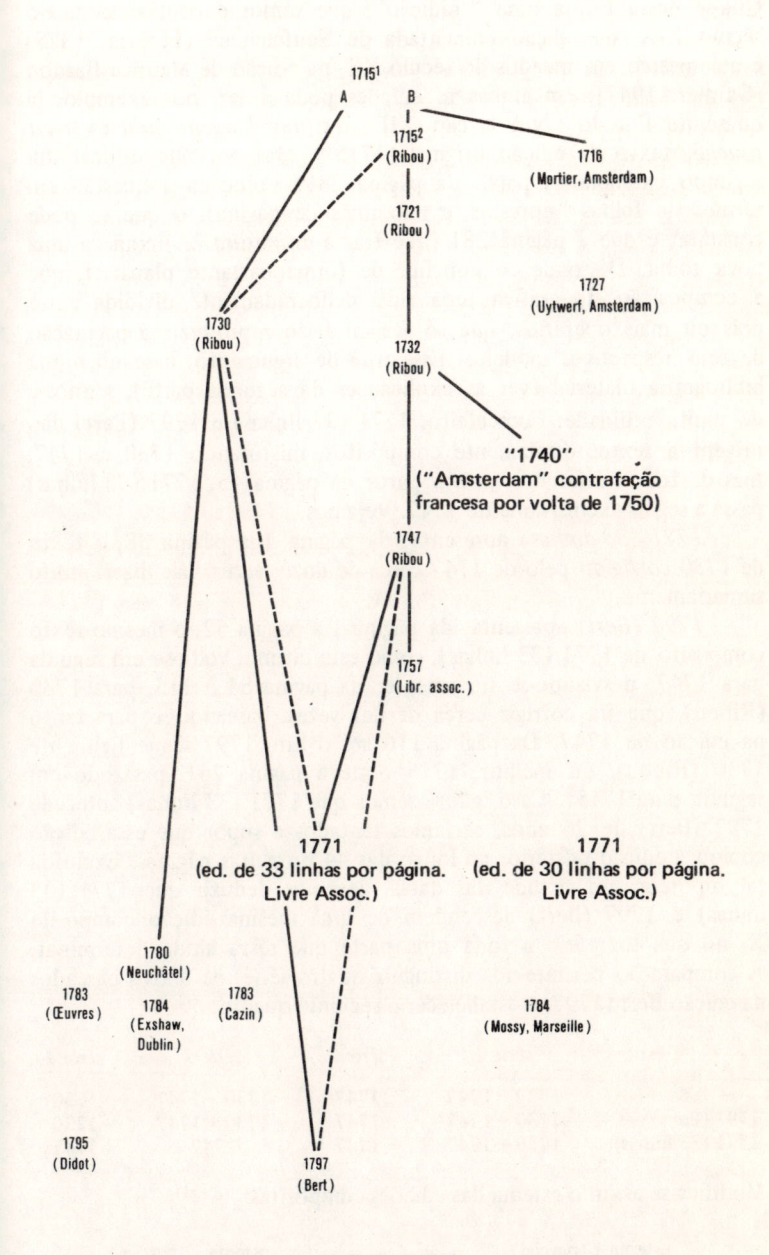

```
                   1715[1]
                 A   B
                     |
                   1715[2]
                   (Ribou) ———————— 1716
                     |              (Mortier, Amsterdam)
                   1721
                   (Ribou)
                     |
                                    1727
                                    (Uytwerf, Amsterdam)
      1730
      (Ribou)      1732
                   (Ribou)
                     |
                     |
                  "1740"
                  ("Amsterdam" contrafação
                  francesa por volta de 1750)

                   1747
                   (Ribou)
                     |
                   1757
                   (Libr. assoc.)


         1771                          1771
    (ed. de 33 linhas por página.    (ed. de 30 linhas por página.
     Livre Assoc.)                    Livre Assoc.)


    1780
    (Neuchâtel)
 1783        1783
 (Œuvres)  1784  (Cazin)
           (Exshaw,                    1784
           Dublin)                    (Mossy, Marseille)


  1795
  (Didot)       1797
                (Bert)
```

N. B.: não verificamos a maneira exata pela qual 1730 (Ribou) levou a 1780 (Neuchâtel), 1783 (Ouvres), 1784 (Dublin) e 1795 (Didot), nem a derivação precisa de "1740", 1771 (30 linhas) e 1784 (Marseille) a partir de 1732 (Ribou), nem tampouco a de 1727 (Uytwerf) a partir de 1716 (Mortier). Nosso modelo engloba quase que a quarta parte das edições da obra de Lesage publicadas no século XVIII.

Cria-se dessa forma uma "tradição", que vamos encontrar ainda no século XIX, na edição comentada de Neufchâteau (Lefèvre, 1825) e até mesmo em meados do século XX, na edição de Maurice Bardon (Garnier, 1947); em ambas as edições pode-se ler, por exemplo, já quase no fim do Livro I, cap. XII: *restituer l'argent qu'il* en *avait touché*, texto da edição original (1715[1]). Mas por que utilizar um segundo exemplar a partir da página 281? Colocada a questão em termos de folhas impressas, e não mais de páginas, o que se pode constatar é que a página 281 (que traz a *assinatura* 2A) começa uma nova folha. De onde se conclui, de forma bastante plausível, que a composição tipográfica teria sido deliberadamente dividida entre dois ou mais operários, que só teriam feito reproduzir a paginação de seus respectivos modelos. Esse tipo de argumento, baseado numa bibliografia material (ver as explicações da segunda parte), ser-nos-á de muita utilidade. Com efeito, 1771 (33 linhas) e 1797 (Bert) dão origem a textos duplamente compósitos, misturando 1730 e 1747, mas de forma diferente, pois a partir da página 45, 1771 (33 linhas) passa a seguir exclusivamente 1747. Vejamos.

1771 (33 linhas) apresenta, da página 1 à página 38, o texto de 1730 *corrigido* pelo de 1747 cerca de doze vezes, vale dizer, muito sumariamente.

1797 (Bert) apresenta, da página 1 à página 52, o mesmo texto compósito de 1771 (33 linhas); como este último, volta-se em seguida para 1747, desviando-se novamente, da página 84 à 115, para 1730 (Ribou), que irá corrigir cerca de dez vezes, baseando-se para tanto na edição de 1747. Da página 116 até o fim, 1797 segue fielmente 1730 (Ribou), ou melhor, 1715[1], até a página 261, passando em seguida para 1715[2]. Caso ignorássemos que 1771 (33 linhas) antecede 1797 (Bert) de 26 anos, seríamos tentados a supor que essa edição copiou a edição posterior ao longo das 44 primeiras páginas. Excluída tal hipótese, em virtude das datas, devemos deduzir que 1771 (33 linhas) e 1797 (Bert) descendem de uma mesma edição compósita X, no que se refere a toda uma parte que resta ainda determinar. A comparação permite-nos distinguir quatro séries de textos baseados na edição Bert (1797) e estabelecer o seguinte quadro:

	série 1	série 2	série 3	série 4
X	1730 + 1747	1747	1730 + 1747	1730?
1797 (Bert)	1730 + 1747	1747	1730 + 1747	1730
1771 (33 linhas)	1730 + 1747	1747	1747	1747

Modifica-se assim o estema das edições compósitas:

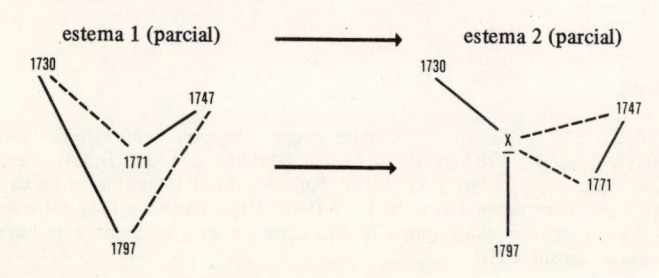

estema 1 (parcial) ⟶ estema 2 (parcial)

```
    1730              1730
       \                 |
        \   1747            1747
         \ /  \         X /
         1771              \
           \                1771
            \
           1797           1797
```

A hipótese da existência de uma edição X é reforçada *ao contrário* pelo próprio caráter das séries 2 e 3, que inexplicavelmente somam quase trinta páginas em 1797 (Bert), sendo que nem o começo nem o fim coincidem com uma folha impressa, diversamente do que acontecia com 1730 (Ribou), que como vimos inaugurava uma tradição.

B. *As "Cartas Filosóficas"*. O texto das *Cartas Filosóficas* coloca um problema bastante complexo por quatro motivos: 1) primeiramente, houve duas edições simultâneas (1.3.3. E) do original (Londres e Rouen, sendo que a edição estrangeira, a melhor das duas, não teve posteridade direta); 2) em segundo lugar, Voltaire revisou seu texto pelo menos sete vezes, e essas revisões, ditadas seja pelo humor voltairiano seja por circunstâncias de momento, mais parecem comentários paralelos do que um trabalho de reexame do texto; 3) a condenação oficial da obra na França teria determinado o embargo de toda e qualquer edição que reproduzisse exatamente a feição original do livro; este passa então a ser dissimulado, surgindo os *Mélanges de Littérature et de Philosophie*, onde se discorre habilmente sobre a China antes de se elogiar a Inglaterra; esse tipo de subterfúgio, embora tolerado pela polícia, irá alterar de maneira irreversível a transmissão do texto: daí em diante, toda reconstituição torna-se parcialmente artificial, por suprimir modificações que o autor houve por bem introduzir no texto; 4) finalmente, o número das "edições" (ou mais rigorosamente, das *emissões* — ver página 119) de interesse textológico eleva-se a vinte e oito. Assim, não poderia ser simples o estema correspondente. Mas só discutiremos aqui um de seus aspectos: as edições compósitas de antecedentes múltiplos (três até cinco). Examinemos o estema de Lanson (pág. 30, à esquerda, 34 = edição de Rouen; à direita, 34^a = edição de Londres — ver página 33).

Entre essas edições compósitas, 39^4, 48 e 51 comportam correções de autor; por esse motivo, não seria legítimo atribuirmos suas particularidades à contaminação eclética de edições colaterais, muito embora se saiba quão pouco Voltaire trabalhava seus textos. E quanto à edição de 46? Na opinião de Lanson, 46 procede de 42 e 42ª sem sombra de dúvida, sendo plausível que tenha sido influenciada por 39 e 39^4.

42ª reproduz 42, de que conserva inclusive os erros de impressão. Mas é por suas inovações que essa edição é importante. Mesmo assim, ela não chega a fazer parte da tradição, já que algumas das importantes modificações que apresenta não se acham ali integradas, 42ª influencia as edições seguintes sem fazer delas derivadas suas (p. XXIV).

O que ocorre, na realidade, é que 42 e 42ª consituem uma única e mesma edição, apesar de ser dada uma delas como tendo sido impressa em Amsterdam e a outra em Genebra. A análise material nos permitirá descartar as indicações falsas das páginas de rosto: veremos mais adiante como equacionar o problema. 42ª apresenta uma série de diferenças textológicas se comparada a 42, mas unicamente na altura das folhas (*cartões*) inseridas no volume em substituição às folhas originais — são cerca de dez através de uma operação de brochagem, na base da cola e da tesoura. 42 e 42ª formam dois estados distintos de uma edição. O "segundo" estado, dito cartonado, varia com freqüência de exemplar para exemplar, o que pode ser explicado pela sua fabricação artesanal. Mesmo os dois exemplares existentes na Biblioteca Nacional de Paris não são idênticos[42]. Não há razão, portanto, para nos admirarmos de que tais exemplares ocasionem disparidades na transmissão dos textos... Quanto à contaminação de 42 por 39, ela resulta de um erro de Lanson, assim como a contaminação de 46 por 39^4. A despeito desta última, escreve Lanson: "46 manteve o *veux* de 39^4 (1. XXIV, linha 15), afastando-se assim de 42"; ora, tanto 42 quanto 46 trazem o mesmo *veux*[43]. A "relação possível" de 46 repousa sobre constatações precisas: "o erro *utile* (útil) das edições 34^a-39 (1. XII, linha 64) reaparece em 46, e o plural *quelques idées* (algumas idéias – 1. XXII, linha 6) parece denotar uma ligação particular com 39": ambos os erros, no entanto, não são mais elucidativos que as duas felizes conjeturas do tipógrafo que em 1963 trabalhava com o texto de *O Muro* (o plural pelo singular, a forma afirmativa do adjetivo pela sua forma negativa, *utile* por *inutile*, numa frase que sugere a conjetura: *Le plus singulier et le meilleur de ses ouvrages est celui qui est aujourd'hui le moins lu et le plus inutile* ("A mais singular e a melhor de suas obras é aquela que é hoje a menos lida e a mais inútil" 1. XII, *Sur le chancelier Bacon*). Podemos, em síntese, e sem maiores problemas, substituir o gráfico anteriormente proposto por outro mais simples:

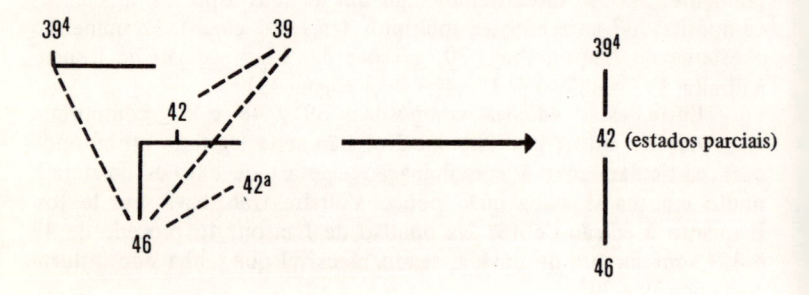

$$39^4 \quad 39$$
$$42$$
$$42^a$$
$$46$$

$$\longrightarrow$$

$$39^4$$
$$42 \text{ (estados parciais)}$$
$$46$$

Com esse exemplo de retificação comprovamos a validade de nosso argumento. Lanson representou a filiação das edições de forma imprópria porque cometeu dois graves erros metodológicos: 1) utilizou mecanicamente um método rudimentar de análise dos erros, sem refletir sobre a própria natureza dos erros; 2) tentou aplicar aos impressos a crítica dos manuscritos, não levando em conta certas diferenças existentes entre seus modos de produção. Num plano mais específico, Lanson falha ao ver duas edições onde existe somente uma, não chegando a distinguir os cartões. De maneira mais geral, ele constrói uma imagem monacal do trabalho de composição tipográ-

---

42. O exemplar de cota Z 24570-24571 não traz o cartão ± K8.
43. O erro *veut* aparece no cartão ± L2^v e não se transmitiu.

PROBLEMAS GERAIS DA EDIÇÃO DOS TEXTOS

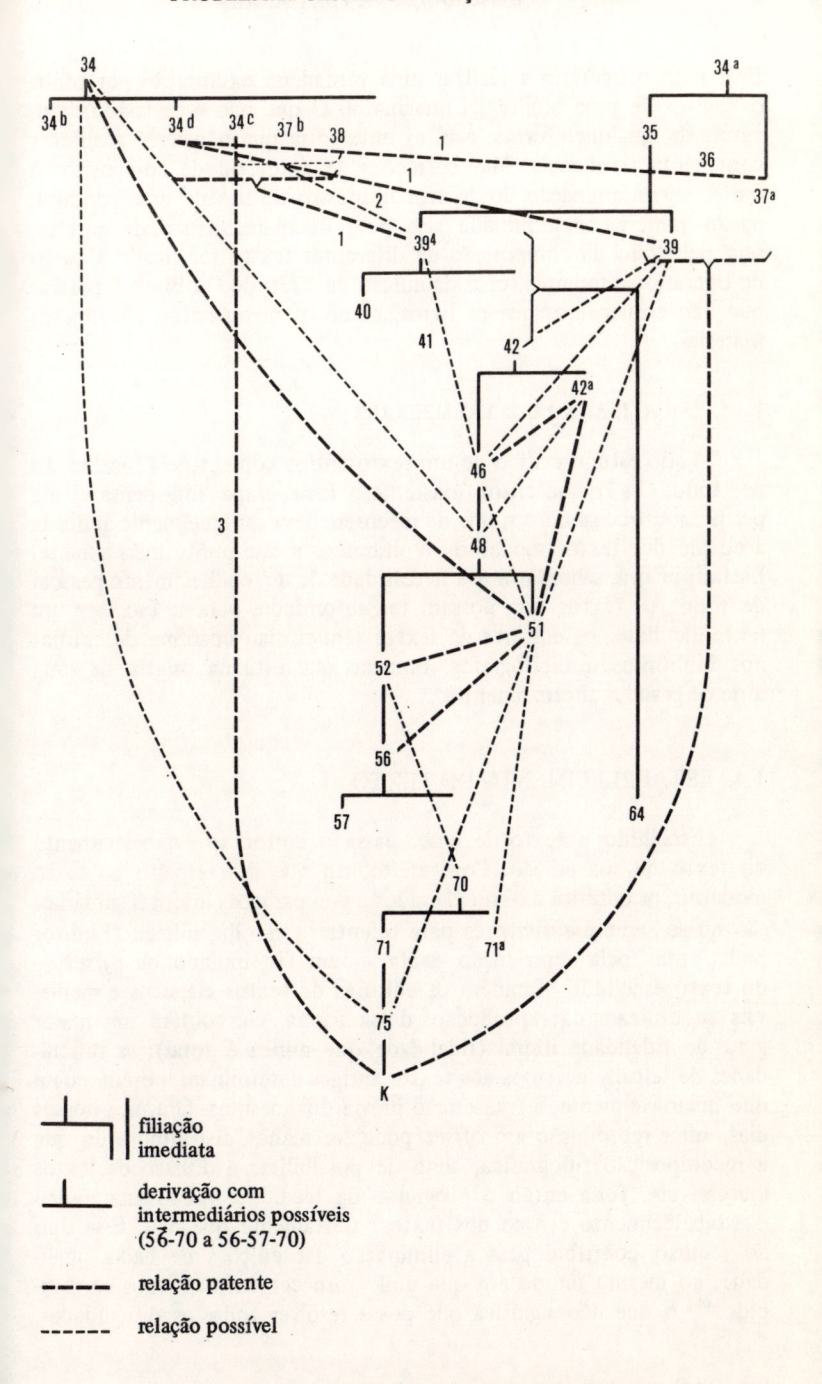

FILIAÇÃO DAS IMPRESSÕES DAS *CARTAS FILOSÓFICAS*

1. Relação patente para as *Remarques sur Pascal*.
2. Relação possível para as cartas I-XXIV.
3. Relação patente para a carta XXIII.

fica, com o operário a realizar uma verdadeira exploração por todos os cantos de uma biblioteca imaginária. O que não é de todo improvável: de qualquer forma, está aí uma coisa que não deve acontecer com tanta freqüência. Mas correções de autor ou de compositor à parte, a contaminação dos textos impressos resulta de uma contaminação material determinada seja pelo desaparecimento de cartões, seja pelo fato da composição de diferentes textos ter ficado a cargo de operários diferentes (caso da edição de 1730 do Gil Blas). É preciso que não esqueçamos que os livros, como os manuscritos, são objetos materiais.

1.3.5. LOCALIZAÇÃO DOS EXEMPLARES

Todo estudo crítico de um texto antigo começa pela localização de todos os manuscritos existentes. Essa etapa indispensável da pesquisa, a que se dá o nome de recensão, deve ser igualmente aplicada à edição dos textos modernos. Voltaremos a esse ponto mais adiante. Basta, por ora, salientarmos a necessidade de um conhecimento pessoal de todos os textos que possam ter autoridade, para se *escolher* um texto de base: os editores de textos têm o mau costume de confiar nos bibliófilos e bibliógrafos, omissão que está na origem de uma série de grandes aborrecimentos.

1.4. ESTABELECIMENTO DO TEXTO

Escolhido o texto de base, passa o editor ao estabelecimento do texto de sua edição. Com efeito, no que diz respeito ao texto moderno, os critérios externos, unidos a comparações internas sumárias, são quase sempre suficientes para orientar a escolha inicial. O editor pode optar pela reprodução exata — em fac-similado ou *offset* — do texto escolhido. Também os editores de textos clássicos e medievais se utilizam da reprodução: dessa forma, eles obtêm um maior grau de fidelidade literal (fidelidade que nunca é total); as dificuldades de leitura inerentes aos textos antigos determinam, porém, quase que invariavelmente, a transcrição prévia dos mesmos. Ora, nos nossos dias, uma reprodução em *offset* pode ser menos dispendiosa do que a recomposição tipográfica, além de possibilitar a difusão de textos inacessíveis. Teria então o progresso da técnica tornado anacrônico o estabelecimento crítico dos textos? Certamente que não. Esse tipo de recurso contribui para a eliminação das edições de baixa qualidade, ao mesmo tempo em que pode fornecer textos menos corrompidos[44]: o que não significa que possa resolver todas as dificuldades.

---

44. Supondo-se que o orientador editorial seja esclarecido. Por outro lado, a economia realizada na composição diminui e se torna nula quando a edição antiga é de formato pequeno (in-12, in-8, etc.), pois nesse caso gasta-se mais papel. O que pode explicar a reprodução em escala reduzida de quatro páginas antigas em uma nova, em detrimento da legibilidade. Sem dúvida que, aperfeiçoadas (e menos caras), as microfichas poderão vir a eliminar, em tempo hábil, os *reprints* de obras de consulta.

A escolha inicial do texto de base representa apenas uma primeira triagem, que descarta as edições desprovidas de qualquer autoridade textológica: conservam-se as edições mais ou menos simultâneas (que será preciso particularizar por meio de critérios materiais), as edições que apresentam variantes e os estados de uma mesma edição. Não nos foi possível determinar, mediante uma pesquisa rápida, a autenticidade das variantes de *O Branco e o Negro*: teria Voltaire revisado seu texto, e no caso de uma resposta afirmativa, devem suas revisões ser mantidas? Nós o ignoramos (ver 1.1.). Já no caso de *O Muro*, faz-se necessário retomar o texto da *Nouvelle Revue Française*. Ora, não ignoramos que um texto publicado numa revista é preparado, anteriormente à impressão, de acordo com as regras tipográficas dessa revista: a pontuação e a paginação constituem portanto, no caso, um problema de menor complexidade. Localizado o manuscrito, seria o caso de colacioná-lo minuciosamente: o que é freqüente para as obras do século XX.

O texto de base é apenas um ponto de partida. O editor procura atingir o texto ideal, que se afasta do primeiro parcialmente. O editor, na realidade, transcreve o texto de base, criando assim o texto de chegada (no seu exemplar de colação), diverso do de base. Esse texto de chegada, modificado de muitas formas, torna-se o texto de edição. Para determinar o texto ideal, o editor observa certas regras baseadas na natureza das variantes. Para estabelecer o texto de edição, ele segue normas pragmáticas.

1.4.1. TEXTO DE BASE E TEXTO IDEAL

Essa distinção entre texto de base e texto ideal[45] talvez cause admiração. Todo texto concreto contém erros materiais. Não está isento desses erros nem o melhor texto, escolhido para texto de base. O editor se apóia em um texto ideal para corrigir o texto real.

O texto ideal afasta-se do texto de base apenas em certos trechos ou classes de trechos, para os quais retoma as lições ou classes de lições de um texto de *autoridade superior*. Toda modificação do texto de base deve ser justificada por critérios extrínsecos aos trechos considerados. Caso contrário, estaremos trabalhando de maneira eclética, baseados em um gosto pessoal. Ao escolher alhures lições que introduzimos no texto de base, nós o contaminamos, fazemos dele um texto compósito, degradamo-lo enfim. Toda lição tomada ao acaso da tradição reduz-se, dessa forma, à categoria de conjetura: com efeito, a falta de justificação extrínseca no texto, seja ele qual for, define toda e qualquer lição, onde quer que seja atestada, como conjetura. O encontro de duas conjeturas é, na melhor das hipóteses, puro fruto do acaso. Não resta dúvida de que a conjetura é o único recurso nos casos desesperadores, os *cruces interpretum*: não seria possível, no entanto, atribuir-se a lição conjetural ao texto ideal;

---

45. As noções que aqui propomos são adaptadas das de *copy-text* (texto de base) e *ideal copy* (exemplar ideal), que elas não objetivam traduzir. W. W. Greg fala de *rationale of copy-text* e F. Bowers emprega a expressão *ideal copy* em um sentido unicamente material, sentido conservado por nós.

embora comporte um sentido, ela segue carecendo de autoridade. O texto ideal que nos empenhamos por constituir deve atenuar as baixas de autoridade no texto de base.

A crítica textológica científica se desenvolveu afirmando o princípio da integridade do texto de base contra a prática subjetiva da contaminação conjetural. Esse princípio, contudo, deixou de ser rigidamente respeitado para os domínios do grego e latim; mas para muitos editores de textos franceses modernos, ele continua a representar uma lei tácita[46].

Esse tipo de escrúpulo é de conseqüências por vezes curiosas: sim, porque o editor chega a reproduzir fielmente uma lição inferior ou corrompida, que entra no corpo do texto, relegando para o terreno das variantes, em fim de volume, uma lição correta ou superior. Pode acontecer de ambas as lições se encontrarem em edições que, por outro lado, teriam sido seguramente trabalhadas pelo autor. Ou mesmo da lição fiel pertencer ao próprio manuscrito autógrafo:

> Par lassitude, Charles cessa de retourner aux Bertaux. Héloïse lui avait fait jurer qu'il n'irait plus, la main sur son livre de messe, après beaucoup de sanglots et de baisers, dans une grande explosion d'amour. Il obéit donc; mais la hardiesse de son désir protesta contre la servilité de sa conduite, et, par une sorte d'hypocrisie naïve, il estima que cette défense de la voir était pour lui comme un droit de l'aimer. Et puis, *la veuve pouvait-elle effacer par son contact l'image fixée sur le coeur de son mari?* La veuve était maigre; elle avait les dents longues; elle portait en toute saison un petit châle noir dont la pointe lui descendait entre les omoplates [...]. (*Madame Bovary*, I, ii).

A frase em itálico não consta da edição Charpentier, escolhida por numerosos editores como texto de base: trata-se de um salto para o mesmo, um erro clássico de compositor tipográfico. Por fazer sentido, ele escapou ao revisor. O dever do editor é reintegrar ao trecho devido a lição fiel. Mas por que então discriminar as variantes, se finalmente não as levamos em consideração?

Na sua edição de *Paulo e Virgínia*, Pierre Trahard assinala três lições absurdas, comuns a todas as edições até então impressas: ele mostra que elas provêm de incoerências do próprio rascunho autógrafo. Tais incoerências pré-textológicas revelam a origem dos erros e nos permitem propor, por conjetura, lições razoáveis. Eis aqui uma dessas passagens impressas:

> On entendait dans les bois, au fond des vallées, au haut des rochers, de petits cris, de doux murmures d'oiseaux, qui se caressaient dans leurs nids, réjouis par la clarté de la nuit et la tranquillité de l'air. Tous, jusqu'aux insectes, bruissaient sous l'herbe*.

"A frase é absurda, comenta Trahard, mas trata-se realmente do texto de todas as edições revisadas por Bernardin entre 1788 e

---

46. Na Idade Média, a existência de dialetos modifica os dados do problema.

* Ouviam-se nos bosques, no fundo dos vales, no alto dos rochedos, pequenos gritos, doces murmúrios de pássaros que se acarinhavam em seus ninhos, alentados pela claridade da noite e pela tranqüilidade do ar. Todos, até mesmo os insetos, zumbiam sob a relva. (N. da T.)

1806. O autor nunca cogitou de retificá-la, e os editores todos, Souriau inclusive, passaram a reproduzi-la quase que automaticamente. Ora, se nos reportarmos ao rascunho que se encontra na Biblioteca Victor Cousin, haveremos de ler ali *bruissant* (zumbindo) e não *bruissaient* (zumbiam). E constataremos também que Bernardin omite o verbo *étaient* (eram): pelo simples motivo de que o fato narrado lhe era bastante familiar. Foram os tipógrafos, ou o próprio autor, quem sabe, que contaminaram a frase em questão com a frase que a precede. O texto, portanto, talvez possa ser restabelecido da seguinte maneira:

> On entendait dans les bois, au fond des vallées, au haut des rochers, de petits cris, de doux murmures d'oiseaux qui se caressaient dans leurs nids. Tous, jusqu'aux insectes bruissant sous l'herbe, étaient réjouis par la clarté de la nuit et la tranquillité de l'air." [47*]

A lição de Trahard é incontestavelmente superior à de Bernardin de Saint-Pierre, que lhe cabe substituir de forma conjetural. Trahard realizou o trabalho de um verdadeiro editor científico, tendo contudo cedido a um respeito farisáico pela coisa impressa, ao insistir em dar a ler um texto corrompido. O autor não é infalível: escrevendo ou relendo seus escritos, ele deixa passar uma série de erros... quando não os comete. O revisor tipográfico, e mesmo o tipógrafo-compositor, apontam numerosos erros ao autor, quando este é vivo, chegando até a exagerar nesse sentido: já o editor póstumo deve mostrar-se extremamente cauteloso, embora deva intervir quando se trata de reparar as falhas anteriores de um revisor ou autor.

Não nos esqueçamos de que o autor pode corrigir-se enquanto autor ou enquanto revisor. Ao corrigir-se enquanto autor ele estará exercendo o seu direito de arrependimento e introduzindo no texto correções de autor; ao corrigir-se como revisor, deverá respeitar a vontade do autor. Mas está aí uma coisa que muitas vezes ele deixa de fazer, em vista de sua particular situação em face do texto: assim é que, ao invés de reportar-se prudentemente a seu manuscrito, ele se põe a corrigir de memória, *ex ingenio*, confiando nos recursos de seu espírito: ele conjetura. É esse tipo de conjetura que se deve descartar.

Aqui está um exemplo bastante simples do fato. Cena de comédia: o criado, cúmplice de sua patroa, está incumbido de entreter uma terceira personagem, que por um motivo qualquer deve ser enganada. *Te voilà donc de retour, Gil Blas, me dit-elle; rends-nous compte de ton message. Il fallut encore* là *payer d'audace* (Então estás de volta, Gil Blas, disse-me ela; conta-nos de que forma te expressaste. Ainda *desta feita* convinha que usasses de artimanhas – *Gil Blas*, IV, v). A partir de 1721, ao que tudo indica, a última das frases passa

---

47. Bernardin de Saint-Pierre, *Paulo e Virgínia*, Paris, Garnier, 1967, 2. ed., p. 239.

* Ouviam-se nos bosques, no fundo dos vales, no alto dos rochedos, pequenos gritos, doces murmúrios de pássaros que se acarinhavam em seus ninhos. Todos, até mesmo os insetos zumbindo sob a relva, eram acalentados pela claridade da noite e pela tranqüilidade do ar. (A tradução é nossa. Tivemos aqui uma única preocupação: adaptar os problemas de língua de que fala o autor.) (N. da T.)

a ser lida da seguinte maneira: "Il fallut encore *la* payer d'audace" (Convinha ainda usar de artimanhas para com ela). Gramaticalmente correto, esse texto irá subsistir até 1747, quando, lendo-o mais atentamente, Lesage termina por constatar que ele afirma quase que o contrário do que era preciso dizer: Gil, na verdade, deveria usar de malícia para com um terceiro. O autor elimina então o pronome. E a frase transforma-se no seguinte: "Il fallut encore payer d'audace" (Convinha usar de artimanhas). Não é má a correção, mas a verdade é que ela não corresponde à vontade do autor. Trabalhando com uma edição falha o autor-revisor esqueceu-se de voltar à edição revisada de 1715. O editor que viesse a escolher o texto de 1747 para texto de base teria assim que restituir-lhe o advérbio.

A observação é válida mesmo no caso do autor não se limitar a cortar palavras. Aqui está um exemplo. Num outro trecho da mesma obra, Lesage havia escrito: *une crepine de faux or devenu noir par laps de temps* (um barrado de metal imitando ouro, que o tempo enegreceu). A edição (não autorizada) de 1732 traz: "par laps *du* temps". Em 1747, o trecho é corrigido pelo autor: "par *le* laps *du* temps": a construção, desnecessariamente trabalhada, melhora 1732 mas deteriora 1715. Que fique claro porém: cada caso deve ser julgado de acordo com seu valor intrínseco: uma verdadeira variante pode ser engendrada por um erro. Cabe ao editor julgar.

Jean Pommier se perguntava: "não seria conveniente restituir o texto anterior ao erro, na hipótese de ter sido o mesmo erro mantido até nossos dias?"[48] Sem dúvida que sim. Na verdade, o que é que nós fazemos? Corrigimos melhor que o autor, quer tenha este último legitimado inadvertidamente um erro, quer tenha conjeturado de maneira abusiva. Restabelecendo a melhor vontade do autor — sempre que isso se fizer necessário e apesar dele — não estaremos contaminando o texto mas extraindo-lhe as contaminações adventícias. Se examinarmos o processo de transmissão textológica, de forma simplificada, desde o manuscrito até a edição impressa, iremos notar que o respeito cego que se tem pelo texto de base está fundado em idéias bastante vagas. Consideremos um trecho qualquer de um texto. Cada etapa apresenta a lição verdadeira (V) ou a lição falsa (F), salvo no caso de um eventual rascunho (pré-texto) que pode apresentar um estado pré-textológico, nem verdadeiro nem falso (V_0, é o caso citado mais acima). Basta que se pressuponha a interferência de um único revisor, já que, a cada momento que este intervém, sua intervenção pertence a uma mesma classe. Mas será preciso distinguir, por outro lado, nada menos que três autores: para o pré-texto (autor$_0$), para o manuscrito (autor$_1$) e para as provas de impressão (autor$_2$); a estes três autores correspondem três valores de verdade: V_0, V_1 e V_2. O texto de base pode ser de forma: V_1, V_2 ou F; o texto ideal, de forma V_0 (conjetura), V_1 ou V_2. A diferença entre arrependimento de autor e correção conjetural de autor aparece claramente na alternativa que tem o autor$_2$ de corrigir o erro do revisor (erro do compositor não corrigido pelo revisor tipográfico), voltando assim

---

48. Jean Pommier, *L'invention et l'écriture...*, p. 224.

para V_1 do $autor_1$, ou de criar uma lição V_2 do $autor_2$: essa alternativa com que conta o autor não existe para o editor de texto.

Esquema da transmissão textológica simples

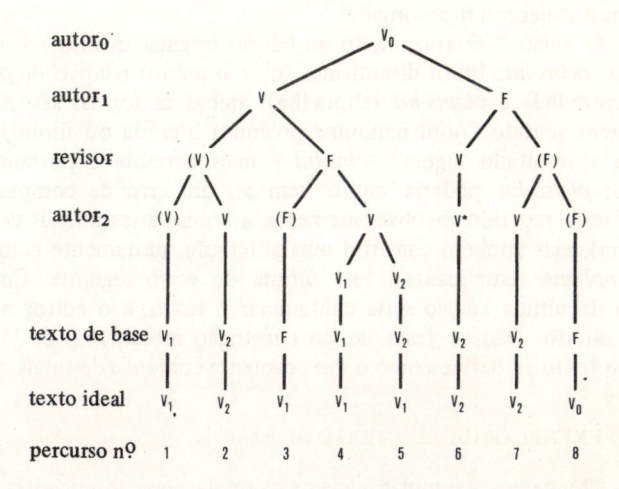

```
autor₀                        V₀
autor₁              V                          F
revisor        (V)       F           V             (F)
autor₂      (V)   V   (F)       V     V*    V      (F)
                              V₁  V₂
texto de base V₁  V₂  F  V₁  V₁  V₂  V₂  V₂  F
texto ideal   V₁  V₂  V₁  V₁  V₁  V₂  V₂  V₀
percurso nº    1   2   3   4   5   6   7   8
```

Os parênteses indicam que a lição é mantida sem vestígios de intervenção; estritamente redundantes numa leitura vertical, eles nos permitem apontar a natureza da intervenção de autor ou revisor numa leitura horizontal.

* A distinção lógica entre (V) e V não poderia corresponder a nenhuma realização concreta: o autor ratifica, voluntariamente ou não, a intervenção do revisor tipográfico, intervenção que em nada se distingue de uma boa correção de autor; ou então efetua uma correção qualquer a partir de uma sugestão do revisor, que lhe aponta um erro provável. O que, do ponto de vista do texto, resulta no seguinte percurso vertical: $V_0 - F - (F) - V - V_2 - V_2$. Observe-se que o revisor pode corrigir errado ou se enganar ao sugerir uma correção: tais percursos teriam porém um interesse exclusivamente anedótico, razão pela qual não os examinamos aqui.

Os percursos 3, 5 e 8 constituem os percursos notáveis que demandam a intervenção do editor científico: eles fundam objetivamente a distinção entre texto de base e texto ideal.

O *esquema da transmissão textológica complexa* pode compreender um número indeterminado de anéis, ao nível revisor-$autor_2$, por exemplo: ao primeiro ciclo de provas de uma tipografia se sucede um segundo, um terceiro e algumas vezes um quarto. O esquema da transmissão de edição para edição é semelhante: apenas que, neste caso, encontrar-se-á, ao nível $autor_2$, uma $edição_2$ ou o $autor_3$, etc.

Tomemos, a título de ilustração, dois versos da *Fedra*. Para simplificar o problema, ficaremos apenas com três edições publicadas em vida de Racine: a original e a última, ambas revisadas pelo autor, e a edição intermediária, não revisada. Suponhamos que se tenha tomado, para texto de base, esta última edição. Pois muito bem, que lição dever-se-ia escolher para os versos 32 e 809?

verso 32: Au tumulte pompeux d'*Athène et* de la Cour?
verso 809: Presse, pleure, gémis; *plains-lui* Phèdre mourante;

Na edição original, o verso 32 traz: *Athènes*, e na intermediária: *Athènes et*.

A introdução da conjunção *et* deu-se na edição sem autoridade. Tendo constatado o erro de versificação (sílaba supranumerária), o autor eliminou o *s* final (licença poética): caberá ao editor científico restabelecer a lição original.

O verso 809 traz, tanto na edição original quanto na intermediária: *peins-lui*. Inútil discutirmos sobre o mérito relativo de *peins-lui* (descreve-lhe) e *plains-lui* (chora-lhe): ambas as formas são possíveis e fazem sentido. Aqui nenhuma polêmica literária ou filológica chegaria a resultado algum: *peins-lui* é mais corrente e portanto mais fraco; *plains-lui* poderia muito bem ser um erro de compositor, o qual teria repetido inconscientemente as consoantes iniciais de *pleure* (chora), mas também constitui uma aliteração, juntamente com *pleure* e *suppliante* (suplicante), esta última do verso seguinte. Corrigir a lição da última edição seria contaminar o texto: e o editor não tem esse direito. Não se trata de uma restrição moral, mas de lógica, já que o texto se define como o mais coerente conjunto de sinais gráficos.

1.4.2. EXEMPLAR IDEAL E TEXTO DE BASE

Chamamos exemplar ideal o exemplar que se encontra rigorosamente conforme o texto de base. O texto, que sempre varia de uma edição para outra, pode variar também de um exemplar a outro no interior de uma mesma edição. Nos períodos primitivo e clássico da imprensa (origens até 1800), o fato é tão comum que qualquer exemplar torna-se, em princípio, suspeito. A verificação de vários exemplares constitui assim um procedimento de rotina. Mas pode acontecer, por mera eventualidade, de nenhum exemplar conhecido concordar com o exemplar ideal, que a comparação nos permite reconstituir. Essa reconstituição representa uma das tarefas fundamentais da bibliografia material; serão referidos mais adiante os procedimentos a serem observados no caso.

A explicação teórica do fenômeno é simples: a composição tipográfica é, a cada etapa da transmissão textológica, passível de modificação. Basta que tenham sido impressos dois ou mais percursos, numa quantidade qualquer, para que existam dois ou mais estados do texto. *Após a impressão*: um exemplo é a edição de 1742 das *Cartas Filosóficas*; a Biblioteca Nacional de Paris possui dois exemplares da obra (Beuchot 51 e Z 24570-24571): o de cota Z não traz o cartão da folha K8, mas apresenta, em contrapartida, tanto as folhas não cartonadas quanto as folhas cartonadas para nada menos que quatro cartões. Esse tipo de "aberração" é freqüente: ela ocorre por ocasião da brochagem, quando, ao colar as novas folhas em seus respectivos lugares, o operário se esquece de eliminar as antigas. *Durante a impressão*: modificações podem introduzir-se acidentalmente no texto durante a impressão. Nesse caso, interrompe-se o trabalho para proceder às correções, sendo ele retomado em seguida. *Antes da impressão*: estando o texto inteiramente composto, mas sem que se tenha dado início à impressão (trata-se de uma tiragem de quantidade indeterminada), uma avaria qualquer vem interromper os trabalhos na oficina tipográfica. As partes danificadas são então rapidamente recompostas, de memória, e o clichê retificado: o que determina a intromissão sub-reptícia de erros no texto.

A invenção da imprensa veio reduzir consideravelmente as variações entre os exemplares, sem contudo chegar a suprimi-las. Por isso mesmo recorremos à noção de exemplar ideal.

Mas não se deve confundir exemplar ideal e texto ideal. O exemplar ideal é um objeto concreto, por vezes imaginário mas não raro real. O texto ideal é um conceito.

1.4.3 PREPARAÇÃO PRÁTICA DO TEXTO

Deixemos agora de lado o conceito e vamos aos fatos. Algumas observações de ordem prática evitarão que o editor principiante venha a ter sérios aborrecimentos, na ordem dos quais está sempre uma má preparação material. São tão simples as precauções a serem tomadas que corremos o risco de acabar por negligenciá-las.

O exemplar de estabelecimento[49] (que tomamos por referência) pode ser um exemplar de uma edição qualquer (disponível e pouco dispendiosa) ou ainda a reprodução de um exemplar da edição original (independentemente de ser ela tomada para texto de base — mas com a condição de que haja também um exemplar do texto de base sempre que este comporte um certo número de acréscimos), e pode ser, finalmente, uma transcrição pessoal. A transcrição se faz necessária no caso do texto nunca ter sido integralmente impresso. Nos demais casos, ela apresenta mais inconvenientes do que vantagens: perda de tempo e risco de deterioração textológica, como resultado de uma edição suplementar (manuscrita ou batida à máquina) de qualidade discutível, por não ser o editor nem copista nem datilógrafo profissional. É preferível a reprodução (reprodução fotográfica em papel fosco, reprodução xerográfica, etc.) para os textos que sigam regras gráficas próximas das nossas. Do contrário, julgar-se-á cada caso em particular: a modernização da ortografia e da pontuação não deixa de poluir a reprodução; além disso, o uso de uma edição moderna dirige necessariamente toda e qualquer opção no sentido do "editor" precedente (o modelo deixa vestígios). Mas seja qual for o caso, convém especificar a natureza e a origem do exemplar de estabelecimento. Gustave Rudler nos dá conta de que havia procedido à colação do *Adolfo* servindo-se para tanto do texto de uma edição mais que barata, o da edição Flammarion[50]. Esse tipo de informação (que não omitem os editores de textos primitivos) nada tem de anedótico, já que o primeiro dos objetivos da crítica textológica consiste justamente em suprir a sua ausência. Rudler porém irá mencioná-la não na introdução à sua edição de 1919, mas em sua obra *Les Techniques de la critique et de l'histoire littéraires*, de 1923. O silêncio que se observa

---

49. Exemplar de estabelecimento e não *exemplar de trabalho*, este último termo aplicando-se a um exemplar utilizável porém em mau estado físico.

50. G. Rudler, *Les Techniques de la critique et de l'histoire littéraires*, p. 66.

a esse respeito revela um mal-estar muitas vezes fora de propósito: os editores temem patentear um roubo que na realidade não foi cometido, se é que se estabeleceu efetivamente o texto.

O exemplar de estabelecimento deverá trazer grandes margens, nas quais se escreverão as modificações tipográficas que deverão ser ali introduzidas, bem como as lições dos exemplares de comparação (os das diversas edições de interesse para o texto: revisões de autor ou transmissão tipográfica). Se surgir a necessidade de inserir folhas em branco nesse exemplar, elas deverão ser do mesmo formato e numeradas (número da página ou da folha seguido de um índice alfabético); também a página ou folha que foi assim complementada receberá uma marca, assinalando a presença das entrefolhas. *Referimento externo*: cada lição será precedida de uma sigla que lhe especifique a origem; a lista das siglas — e sua chave — serão estabelecidas, devendo estar sempre em dia; anotar-se-ão as cotas dos exemplares utilizados. Só a observação minuciosa de um protocolo haverá de permitir que não nos enganemos em um trabalho que costuma estender-se por meses ou anos e que se reporta a centenas ou milhares de trechos. Bédier e Lanson se equivocaram por completo nos seus levantamentos das *Conversações* e das *Cartas Filosóficas*, não no que se refere à transcrição (operação em que se mantém alerta a atenção) mas na parte da indexação (operação que é trivial): o problema do esquema de Lanson provém, em grande parte, de confusões feitas com os grupos contendo erros. *Referimento interno*: o início e o fim de cada lição devem ser assinalados da forma mais clara possível, quer se trate de uma supressão, de um acréscimo ou de uma interversão; os erros horizontal e vertical de posicionamento são sempre perigosos. Se um mesmo trecho comporta mais de duas lições, diversamente inseridas, convém anotar separadamente, numa interfolha, suas posições respectivas. Todo aquele que pretende corrigir erros dos outros deve cuidar para errar o mínimo possível. Mas acontece que, como todo revisor, o editor não só deixa passar erros como também os comete. Assim, só a colação das provas impressas com cada edição de comparação nos permitirá obter um texto crítico relativamente garantido. A tarefa é pesada e enfadonha, mas inevitável. Os editores das *Obras Completas* de Thomas More, na Universidade de Yale, adotaram a regra de cinco leituras das provas.

1.4.4. CLASSIFICAÇÃO DOS ERROS

Façamos de conta que nós ignoramos por completo toda e qualquer maneira de distinguir os erros e deixemo-nos guiar por Pierre Trahard na sua edição de *Paulo e Virgínia*[51]. Nossa escolha é motivada por algumas razões de ordem prática: primeiro, o leitor poderá reportar-se facilmente a uma edição acessível e não muito dispendiosa; segundo, os problemas que a obra coloca não englobam demasiadas dificuldades, constituindo, porém, o número de edições e de variantes um exemplo tal que se poderia tomá-lo (excluindo os erros), para o estabelecimento da filiação. Muito embora haja testemunhos

---

51. Clássicos Garnier, 1959.

de que Saint Pierre revisou apenas duas edições de seu livro (posteriormente à publicação original), as de 1789 e 1806, Trahard não deixa de levar em consideração as variantes de 1790, 1800 e 1802. Ora, não há dúvida, ele está certo em fazê-lo — afinal não há testemunho que não seja duvidoso, em princípio — mas a verdade é que Trahard deveria tê-las examinado criticamente. Aliás, se tivesse se preocupado em verificar a exatidão dos testemunhos, ele certamente teria renunciado a publicar variantes desprovidas de autoridade. O escrúpulo exagerado do editor científico fornece-nos, aqui, material suficiente para uma demonstração. Dispomos da lista das diferenças gráficas entre várias edições; seguindo o método de Dom Froger (1.3.4.2. acima), iremos agora destacar os grupos que constituem desvios (grupos arbitrariamente errados) relativamente a uma edição qualquer das acima mencionadas; deduziremos dessa forma a orientação arbitrária das edições e trataremos em seguida de encontrar a orientação real.

As *Variantes* da edição Trahard conservam três grupos textológicos: o das edições parisienses publicadas em vida do autor, o manuscrito (ou antes, o rascunho), e uma edição moderna. Ficaremos somente com as variantes do primeiro grupo. Isso porque o manuscrito apresenta um estado pré-textológico que não possibilita a comparação trecho por trecho (o próprio Trahard apenas se serve dele para suas conjeturas), e a edição de 1924 (de Maurice Souriau) foi incluída unicamente com fins polêmicos. O editor descartou as variantes puramente ortográficas, como ele mesmo o afirma; o que não o impede de publicar: *iapyga/Iapiga, d'attes/dattes, orchestre/orchestres, quelque lumière/quelques lumières, embrasé/embrasée, la saisit/l'a saisit, marguerite/marguerites, olive/olives, crut/crût, sans témoin et sans éloge/sans témoins et sans éloges, écume/écumes, ajouta-il/ajouta-t-il, tambour/tambours, creusée/creusées, d'abîsme en abîme/d'abîme en abîsmes, marbre/marbres*, ou seja, nada menos que dezessete variantes que desmentem seus princípios (outras variantes ortográficas têm uma incidência sintática). Em geral, Trahard refere cada trecho variante para as seis edições, deixando de fazê-lo, no entanto, duas vezes para 1800 e quinze vezes para 1788-1789-1790-1800: nesses quinze trechos, ele segue duas vezes 1802 e treze vezes 1806. Se se tratasse de manuscritos antigos, poder-se-ia postular a existência de lacunas (quem sabe!); no presente caso, imaginamos que se trate realmente de um distanciamento entre 1802 e o restante da tradição (obtemos dessa forma um número razoável de "erros" próprios de 1802, o que vem confirmar nossa hipótese). Restam portanto 126 trechos variantes a serem estudados.

Atribuamos siglas alfabéticas às seis edições: 1788 = A, 1789 = = B, 1790 = C, 1800 = D, 1802 = E, 1806 = F, e tomemos a última edição para edição de referência: F. Encontramos o seguinte:

Níveis	Grupos	Números de "erros"
5	ABCDE	22
4	ACDE	5
3	ACD	26
	ACD ≠ BE	1
	ADE	2
2	AC	6
	AC ≠ D	1
	AD	12
	AD ≠ C	1
	DE	1
1	A	3
	B	2
	C	8
	D	19
	E	17

Podemos constatar algumas anomalias: no nível 3, *ADE*; no nível 2, *DE* e as divisões $AC \neq D$ e $AD \neq C$; no nível 1, *A* e *B*. Tais anomalias, contudo, são criadas por um número de erros proporcionalmente muito baixo. Vamos deixá-las de lado, por enquanto, para estabelecer o esquema dos grupos:

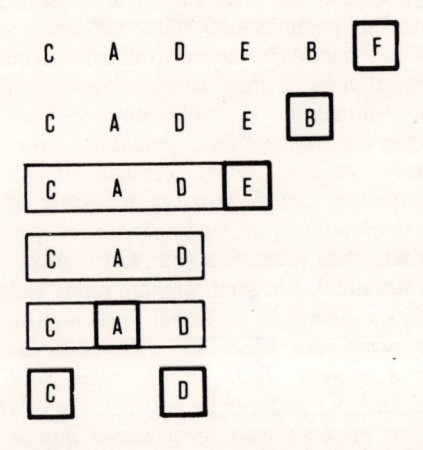

C A D E B F

C A D E B

C A D E

C A D

C A D

C   D

Deduzimos assim a seguinte orientação arbitrária:

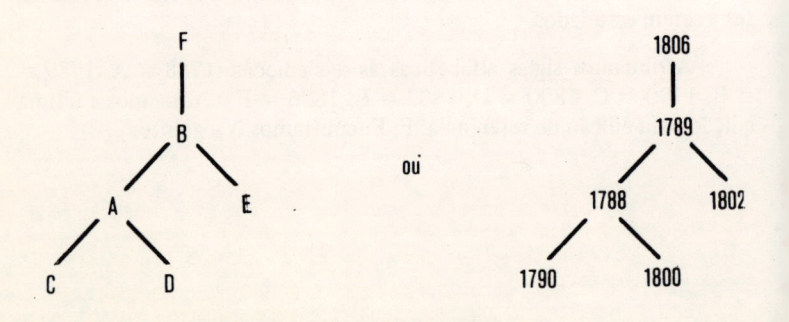

F — B — A — E
A — C, D

ou

1806 — 1789 — 1788 — 1802
1788 — 1790, 1800

Lendo em seguida as datas, encontramos a orientação real:

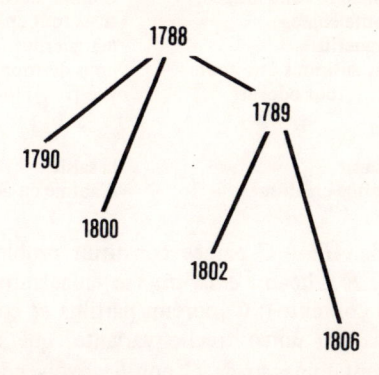

```
              1788
             /    \
            /      1789
           /      / |  \
        1790    /   |   \
              1800  |    \
                  1802    \
                          1806
```

Um esquema desse tipo é interessante para o editor: ele prova que as edições de 1790, 1800 e 1802 não fazem parte da história do texto ideal, que o autor não as revisou e que suas lições não têm por que figurar em um aparato crítico, cuja leitura só poderiam sobrecarregar e confundir. A presença dessas lições obriga-nos a concluir, juntamente com Trahard: "uma vez publicado o seu texto, Bernardin não chegou a remanejá-lo efetivamente; ele contentou-se com ligeiras correções de detalhes, sem nenhum valor artístico e que não representam progresso algum" (p. LX). As verdadeiras variantes são de pouco interesse, e é certo que não apresentam o interesse esquizofrênico das linhas que se seguem:

Página 112:
a. 1788: sur leurs bords – 1789: sur les bords – 1790 e 1800: sur leurs bords – 1802 e 1806: sur les bords.

Examinemos agora as anomalias que havíamos deixado de lado.

	ADE	*BCF*
Página 120:	a. Madame de la Tour ou Marguerite racontaient	Madame de la Tour ou Marguerite racontait
Página 129:	a. *deslocamento de um ponto de interrogação do fim da interrogação para o fim da frase.*	

	AC	*D*
Página 197:	a. ajouta-il	ajoute-t-il

	AD	*C*
Página 171:	a. de divers feuillages et qui, s'élançant	de divers feuillages, et qui, s'enlaçant
	(*BEF* traz: de divers feuillages, qui, s'enlaçant)	

	DE	*ABCF*
Página 187:	a. ne les flattent plus	ne le flattent plus

aqui está o contexto: "Les richesses ôtent aux riches tous ces plaisirs-là en prévenant leurs besoins. Joignez à l'ennui qui suit leur satiété l'orgueil qui naît de leur opulence, et que la moindre privation blesse lors même que les plus grandes jouissances *ne le flattent plus*."

	A	*BCDEF*
Página 132:	b. Comme te voilà fatigué,	Comme te voilà fatigué!
	tu es toute en nage.	tu es tout en nage.
Página 163:	a. marguerite	marguerites
Página 222:	a. nous désirions être toute	nous désirions être tout
	vue [...]; tout odorat	vue [...]; tout odorat

	B	*ACDEF*
Página 152:	a. l'a saisit	la saisit
Página 214:	a. d'abîme en abîmes	d'abîme en abîme

Apenas a anomalia *AD* ≠ *C* parece constituir problema: com efeito, *C* partilha com *BEF* a lição *s'enlaçant* (se enlaçando; ambas as lições fazem sentido no contexto); *C*, porém, partilha *et* com *AD* (seguindo Trahard, contamos um único trecho variante, que divide em três a tradição). Uma contaminação de *C* por *B* envolvendo uma palavra e não a outra, quando as duas lições se equivalem, e nesse único trecho, não poderia ser admitida de forma alguma. Trata-se portanto de mera coincidência, hipótese inclusive bem mais provável já que a transformação inverte duas letras (gralha ou correção).

1.4.5. ANÁLISE DOS ERROS

Um erro é uma variante desprovida de autoridade. Para Tristan Tzara[52], Apollinaire quis a repetição:

Tu est debout devant devant le zinc d'un bar crapuleux*

Que dizer disso? O autor não anexa suas iniciais a cada palavra que escreve, única maneira possível de identificá-las. Se Apollinaire quis realmente escrever *devant devant*, ele devia asseverar a anomalia tipográfica que criava, marcando-a com o auxílio de um código ou procedimento gráfico: grifos, pontuação, paginação, etc.

A autoridade pode ser patente para um texto tomado em seu conjunto; ela será sempre apenas provável para as lições individuais. Numa edição revista, numa original, e mesmo num manuscrito, rejeitamos toda e qualquer infração das normas lingüísticas e/ou gráficas que julgamos pertinentes. Vimos que testemunhos externos (endereço bibliográfico) nos permitiam passar da orientação arbitrária à orientação real, dispensando-nos de um estudo aprofundado dos erros: essa economia (quando se tem o direito de fazê-la) reduz o número de erros a serem considerados (eliminando as edições colaterais) sem contudo suprimir a obrigação de se analisar os erros para substituí-los, no texto ideal, pela lição fiel. A tarefa fundamental do editor científico não é reunir, num pós-texto, páginas de variantes, ao acaso e com o fito único de respeitar a tradição, mas estabelecer o texto a ser lido. Pelo menos, as variantes da maior parte de nossas edições *críticas* não deixam de desmentir o texto que acompanham.

52. Citado por Michel Décaudin, *Le dossier d'"Alcools"*, Genebra-Paris, Droz-Minard, 1960.
* Do poema "Zone". (N. da T.)

De que maneira reconhecer os erros? W. W. Greg havia proposto que se recorresse ao cálculo probabilista das variantes[53]: vã esperança de objetividade, já que a probabilidade extrínseca das lições não tem relação alguma com sua realidade textológica intrínseca. Uma decisão objetiva só é possível quando particularidades materiais tenham afetado a transmissão do texto: um suporte danificado ou modificado, uma seqüência tipográfica aberrante (*kzu* batido em lugar de *lui* (lhe), quando de uma falsa posição da mão que trabalha sobre um teclado de máquina de escrever). Infelizmente, o sentido interfere quase sempre nos erros de transmissão. É o que nos mostra a análise do ato de cópia.

A. O ato de cópia. O ato de cópia compreende quatro momentos: leitura, memorização, escrita, volta ao original. Seu desenvolvimento aparece claramente num esquema como este[54]:

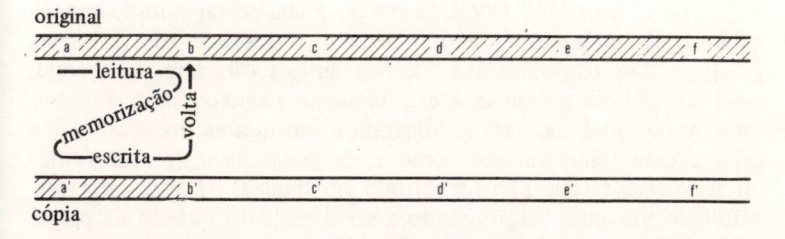

Leitura e escrita são dois momentos paralelos que geram erros simétricos: literais ou inconscientes. Memorização e volta ao original, ao contrário, são inteiramente diversas, apesar das aparências. A memorização comporta, é bem verdade, um deslocamento dos olhos do original para a cópia, deslocamento esse oposto a uma volta ao original: mas esse percurso praticamente não encontra obstáculos geradores de erros; o que importa é que o copista conserve perfeitamente no espírito as palavras que acaba de relevar no original: imaginamos que a mínima distração prejudique a transmissão. A volta ao original, por sua vez, implica a lembrança do sentido, mas uma lembrança vaga, quando não das últimas letras percebidas; aqui, o que preocupa o copista é a localização visual do lugar do original em que deve retomar a leitura: uma falha de localização levará a erros.

Leitura e escrita: erros literais. Podemos ler ou mesmo escrever uma letra no lugar de outra. Numa língua conhecida, a leitura falha só permanecerá inconsciente se fizer aparecer outra palavra conhecida; o copista ignora um determinado signo e lê um outro em seu lugar: ele pode ler um grafema e não uma letra, e interpretá-la grafemicamente. O *s* longo inicial e médio, utilizado pelos impressores franceses até a Revolução, é lido nos nossos dias como um *f*, bastando

---

53. W. W. Greg, *The calculus of variants*, O.U.P., Oxford, 1927.
54. A análise de Desrousseaux foi retomada por Eugène Vinaver nos seus "Principles of Textual Emendation", publicado em *Studies in French Language and Mediaeval Literature presented to Professor M. K. Pope*, Manchester U.P., 1939, pp. 351-369. Nós nos inspiramos nela com uma certa margem de liberdade.

para isso que as circunstâncias favoreçam a confusão: ſait-fait (sabe--faz), ſaveur-faveur (sabor-favor), etc. O signo de abreviação nasal, a que damos hoje o nome espanhol *tilde**, caiu em desuso durante a primeira metade do século XVIII; daí um erro notável — *têtes pesantes* (cabeças pesadas) em vez de *têtes pensantes* (cabeças pensantes) — que se pode encontrar em diversas edições das *Cartas Filosóficas*, e cuja evolução foi sem dúvida: peſantes, péſantes[55], peſantes. Esses exemplos parecem próximos ainda de uma leitura literal. No contexto apropriado, entretanto, ſ se lê *l*: assim, ao nome *Francillo* sucede o de *Franciſco*, que se transcreve *Francillo*. Um *n* se lê *m* ou *tt*, dependendo da configuração da palavra e do contexto: "j'avais un manteau [...] plus large qu'il *ne* fallait" → "qu'il *me* fallait" ("eu tinha um casaco maior do que o necessário" → "do que me convinha"); já em outra parte: "Va, tu es libre. Tu peux sortir de prison quand il te plaira. Mais, dis-moi, poursuivit-il, si l'on te me*n*ait dans la forêt [...]" → "si l'on te me*tt*ait"[56] ("Vai, tu és livre. Podes deixar a prisão quando quiseres. Mas diga-me, continuou ele, e se te levassem para a floresta [...]" → "se te metessem..."). Nos antigos caracteres Garamond, *r* e *t* têm formas próximas, e era freqüente acontecer de serem esses tipos recolocados nas caixas tipográficas em lugares trocados: o que explica uma transformação como a de *proprement* (propriamente) em *proptement* (que não faz sentido em francês). O erro passa despercebido em uma edição, vindo a ser descoberto quando da preparação de uma nova composição tipográfica: o que se transcreve, dessa feita, é *promptement* (prontamente). Mas perguntamos: teria ele realmente sido descoberto? Sem dúvida que não: ter-se-ia, nesse caso, restabelecido o *r*. O que se leu foi *promptement*. Por quê? Por causa do contexto: "Nous fîmes faire en diligence les habits dont nous avions besoin. Lorsqu'ils furent achevés, ma maîtresse les fit emballer *proprement*, attendu que nous ne devions les mettre qu'en temps et lieu"[57] ("Encomendamos sem demora as roupas de que tínhamos necessidade. Quando ficaram prontas, minha ama fê-las embalar de maneira adequada, visto que só deveríamos usá-las oportunamente"). Bem entendido, *promptement* não se adapta a essa última oração: a palavra foi atraída semanticamente pelo que precede. Temos aí um princípio geral da leitura interpretante do copista, que o exemplo seguinte, de caráter mais singular, poderá confirmar: "Cette ouverture était couverte d'une coulisse de bois qui se fermait et s'ouvrait sans qu'elle parut, parce qu'elle était si *étroitement* jointe au lambris que les yeux ne pouvaient apercevoir l'artifice"[58] ("Essa janela estava vedada por uma corrediça de maneira que se fechava e se abria sem que o percebêssemos, já que ela se encontrava tão estreitamente alinhada ao lambris que os olhos não chegavam a perceber o artifício"). Como se vê, basta trocar duas letras para que se encontre um advér-

---

* Til. (N. da T.)
55. Observar que se escreve *péser* e *peser* no século XVIII.
56. Lesage, *Histoire de Gil Blas de Santillane*, I, XIII.
57. *Ibid.*, IV, III.
58. *Gil Blas*, IV, iii.

bio falso, mas que forma um erro quase que invisível[59]. No exemplo anterior, um *t* transformar-se-á em *l*: "je parlais à des gens qui faisaient si peu de cas de la poésie, que le poète en *pâtit*". ("eu falava a pessoas que tinham a poesia em tão pouca conta que com isso se angustiava o poeta"). *Pâtit* é realmente o que convém, e não *pâlit* (empalidecia), para o encadeamento da frase que vem a seguir: "À peine daignèrent ils jeter sur lui les yeux"[60] ("Mal se dignaram elas dirigir-lhe o olhar"). Num outro trecho, ainda, *refondit* (deu nova forma, refez) transforma-se em *refroidit* (esfriou, moderou): "la defunte dans les commencements avait une grande propension à la coquetterie; mais la dame Melancia la *refondit* bientôt" ("A defunda, no princípio, tinha uma grande propensão para a coqueteria; mas a dama Melancia tratou logo de reformá-la"). Isso significa que a autora deu nova forma à sua criação. Mas a lição *refroidit* não seria mais vigorosa e melhor, desde que se encontra na edição *ne varietur* de 1747? Vejamos: "et lui inspira du goût pour la vertu"[61] ("e lhe incutiu o gosto da virtude") prossegue o marido em nova frase. A configuração gráfica e a proximidade semântica explicam o erro, que a comparação das lições permite eliminar[62].

Os erros de escrita são puramente manuais. Eles podem ocorrer tanto na composição tipográfica quanto na correção ou na paginação. As gralhas são os erros literais: consistem no refluxo, transposição ou substituição de uma ou várias letras. Visíveis, em geral, para o observador experiente, seu grau de sensibilização é tão reduzido que escapam freqüentemente ao leitor. Por vezes, elas formam palavras verdadeiramente bizarras: "les mots sont les singes de nos idées"*, afirmam os Larousse; outros exemplos poderão ser encontrados nos manuais de revisores tipográficos. Mas podem também, por mero acaso, melhorar um texto, sem que cheguemos a descobrir como e por quê. Não raro, elas constituem uma etapa do mecanismo que leva os próprios autores a leituras falhas ou ainda a conjeturas inferiores, como vimos anteriormente: nesse caso, fornecem ao textólogo um precioso indício. Mas é certo que contribuem igualmente para o aumento de erros relativos às palavras ou morfemas mais comuns, cuja redundância gráfica é no mais das vezes nula. Mais adiante voltaremos ao assunto. As repetições e transposições de linhas se dão no momento da correção, as palavras ou linhas caídas, sobretudo ao fim das páginas, aparecem por ocasião da paginação. Essas falhas podem ser dissimuladas por meio de correções ulteriores: "Il semble que le ciel vous ait envoyé ici *pour m'aider à détourner* le malheur

---

59. *Adroitement.*
60. *Gil Blas*, VIII, ix.
61. *Ibid.*, II, vii.
62. Outros exemplos: *Madame Bovary*, II, I *"je l'avais passée à mon oreille* → je l'avais placée à mon oreille" (eu a havia passado em minha orelha → eu a havia colocado em minha orelha); II, x *"à la grande flamme des romarins* → à la grande flamme des joncs marins" (na forte chama dos rosmaninhos → na forte chama dos juncos marinhos) (a partir de 1856).

* "as palavras são os macacos (*singes*) das nossas idéias". Aqui, se deslocou o *n* de *signes* (signos). (N. da T.)

que je crains" ("Dir-se-ia que o céu vos enviou até aqui para ajudar-me a afastar o infortúnio que temo"): tal é o texto da edição original do *Diabo Coxo*, de 1707, texto que irá transformar-se, numa segunda edição revisada (mas sem dúvida não revisada no trecho em questão), no seguinte: *"pour à détourner"* (que não faz sentido em francês), num primeiro estado, e posteriormente: *"pour détourner"* ("para afastar"), num segundo estado. A etapa intermediária vem provar que se trata realmente de uma falha de origem tipográfica. Sem esse testemunho intermediário, e em que pese a superioridade da primeira lição, certamente teríamos hesitado em rejeitar a lição "revisada", que traz a marca de uma pretensa autenticidade; mas nesse caso, o exame da paginação da edição original seria suficiente para que reconstituíssemos os fatos: sim, porque o trecho variante situa-se justamente no fim da página, onde se pode notar que o espaçamento entre as palavras da última linha (e as da primeira linha da página seguinte) é bem maior do que o normal: é que os compositores, que antigamente acompanhavam com cuidado a justificação (disposição das palavras na linha, comprimento desta última) de seu componedor, se viram na necessidade de "carregar no chumbo", para criar assim espaços destinados a arejar o texto demasiadamente curto. A anomalia tipográfica constitui um erro de escrita convincente.

Volta ao original: erros de localização visual. O copista volta seu olhar para o original: procura assim o lugar em que havia interrompido a leitura, servindo-se para tanto de referências gráficas, como as seqüências de letras que constituem o final da palavra que acaba de escrever. Mas a decupagem do texto original em linhas e páginas não deixa de favorecer as omissões, e por vezes até repetições: volta atrás, salto. Sobretudo, a incidência das mesmas palavras ou seqüências de letras, com o intervalo de uma linha ou de um parágrafo, dá margem a erros desse tipo, por serem os olhos levados, nesse caso, a perceberem a configuração verdadeira no lugar falso. É esse um erro que gera repetições, mais freqüentemente omissões, e por vezes contaminações. As repetições se encontram em menor escala nos livros; não seria possível, aliás, determinar-lhes a causa *a posteriori*. Quanto às omissões, são bastante comuns, e já vimos aqui alguns exemplos desse erro. Vejamos agora seu mecanismo.

que j'exhibai les présents de mon ambassade lesquels consistaient *en une belle* bague destinée pour la tante, et *en une* paire de boucles d'oreilles avec les pendants pour la nièce	que j'exhibai les présent de mon ambassade, lesquels consistaient en une belle paire de boucles d'oreilles avec les pendants pour la nièce.
avec les auteurs de ma naissance.	avec les auteurs de ma naissance.
*No*tre voyage ne sera pas long. *Nous* nous verrons bientôt dans	Nous nous verrons bientôt dans
on vous a donc empor*té* toutes vos hardes, et sans dou*te* votre argent	on vous a donc emporté votre argent
ils s'aiment *comme nous*; ils sont toujours ensemble *comme nous*. Écoute	ils s'aiment comme nous. Écoute

E aqui está ainda um exemplo de contaminação por substituição das últimas palavras de um parágrafo por palavras da primeira linha do parágrafo:

> Lorsqu'elle fut arrivée *au* lieu de sa sépulture,
> (suit une dizaine de lignes)
> elle réunit toutes les religions *au*tour de son tombeau

Na edição de 1800 de *Paulo e Virgínia*, esta última frase transforma-se no seguinte:

> elle réunit toutes les religions *au milieu de sa sépulture**

A lição combina um erro de localização e uma leitura falha. Não há dúvidas de que se trata de uma lição corrompida, que deveria ser eliminada do texto de 1806 caso ali figurasse.

Memorização: erros psicolingüísticos. Os erros que se devem a uma memorização imperfeita, desde que não sejam grosseiros, pouco diferem das variantes autorizadas. Eles se constituem, na realidade, em novas formulações, conscientes (conjeturas) ou inconscientes (automatismos verbais) da mensagem retida: quer incidam sobre morfemas, termos gramaticais ou palavras de significado pleno, originam "gralhas lingüísticas", semelhantes aos lapsos da língua falada, ou introduzem no texto variantes muitas vezes ingênuas. A memorização incompleta unida a um erro material pode gerar omissões: é o caso do primeiro erro assinalado para a novela *O Muro*. A repetição pode simplesmente desaparecer: assim, "comme j'*y* entrai, il *y* arriva un homme" ("como eu entrasse ali, chegou ali um homem") torna-se: "comme j'*y* entrai, il arriva un homme ("como eu entrasse ali, chegou um homem"); ou ainda: "Quand nous avions *besoin* d'une actrice pour nous seconder *dans le besoin*, nous nous servions de Camille" ("Quando tínhamos necessidade de uma atriz para nos ajudar em caso de necessidade, recorríamos a Camille") torna-se: "Quand nous avions besoin d'une actrice pour nous seconder nous nous servions de Camille" ("Quando tínhamos necessidade de uma atriz para nos ajudar recorríamos a Camille"). Mas esses são erros invisíveis. Também não faltam as más conjeturas, que no entanto só raramente conseguem ser da tenacidade e da impropriedade desse exemplo do *Diabo Coxo* de uma edição de 1726: "les couches des femmes de théâtre ressemblent à celles d'Alcmène: il y a toujours un Jupiter et un Amphitryon qui sont auteurs du *part*"**. O compositor de 1726 havia escrito *parti* (partido): Lesage exige então um cartão para corrigir o erro, não abrindo mão de seu jogo de palavras. A edição de 1728 irá conservar o texto fiel. É ela a última a fazê-lo, ao que parece, dentre cerca de duzentas outras edições que se seguiram. Dali em diante, só se encontrarão versões particulares.

* Ao chegar ao local de sua sepultura / ela reuniu todas as religiões ao redor de seu túmulo / ela reuniu todas as religiões no meio de sua sepultura (N. da T.)

** Lesage joga com o duplo sentido de *part* (parte/parto, esta última acepção já caduca): os partos das mulheres de teatro se parecem com o de Alcmene: há sempre um Júpiter e um Anfitrião que são os autores dessa "parte". (N. da T.)

Os erros inconscientes merecem uma maior atenção. Eles se introduzem subrepticiamente nas edições intermediárias entre duas edições autorizadas e dão margem a correções de autor inferiores. Vejamos mais três exemplos de Lesage:

1. quelques-uns des principaux commis des bureaux du ministère
2. quelques-uns des principaux commis des bureaux du ministre
3. quelques-uns des principaux commis du bureau du ministre

(*Gil Blas*, VII, ix)

Quand je vis que le ministre avait en tête cette adoption,
1. je cessai de la combattre, le connaissant pour un homme capable de
2. je cessai de le combattre, le connaissant pour un homme capable de
3. je cessai de le contredire, le connaissant pour un homme capable de
faire une sottise plutôt que de démordre de son sentiment.

(*Gil Blas*, XII, iv)

1. Scipion revint à lui, et me dit tout bas: Faut-il que le plus beau [...]
2. Scipion revint à lui,   me dit tout bas: Faut-il que le plus beau [...]
3. Scipion, étant revenu à lui, me dit tout bas: Faut-il que le plus beau [...]

(*Gil Blas*, X, ix)

O que acontece, nesse caso, é que o autor, constatando erros nos textos submetidos a sua apreciação, improvisa uma correção ao invés de reportar-se a seu manuscrito. Ele procede, portanto, como um revisor estranho ao texto, só chegando a restabelecer a coerência do mesmo texto ao nível da frase. E é importante notar que outros autores que não Lesage — Flaubert, por exemplo — não deixam de cometer erros idênticos.

1. les mêmes yeux devant vous s'abaissant une minute revenaient se fixer
2. les mêmes yeux, s'abaissant devant vous une minute, revenaient se fixer
3. les mêmes yeux, s'abaissant devant vous,   revenaient se fixer
sur les vôtres.

(*Madame Bovary*, I, viii)

1. les petits Homais, marmots de cinq à dix ans, toujours barbouillés
2. les petits Homais, marmots de cinq à six ans, toujours barbouillés
3. les petits Homais, marmots   toujours barbouillés

(*Madame Bovary*, II, iii — *les petits Homais sont quatre*)

Il y avait de grands espaces pleins de bruyères
1. tout en fleurs, et des nappes   violettes s'alternaient avec le fouillis
2. tout en fleurs, et des nappes de violettes s'alternaient avec le fouillis
3. tout en fleurs; et des nappes de violettes s'alternaient avec le fouillis
des arbres, qui étaient gris, fauves ou dorés, selon la diversité des feuillages.
(*Madame Bovary*, II, ix — *"On était aux premiers jours d'octobre"* près d'Yonville).

Os erros inconscientes afetam as formas lingüísticas menos redundantes, isto é, aumentam a entropia do sistema, ou, como se costumava dizer antigamente, originam lições mais fáceis (mesmo um erro de gênero, por exemplo, cria uma lição mais fácil, já que elimina a distinção gramatical). As confusões dizem respeito aos morfemas ou marcas morfológicas e sintáticas de alta freqüência (gramática), aos homógrafos ou homófonos (significante), aos sinônimos e frases feitas (significado).

1. *Erros gramaticais*: *de/du* (de/do), *le/la* (o/a), *le/les* (o/os/as); *sa/la* (sua/a), *ces/ses* (esses/essas/seus/suas), *ma/moi* (minha/me),

nous/vous (nós/vós/nos/vos); *avait/aurait* (tinha/teria), *fini/finir* (acabado/acabar), *craignait/craignit* (temia/temeu), *rougirait/rougissait* (enrubesceria/enrubesceu), *ne peut/ne peut pas* (negação fraca/negação forte); colocação dos advérbios, da negação, inversões de efeito estilístico, omissão literária do artigo, etc.

2. *Erros dos significantes.* Homófonos: *voix/voie* (vua), *il l'a/il a* (ilá), *à aller/aller* (alê), *serment/sermon* (sermõn). Homógrafos: *m'a/ma*, *dix/six*.

3. *Erros dos significados.* Sinônimos ou antônimos: *très/fort* (muito/forte), *nul/plus* (nenhum/mais), *juste/injuste* ('justo/injusto), *reporter/rapporter* (trazer de volta), *chercher/rechercher* (procurar). Sinonímia contextual: o erro mais comum, que consiste na substituição de uma palavra por outra, sob a influência do contexto aparente (imediato), uniformiza e reduz o vocabulário: *Son amour-propre en fut flatté et elle se sentit une inclination violente pour lui* → *un amour violent pour lui* ("Aquilo exaltou o seu amor próprio, e ela sentiu que lhe nascia um grande fervor por ele" → "um grande amor por ele"); *Son âme était, d'ailleurs, détrempée et noyée dans l'affliction* → *détrompée et noyée dans l'affliction*[63] ("Sua alma, diga-se a propósito, se encontrava revolvida e imersa na aflição" → "desenganada e imersa na aflição"). Frases feitas: *prit la main/prit par la main* (tomou pela mão); *par l'ordre du prince/par ordre du prince* (por ordem do príncipe); *il y a injustice/il y a de l'injustice* (não é justo); *parvis Notre-Dame/parvis de Notre-Dame* (no átrio de Notre-Dame); *par une suite d'actions/par suite d'actions* (em conseqüência de uma série de atos); *faire une assez bonne figure/faire assez bonne figure* (fazer boa figura); modernizações involuntárias, etc.

O ato de cópia comporta, por vezes, uma cadeia acústica suplementar, isso quando leitura e escrita ficam a cargo de duas pessoas distintas, o leitor e aquele que escreve, o *scriptor*. O texto pode conter, nesse caso, erros de origem fonética, oriundos quer de uma emissão imperfeita, quer de uma má percepção da palavra. Uma boa análise dos erros (abrangendo confusões de sons, indecisão entre singular e plural, repetição de palavras) poderá ser encontrada na Introdução à obra *Tragiques*, de Agrippa d'Aubigné[64].

B. *A ação de cópia.* Para maior facilidade de análise, distinguimos tipos de erros. A interrupção repentina da ação de cópia está também na origem de uma série de erros, o que é mais que evidente. Quando esses erros são fruto do acaso, torna-se impossível referi-los a um princípio qualquer. Mas a verdade é que a ação de cópia não deixa de pautar-se pela materialidade do original e da própria cópia: há que se virar páginas, há que se defrontar com acréscimos pouco legíveis, etc. Assim, uma comparação material nos possibilitará esclarecer certos casos.

63. Variantes assinaladas por J. W. Scott, *R. H. L. F.*, 1959, pp. 204-205, entre os manuscritos e a edição de 1724 da obra *La Comtesse de Tende* de Madame de La Fayette.

64. Editados por A. Garnier e J. Plattard, Paris, Droz, 1932, coleção *Textes Littéraires Français*.

C. A natureza dos erros. Se formos considerar não mais as causas dos erros, e sim suas conseqüências, uma alternativa tentadora será distinguir, como faz W. W. Greg, entre os que alteram o sentido (substanciais) e os que não chegam a alterá-lo (acidentais). As variações de ortografia, de pontuação, de paginação, aumentam bem mais, de edição para edição, que as variantes substanciais, o que é bastante alentador. Justamente por esse motivo, e em se tratando da correção de erros acidentais, o editor deverá escolher a edição original ou o manuscrito para teste de base: isso porque, independentemente de querer modernizar ou não o texto, ele sabe muito bem que o tempo se encarregou de alterá-lo sob esse aspecto. Essa distinção, contudo, não lhe será de grande valia, já que, de qualquer maneira, não lhe resta outro caminho senão seguir o percurso textológico que vai do primeiro ao último estado atestado (nas linhagens com autoridade), para eliminar as variantes erradas ou abusivas. É bem verdade que, para Greg, o respeito pela ortografia antiga estava implícito na tarefa de estabelecimento do texto.

1.4.6. O TEXTO E OS NÍVEIS GRÁFICOS

Vimos até aqui considerando os problemas de transmissão, e portanto de transcrição textológica, deixando de lado os aspectos gráficos, ou antes, reduzindo-os a um único nível, ainda indefinido, qual seja o dos grafemas. Na verdade, nem a soletração das palavras, nem as marcas prosódicas da frase correspondem termo por termo à cadeia falada: a representação escrita da língua francesa está longe de harmonizar-se com o ideal grafêmico; ela comporta toda uma parte de gráfico que é irredutível, e com que se chocaram, justamente, as tentativas de reforma da ortografia. Essa coerência indireta, ou, se se preferir assim, essas coerências diversas da ortografia constituem um subcódigo; o que é igualmente válido para a pontuação, para o próprio alfabeto, complementado por certos sinais diacríticos, para abreviações e contrações; a observação é válida ainda para os caracteres tipográficos (corpo, (isto é, tamanho), família (maiúsculo/minúsculo), desenho (*Garamond, Univers*, etc.), tipo (romano/itálico), negrito), para o formato e disposição da página (divisão da mancha impressa, em particular pelos títulos de margem, alíneas e notas de rodapé), e finalmente para o próprio espaço do livro. Todo texto escrito posteriormente à difusão da imprensa e destinado à impressão tem estado necessariamente ligado a esses níveis gráficos. Pois muito bem, estes últimos constituem subcódigos heterogêneos, cujo valor convencional ou valor de expressão transforma-se com o passar dos séculos. Apesar de que, somente a ortografia tem constituído uma preocupação para os editores científicos, isso por motivos ideológicos próprios da sociedade burguesa e indevidamente projetados no passado. Quanto aos demais níveis gráficos, costuma-se julgá-los totalmente desprovidos de pertinência, muito embora não se façam análises nesses campos. Como os editores comerciais exigem a modernização, os editores científicos acabam por aceder, ainda que lhes recriminando o espírito mercantilista. Assim, os problemas mais sérios recebem uma solução autoritária, e as coisas se arranjam de maneira a preservar, sofrivelmente, certas particularidades caras ao homem de cultura:

> Fizemos uma única exceção, que concerne o emprego das maiúsculas; a ortografia do século XVIII admite maiúsculas para uma série de substantivos comuns, uso que é abolido a partir da Revolução: títulos de nobreza, coletivos, certas abstrações consagradas; ora, pareceu-nos inofensivo conservar essa tradição que, sem chegar a envelhecer o texto, empresta-lhe uma discreta elegância à moda do Antigo Regime[65].

Raymond Naves faz aqui uma concessão no que respeita ao uso de certas maiúsculas, cuja presença não viria a alterar nem o sentido nem a legibilidade do texto. Mas o papel do editor consiste justamente em se pronunciar sobre o distanciamento que pode ou deve ser mantido entre uma obra envelhecida e um leitor contemporâneo. Para abordar na sua generalidade o problema da transposição, falta-nos uma *História Gráfica da Literatura Francesa*. Uma história desse tipo, porém, não resolveria todo o problema, dado que nossa situação gráfica atual está longe de ser racional: ortografia fixa, pontuação sob muitos aspectos flutuante, paginação e apresentação variáveis quanto às coleções e uniformes no caso de cada coleção, imperativos da composição mecânica (que pode explicar a deselegância dos caracteres itálicos).

1.4.6.1. *Um exemplo concreto: "Gargantua" de Rabelais*. Examinemos as dificuldades colocadas pela edição de *Gargantua*, que aparece pela primeira vez por volta do fim do ano de 1534.

Caracteres: as edições contemporâneas do autor são todas impressas em caracteres góticos. Sua leitura pressupõe um aprendizado especial, pois que o gótico acresce o alfabeto latino, de 23 letras[66], de uma dezena de abreviações e contrações[67]. E para complicar ainda mais as coisas, enquanto *Gargantua* e *Pantagruel* foram impressos em caracteres góticos, o *Terceiro* e o *Quarto Livro** o foram em romanos: a história da publicação está assim inscrita na própria tipografia, *"Response Irrefragable"*. Saber ao certo que modificações teria Rabelais introduzido no seu texto em 1535 e principalmente em 1542, que concessões teria ele feito aos doutores da Sorbonne, que distorções teriam sido perpetradas mediante uma manipulação de detalhes, tem constituído para muitos estudiosos uma preocupação capital. Mas mesmo que uma crônica gótica mostre a instituição de *Gargantua* por Ponocrates e a constituição da abadia de Thélème, isto é, que a escolha entre a herança medieval e o humanismo seja graficamente insinuada, se negligencia dessa forma um fato de maior peso, que traduz os desígnios da obra, uma vez que estes não se deixam exprimir por meio de palavras.

Formato aparente e paginação: as edições de *Gargantua* de 1534 a 1542 são oitavos de bolso, de bolso pequeno, que correspondem à

---

65. Raymond Naves, "Introdução" às *Cartas Filosóficas*, Garnier, p. xiii.
66. Sem *w* e sem distinção entre *i* e *j*, *u* e *v*.
67. A palavra *et*, as sílabas *con, par, pré, pro, que, qui* e *us*, as nasais *n* ou *m*.

* Que continuam o *Pantagruel*. (N. da T.)

metade dos nossos atuais formatos de cadernetas. Para sermos precisos, a edição original é de forma oblonga, enquanto que a assim chamada última edição revisada é de formato quadrado: a primeira com menos de 1 200 signos por página e a última com menos de 900. Já as nossas edições modernas têm cerca de 1 900 signos por página, como é o caso da *Livre de Poche* ou da edição crítica da coleção *Textes Littéraires Français*[68]; o que não deixa de alterar o efeito geral do texto. Claude Gaignebet, porém, encontrou uma solução original para a reprodução fac-similada do texto de 1542[69]: usando o formato quadrado, apresenta, ao centro de duas páginas abertas, do lado interno, o fac-similado em tamanho natural, com a transcrição moderna correspondente em notas de margem. Do resultado final, não se poderia dizer que constitui mais uma dentre as muitas falsificações de caráter pseudobibliófilo existentes; pelo contrário, temos aí uma edição honesta, que nos permite imaginar o objeto. Não obstante, falta o comentário: a edição *Livre de Poche*, fazendo uso da frente das páginas para a reprodução do texto e do verso para o comentário, propõe, num outro nível, uma transposição válida do formato. Não é possível separar o ritmo e o tipo de uma leitura. A quase totalidade das obras que, a partir do século XIX, chamamos obras romanescas foi originalmente impressa em formatos pequenos, tendo sido particularmente usado o in-doze e, posteriormente, por um breve espaço de tempo, o in-dezoito. Por volta de 1820 é que o romance irá nobilitar-se, ou aburguesar-se, se se preferir assim, passando ao oitavo normal.

Pontuação e alíneas: o emprego é bastante diverso do nosso; mais flexível porém coerente. Há quase meio século, vimos acreditando na necessidade de modernizar a pontuação dos textos, e isso mesmo no caso de edições críticas, onde a ortografia é escrupulosamente respeitada. Ora, nas passagens de interpretação mais delicada, a silenciosa mudança da pontuação equivale a uma intervenção no texto[70]:

> Da mesma forma que todos os editores que nos precederam, não reproduzimos a pontuação dos originais, muitas vezes fantasiosa e ordinariamente escassa, que torna o texto difícil de ser decifrado sem um esforço de atenção que julgamos não dever recair sobre o leitor [...]. Adotamos decididamente o emprego moderno, fazendo uso inclusive dos pontos de exclamação, formamos alíneas, distribuimos em colunas certas enumerações que não se encontra-

---

68. Livre de Poche, 1965, edição anotada por P. Michel; *Textes Littéraires Français*, Droz, 1970, edição apresentada por R. Calder e M. A. Screech.

69. "Collection des fac-similés littéraires", *Louvegnies éditeurs*, Alfortville, 1971.

70. Gaignebet é de opinião que a verdadeira pontuação da frase do prólogo *Si ne le croiez: quelle cause est, pourquoy autant n'en ferez de ces ioyeuses chronicques?* altera o sentido veiculado. Ela o purifica: a interrogação não poderia de forma alguma referir-se à oração concessiva que se segue. Para modernizar a pontuação, será preciso que se reescreva a frase. Ao fim do prólogo, Rabelais propõe ao leitor, e a si mesmo, uma espécie de jogo de empurra duplamente irônico: se não acreditas que o autor possa interpretar sua obra, interpreta-a tu, o vinho haverá de auxiliar-te nessa tarefa, assim como ajudou o próprio autor a escrever sua obra.

vam assim dispostas, empregamos travessões, parênteses e aspas ali onde julgamos que tais recursos seriam de utilidade.

Pretendemos, com o nosso trabalho, ter tornado mais claro e muito mais vivo, para todos os seus atuais leitores, o texto de Rabelais; para comprová-lo, propomos que se leia, por exemplo, o capítulo V tal como aparece em nossa edição e nas demais[71].

Gaignebet observa que a intervenção do editor, nesse capítulo, trai por completo a escrita de Rabelais: "Ali, com efeito, o autor finge que participa do banquete dos Bien Yvres. E é assim que, em meio ao burburinho, ele pega no ar conversas muitas vezes simultâneas. Nós fazemos o mesmo quando, num local público, nos pomos à escuta de diálogos paralelos"[72].

Fidelidade ou transposição: ao considerarmos, além dos itens anteriormente mencionados, o da *ortografia* somos levados a colocar a necessidade de uma nítida escolha entre fidelidade literal e transposição regrada. O respeito pelas grafias esconde, quase sempre, um desconhecimento do valor das mesmas. Ou bem o editor dá ao leitor não especialista a possibilidade de ler Rabelais como especialista, e nesse caso será preciso que ele lhe forneça alguma coisa mais que um glossário e notas históricas, ou bem ele adapta o texto à leitura real de seus contemporâneos. Aqui está um exemplo. Quando nos propõem a leitura da seguinte frase: *"Puis entrèrent en propos de resieuner on propre lieu"*, lemos, na realidade: *"Puis entrèrent en propos de déjeuner en propre lieu"* (depois passaram a tratar de comer no lugar mesmo), que demanda ainda assim um grande esforço de compreensão. A transposição é inevitável: ou nós transpomos ou então acatamos a letra do texto, mas com a condição de partirmos para um estudo exaustivo do mesmo. A tradicional objeção aos obstáculos puramente gráficos, que exigiriam "um esforço de atenção que julgamos não dever recair sobre o leitor", deixa claro que não foram feitos estudos aprofundados dos problemas de transposição. O desenvolvimento das coleções de *reprints*, em fac-símile ou offset, irá praticamente obrigar os editores científicos a pensar a edição como meio de comunicação. É que, por força das circunstâncias, são as mesmas pessoas que trabalham em ambas as áreas, o que nos leva a esperar que estas últimas venham ainda a constituir um campo comum.

1.4.6.2. *A tipografia do discurso direto*. A apresentação gráfica contemporânea do discurso direto varia de editora para editora no que diz respeito ao emprego das aspas, permanecendo invariável no caso dos dois pontos, do travessão e da alínea. Sem pretendermos fazer

---

71. Jacques Boulenger na Introdução à edição Abel Lefranc das *Obras*, Paris, Champion, t. I, 1910, p. CXXIII.

72. Claude Gaignebet, *Introduction à l'édition en fac-similé*, p. XIV.

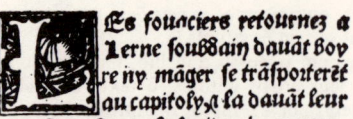

> Es founciers retournez a Lerne soubbain dauāt Boy re ny māger se trāsporterēt au capitoly, a sa dauāt leur roy nōme Picrochole, tiers de ce nom, proposerent leur complaincte, mōstrās leurs paniers rōpuz, leurs robbes desfirees, leurs fouaces destroussees, a singulierement Marquet blesse enourmemēt / disans le tout auoir este faict par les Bergiers a mestaiers de Grandgousier, au pres du grand carroy par de la Seuille. Lequel incontinent entra en courroup furieup, a sans plus oultre se interroguer quoy ne comment seist cryer par son pays ban a arriere ban, a que bn chascun sur peine de la hart cōuint en armes en la grand place, deuāt le chasteau, a heure de midy, po² mieup consermer son entrepūnse, enuoya son ner se tabourim a lētour de la bille, suy mesmes ce pendent quon apxstoit son disner, alla faire affuster son artillerie, a desploier son enseigne a oriflāt, a charger force munitions, tant de harnoys darmes que de gueulles. En disnant Bailla les commissions a seut par son esdict constitue le seigneur Trippeminaud sus lauantgarde, en laquelle seurent contez seize mille hacquebutiers, bingt cinq mille auanturiers. A lartillerie seut cōmis le grand escuyer Touquesdillon, en laquelle seurent contees

aqui a história dos procedimentos mais complexos[73], podemos dizer, *grosso modo*, que o discurso direto é assinalado, na época clássica da imprensa, unicamente por meio de processos lingüísticos: uma oração intercalada introduzindo a réplica, e por vezes, quando se trata de uma réplica mais longa, uma retomada da oração intercalada (que pode ser reintroduzida por meio de verbos do tipo *ajouter*, *poursuivre* (acrescentar, prosseguir)). O caráter anafórico gráfico da intercalada aparece na sua estrita limitação vocabular, com os termos se distribuindo em classes funcionais: *dire* (dizer), *s'écrier* (exclamar) — *demander* (perguntar), *répondre* (responder) — *repartir* (retrucar), *répliquer* (replicar), *reprendre* (retomar) — *interrompre* (interromper) — *ajouter* (acrescentar), *continuer* (continuar), *poursuivre* (prosseguir). O gênero teatral — gênero do diálogo por excelência — serve-se de uma particular disposição dramática por personagem, possibilidade tipográfica explorada ainda por certos romancistas (Crébillon, Rousseau, Diderot). Usa-se alternar também, por vezes, caracteres romanos e itálicos a fim de se identificar os perso-

---

73. Um bom artigo, porém breve, é o de Yves Le Hir, "Dialogue et tipographie" in *l'Information littéraire*, 1961, pp. 215-216 (datação sumária do emprego das aspas e do travessão).

nagens que falam. Um novo sistema, que será estabelecido somente no século XIX, trará uma liberdade antes desconhecida pela escrita: já não há mais necessidade de se marcar lingüisticamente cada réplica, pois o travessão na linha seguinte é quase sempre suficiente para indicá-la; a necessidade da intercalada passa a ser estilisticamente explorada, sendo para tanto utilizado um vocabulário pitoresco ou metafórico (*murmurer* (murmurar), *hurler* (uivar), etc.; *sourire* (sorrir), *jeter* (equivalente ao nosso mandar), etc.). O romance literário de nossos dias, no entanto, questiona esses procedimentos tradicionais, seja por meio de uma volta a um convencionalismo bastante próximo do século XVIII, seja pela recusa pura e simples de marcar o discurso direto, recusa de sentido a que é dada entretanto toda uma significação, seja finalmente pela tentativa de desenvolver uma retórica da marca (como é o caso, por exemplo, de Jean Cayrol).

A modernização intempestiva da tipografia nos diálogos dos séculos passados torna-os de uma redundância estupidificante. Ela representa uma manipulação do texto: manipulação que é lícita, desde que se opte pela modernização do texto, isto é, pela sua transposição, e ilícita se o objetivo é apresentar uma edição crítica e fiel. Boulenger transpõe a frase de Rabelais: *"Tire, baille, tourne, brouille"*, da seguinte maneira:

— Tire!
— Baille!
— Tourne!
— Brouille!
[...]

Uma tal desintegração do texto chega a comover por sua ingenuidade. E que dizer então desta ordenação de texto:

— Retournons (dist Grandgousier) à nostre propos.
— Quel? (dist Gargantua) chier?
— Non (dist Grandgousier), mais torcher le cul.

1.4.6.3. *As maiúsculas*. De alguns anos para cá, a reprodução escrupulosa da ortografia e da pontuação dos autores do século XVIII vem se constituindo numa séria determinação. Foi essa a doutrina que pautou a edição coletiva das *Obras Completas* de J.-J. Rousseau pela *Bibliothèque de la Pléiade*. E é certo que ela representa um progresso. Seria conveniente, porém, que se esclarecesse ao leitor o sentido de determinadas particularidades que se conservaram, já que é essa uma edição inteiramente recomposta. Jean Fabre afirma:

Há certas palavras: *peuple* (povo), *souverain* (soberano), *prince* (príncipe), *puissance* (potência), etc., que deixam de ter o mesmo valor, e por vezes o mesmo sentido, ao receberem uma maiúscula ou uma minúscula [...]. Não é tanto a modernização da ortografia, mas a adoção de um sistema aberrante de maiúsculas o que torna a edição Vaughan, uma edição tão conscienciosa, infiel à letra e algumas vezes até mesmo ao espírito de Rousseau[74].

---

74. Introdução às *Considérations sur le gouvernement de Pologne*, p. CCXLIV.

O leitor está prevenido, mas alguns exemplos concretos talvez possam ser-lhe de utilidade: o emprego da oposição grafêmica maiúsculo/minúsculo pertenceria à *epistême* do Antigo Regime? No que nos concerne, lendo uma obra de simples entretenimento, *O Diabo Coxo* de 1707, pudemos observar um caso em que a maiúscula assinala o substantivo, distinguindo-o, dessa forma, do adjetivo que o qualifica; esse tipo de rendimento pareceu-nos suficientemente fraco para justificar a modernização da ortografia[75]. Mas a questão está ainda para ser resolvida, por não haver estudos mais detidos sobre o problema. Não fosse o fato da antiga forma de soletração das palavras subverter a atual conjuntura, estaríamos inclinados a denunciar o conforto oportunista da reprodução literal. No caso do século XVIII, mesmo em seus primórdios, o número de palavras que diferem fonologicamente (ou grafemicamente) das nossas formas atuais nos parece pequeno: o editor poderia enumerá-las em uma nota. É bem verdade que nós dispomos, algumas vezes, de manuscritos autógrafos: e o tipo de emprego que faz o autor nos interessa muito mais que o dos compositores anônimos de sua época. E não antes de sabermos exatamente em que pode ele nos interessar.

Para resumir, no caso das maiúsculas, como no de qualquer outro fato gráfico, basta que o editor intervenha, ainda que para exigir uma recomposição tipográfica, para que ele se torne responsável por suas opções. Sim, porque mesmo uma imitação servil não deixa de ser uma opção.

1.4.6.4. *A pontuação*. Como já o dissemos, a pontuação nunca recebeu uma codificação precisa como a ortografia, mas nem por isso deixou de constituir um sistema semântico flexível. Há um assentimento geral quanto à idéia de que a pontuação antiga regula-se pela palavra, opinião que tem indiscutivelmente um lado de verdade. Mas faltam-nos análises precisas nesse terreno. Acreditamos que certas diferenças aparentes devem-se ao uso da vírgula de fechamento, que não é necessariamente anunciada, como no emprego moderno, por uma vírgula de abertura, pelo menos no começo do século XVIII. Explicar o emprego dos dois pontos e do ponto e vírgula não representa uma grande dificuldade. Talvez tenha sido a partir do século XIX que a distinção do sentido pela pontuação passou a ser praticada por certos escritores, que por sua vez teriam aprendido o processo com os gramáticos.

---

75. Estudo de bibliografia material em *O Diabo Coxo*, Mouton, 1970, pp. 45-51. Roland Desné mantém as grafias irregulares de Jean Meslier na edição de suas *Obras*, Anthropos, 1970-1972, mas acrescenta: "É difícil discernirmos as razões do emprego das maiúsculas em Meslier; poder-se-ia, por exemplo, tomar por uma certa impertinência o emprego quase sistemático da minúscula para o *dieu* dos cristãos e da maiúscula para os *Dieux* pagãos, não fosse, como quer nos parecer, muito mais o caso de uma simples oposição entre um singular e um plural, visto que Meslier usa geralmente a minúscula para falar de um "deus" ou de uma "deusa". Pareceu-nos inútil inventariar aqui os numerosos casos em que, contrariamente às regras atuais, Meslier se utiliza das maiúsculas para os substantivos comuns (e sistematicamente para todas as palavras que começam por um *e*) e das minúsculas para os substantivos próprios", t. I, p. clvi.

Assim escrevia Voltaire a César de Missy: "Zombais de mim por vos consultar a respeito da pontuação e da ortografia, mas sois o mestre absoluto desses pequenos entes, bem como dos mais importantes senhores de meu reino"[76]. Um século mais tarde, era Charles Baudelaire, dândi de espírito exigente, que se batia por suas vírgulas: a edição das *Flores do Mal* de Georges Blin e Claude Pichois[77] é, por isso mesmo, um modelo de edição crítica aplicada à pontuação. Também Victor Hugo era homem de acompanhar detalhes tipográficos; ele escrevia a Lacroix, seu editor belga: "foram feitas duas alíneas que não estão no texto. Sinto muito mas é-me impossível consentir nessa falha [...]. Embora contrariado, vejo-me na obrigação de pedir uma terceira prova"[78]. Já Gustave Flaubert, ao contrário do que as idéias vigentes a seu respeito poderiam fazer supor, não parece dar grande importância à colocação das alíneas e das vírgulas. Apollinaire, tendo suprimido toda e qualquer pontuação, rejeitava, juntamente com Blaise Cendrars, a adequação do texto e da tipografia, atribuindo um importante papel à própria voz. Como se vê, a pontuação desempenhou, apenas por um breve espaço de tempo, um papel discriminatório. A determinação de seu valor deve portanto ser objeto de um julgamento crítico.

1.5. APRESENTAÇÃO DO TEXTO

A apresentação do texto depende de uma série de fatores distintos, razão pela qual uma análise geral nada mais poderá oferecer que uma retomada dos problemas mais comuns. A expressão "apresentação do texto" é ela própria ambígua, já que pode designar o texto mesmo do autor, enquanto se dá a ler grafemicamente, ou o texto explicativo do editor, que margeia aquele primeiro. O livro distingue tipograficamente ambos os espaços textológicos, pelo corpo dos caracteres, pela oposição romano/itálico, e pela posição central ou marginal.

1.5.1. APRESENTAÇÃO DO TEXTO DE AUTOR

Não nos será possível abordar aqui os aspectos técnicos do protocolo tipográfico. Fica claro porém que a questão da escolha entre a reprodução fac-similada ou em offset e a composição tipográfica deve ser colocada dentro de uma perspectiva textológica mais ampla que as habituais considerações financeiras ou de caráter bibliófilo. A utilização da página ou das páginas verso/frente merece também uma atenção especial. Da mesma forma com os títulos correntes (linha tipográfica colocada acima do texto) e com os títulos de mar-

---

76. Carta de 12-XII-1742.
77. Para a editora José Corti, em 1968.
78. Carta de 8-II-1862, em Bernard Leuilliot, *Victor Hugo publie les "Miserables"*, Klincksieck, 1970. Leuilliot cita uma frase de Sainte-Beuve (Carta de 16-I-1861): "A pontuação é, até certo ponto, constitutiva do estilo", p. 39.

gem (linhas tipográficas colocadas nas margens): para as peças teatrais clássicas, convém colocar como título corrente o número do ato e o da cena, e como título de margem o número do verso (de 5 em 5, em geral). As antigas divisões das obras em livros, capítulos e parágrafos não deixavam de ter a sua comodidade. Pode-se constatar, nas atuais edições, uma volta a esses procedimentos.

Foi Pierre-Georges Castex quem restabeleceu a divisão em capítulos para os romances de Balzac que veio a editar, apoiando-se para tanto no testemunho do Visconde de Lovenjoul: "As divisões em capítulos das obras de Balzac foram eliminadas, para grande desgosto do autor, porque estariam ocasionando um considerável desperdício de espaço"[79]. Jacques Truchet, bem entendido, irá apresentar a concordância das máximas de La Rochefoucauld nas diversas edições com autoridade.

A essas divisões do conteúdo, muitas vezes vale a pena acrescentar certas divisões arbitrárias, porém úteis, para efeito de referência. Como já não numeramos cada frase, ao contrário do que acontece com os versículos das Escrituras ou com os parágrafos das obras da Antiguidade, poder-se-ia indicar em nota de margem a paginação ou numeração das folhas da edição de base.

1.5.2. A INTRODUÇÃO OU PRÉ-TEXTO

A introdução apresenta o texto na sua originalidade, daí sua posição de pré-texto no livro. Ela pode comportar os seguintes itens: motivos que levaram à edição, atribuição do texto a tal autor, vida do autor, lugar que ocupa o livro em sua obra, gênese e fontes, dimensão do livro em sua época (documento histórico, gênero literário, movimento das idéias), estudo interno da obra (literário ou lingüístico), bibliografia (transmissão do texto e crítica a partir do aparecimento da obra e chegando até os dias atuais), princípios da edição (siglas empregadas, etc.). Nossa enumeração, porém, nada adianta a respeito do conteúdo da introdução, que muda necessariamente de acordo com a natureza e a notoriedade do texto, e com o ponto de vista crítico do editor. Que mais poderíamos dizer?

O conteúdo da introdução aparecerá de forma menos confusa se separarmos as três abordagens possíveis de um texto qualquer: unidade de um lugar concreto, unidade acidental de significações plurais, unidade substancial de uma significação totalizante.

A abordagem totalizante define, na realidade, aquilo a que chamamos uma *leitura*. Mas por que razão propor uma leitura antes mesmo que o leitor tenha feito a sua? Segundo entendemos, isso acontece por dois motivos. Primeiramente, para modificar a leitura escolar ou acadêmica, aquela leitura de uma determinada obra que se constitui num verdadeiro legado; em segundo lugar, para personalizar o texto, e é aí que entra a sua modernização. Nas edições de grande tiragem (30 mil volumes para os livros de bolso, 10 mil para os demais), a introdução tem a mesma função da capa: vender

---

79. Na edição de *Eugénie Grandet*, "Classiques Garnier", 1966, p. 274.

o livro. Nessas condições, ali trabalham muitas vezes um apresentador-vedete e um textólogo de empreita, que são diversamente remunerados de acordo com critérios publicitários. O que representa um mal menor: a apreciação literária de um crítico prolixo não teria nem mesmo a desculpa da legibilidade. Numa edição científica, todos os esforços deveriam dirigir-se no sentido de se inventariar os estudos feitos sobre a obra, renunciando o apresentador a aproveitar a oportunidade para publicar um artigo pessoal, o que só teria sentido numa revista especializada.

Quando se trata, ao contrário, de comentar um texto enquanto espaço cortado por numerosos níveis de significação, a abordagem pluridisciplinar torna-se uma necessidade. A colaboração de especialistas, no caso, não deixa de possibilitar uma visão da obra de amplitude desconhecida para o pesquisador solitário. Recentemente, Jean Deprun, Roland Desné e Albert Soboul deram-nos um exemplo desse tipo de colaboração, reunindo seus enfoques de filósofo, literato e historiador, e recorrendo ainda, para a resolução de certos pontos, a outras autoridades. Assim é que a obra de Jean Meslier, *Mémoire des Pensées et Sentiments* *, veio a ser elucidada de maneira singular.

Para o texto tomado na sua materialidade, sua justificação constitui, como já o dissemos, a principal tarefa do editor. Isso não significa que ele deva estender-se prolixamente sobre árduos detalhes técnicos. Seria admissível, digamos, até mesmo desejável, que essas justificações mais detalhadas fossem publicadas separadamente. Aliás, não é raro aparecerem trabalhos que, por pura ignorância da parte de quem escreve, vêm ostentando um falso saber. As descrições de páginas de rosto cortadas por barras oblíquas não podem interessar a quem quer que seja. Quanto às listas de edições que se limitam aos endereços bibliográficos, sem fornecer a localização para os exemplares consultados, essas valem ainda menos. A segunda parte da presente *Introdução* possibilitará uma maior compreensão do problema. Assim, dispensamo-nos de prosseguir aqui com o assunto.

1.5.3. AS NOTAS, TÁBUAS** E ÍNDICES: SUBTEXTO E/OU PÓS-TEXTO

As notas e índices referem-se a detalhes do texto. As notas de rodapé, as notas de margem ou "em espelho" (que aparecem no verso do texto), são de consulta bem mais fácil que as notas relegadas a um pós-texto, é verdade, mas são também mais dispendiosas e capazes de perturbar a leitura corrente. Quer-nos parecer que uma reflexão sobre os diversos aspectos do problema seria do interesse dos editores científicos e editores em geral: sim, porque, mais que a pró-

---

* Ver a primeira nota que fizemos ao item 1.5.2 (2ª Parte). (N. da T.)

** As tábuas são, essencialmente, índices. Diferem destes, porém, pelo princípio básico de sua organização: "os índices, *stricto sensu*, são sempre alfabéticos, enquanto as tábuas só o serão por acaso, porque o princípio que as informa é o da estruturação orgânica da obra, pinçando-se os títulos e subtítulos da mesma para constituir as tábuas – a intitulação exaustiva, em suma, que houver sido adotada para a obra, na mesma ordem de sua ocorrência nela" (Antônio Houaiss, Elementos de Bibliologia, cap. XI, v. II). (N. da T.)

pria coerção econômica, é uma rotina irrefletida que sustenta suas práticas caducas. O conteúdo das notas demanda o mesmo tipo de observações feitas no caso da introdução: notas que se refiram à materialidade do texto podem formar variantes, que, por sua vez, podem pedir um comentário.

Os índices situam-se, evidentemente, no espaço do pós-texto. Eles têm três funções distintas: reúnem as indicações documentativas incluídas no próprio texto, reúnem notas exigidas pelo texto de forma desordenada, propõem diversas análises documentativas para fins estranhos ao texto.

Os índices de capítulos e os índices de assuntos contidos nos capítulos nos dão um resumo do texto segundo a organização do mesmo, constituindo portanto esse resumo algo desejado pelo autor ou pelo menos aprovado por ele.

As notas ou documentos anexos, os índices lingüísticos (léxico, sintaxe, estilo), a crítica e o levantamento parcial das variantes, isolam ou agrupam — organizando-os — comentários reclamados em trechos dispersos do texto. Substituem a ordem linear dos referentes do texto pela ordem metódica dos níveis de significação.

Os índices de *incipit* (primeiras palavras de um texto ou de uma parte de texto, como, por exemplo, as primeiras palavras de um capítulo que não tem título), os índices de personagens, de pessoas, de lugares, de assuntos, de palavras, de concordância entre várias edições, de formas métricas, de rimas, etc., extraem do texto ou das notas diversos conjuntos de informações para atender a finalidades estranhas ao próprio texto. Senão vejamos. Se é o próprio autor a inserir seu texto numa série, de certa maneira ele reduz a autonomia do texto isolado, criando um arquitexto. Pouco importa que tenha sido ele a desenhar a árvore genealógica dos Rougon-Macquart ou que ele tenha deixado para terceiros a tarefa de organizar a lista dos personagens que vão reaparecendo na *Comédia Humana*: tanto a árvore quanto a lista remetem ao arquitexto. E pelo próprio fato dessa dupla organização poder ser verificada na materialidade mesma das edições, como acontece na realidade, essa classe de textos não deixa de constituir uma classe específica, ainda que bibliograficamente complexa. Já os índices documentativos de edições científicas respondem a uma série de preocupações extratextológicas: a incontestável utilidade das concordâncias de palavras ou de configurações de palavras (conceitos extraídos do texto, formas métricas) não altera seu estatuto extratextológico, semelhante ao da literatura crítica sobre o mesmo texto.

Guardam ainda seu valor as propostas de Jacques Proust referentes a um inventário lexicológico exaustivo das *Obras Completas* de Diderot: um léxico completo permite que se trace, no arquitexto, obras de múltiplos caminhos[80]. É esse porém um instrumento mais de verificação que de descoberta, um pai-dos-burros e não um manual de instruções. Os inventários lexicológicos da Coleção dos Grandes

---

80. Jacques Proust, "De l'usage des ordinateurs dans l'édition des grands écrivains français du XVIIIe siècle", *Revue de l'Université de Bruxelles*, out. 1969-jan. 1970, pp. 1-17.

Escritores da França prestaram igualmente seu serviço. Mas a verdade é que os inventários conceituais exigem um tratamento documentativo dos textos, e têm seu lugar na intertextualidade. Não seria mais o caso de nos prepararmos para o advento da leitura óptica por computador?

1.5.4. AS VARIANTES

As variantes de uma edição inteiramente crítica são reunidas no aparato crítico (ver 1.3.4.2.B), que aparece, de preferência, no rodapé; as de uma edição parcialmente crítica constituem um apanhado, que ilustra, de forma scletiva, as divergências verificadas. Quando as variantes são pouco numerosas e simples, não há dificuldades de leitura; nos casos mais difíceis, e portanto mais interessantes, a leitura torna-se fastidiosa. É esse paradoxo que é preciso explicar.

Natureza das variantes. As variantes são estabelecidas quando relacionadas a um texto de referência invariante. São de fácil leitura quando se reportam a uma ou várias palavras, a uma frase ou parágrafo sem modificarem a ordem comum dos textos comparados: acréscimos, omissões e substituições respeitam a linearidade do texto invariante. Mas a mínima interversão de palavras pode romper o paralelismo do texto contínuo e do aparato e perturbar a leitura; é evidente que deslocamentos de frases, de parágrafos ou capítulos, só fazem aumentar a confusão: as versões paralelas só poderão ser superpostas por meio de artifícios tipográficos. A comparação, nesse caso, tem um maior interesse, já que permite o julgamento do valor de versões praticamente distintas. Mas, na realidade, o aparato aqui muda de sentido: sob uma aparência estritamente objetiva, ele nada mais faz que reiterar a preferência pessoal do "textólogo".

Aqui está, a título de exemplo, uma página de *O Diabo Coxo* (ver página 66). O texto de base é o da segunda edição, de 1707; no aparato crítico, as variantes da edição original do mesmo ano (sigla *P*; "~§" significa "não há alínea") e, mais abaixo, as oriundas do remanejamento de 1726, que veio revolucionar a economia primitiva da obra: sigla *R*; o signo β indica que a variante de *R* provém de outra parte; entre colchetes estão indicados os trechos na edição de 1726 (por convenção 532 significa p. 32 do tomo II) e em seguida na coleção *Romanciers du XVIIIe siècle*, ambas de Etiemble para a Bibliothèque de la Pléiade.

Função das variantes. Nas obras clássicas ou medievais, o aparato crítico justifica o texto estabelecido: cada leitor tem o direito de questionar, se assim o quiser, o fundamento da escolha do editor, já que este último lhe fornece os elementos de seu dossiê. Mas não se trata, aqui, absolutamente, de propiciar leituras paralelas de estados autênticos. Embora tenhamos nos servido do aparato crítico de *Paulo e Virgínia* feito por Trahard, para revisar as conclusões do editor científico, sabe-se que não era exatamente essa a intenção de seu autor ao estabelecê-lo. A função tradicional do aparato mantém-se, porém, quando o editor propõe ao leitor – o que aliás deve sempre fazer – não o texto de base mas o texto ideal – de que se

LE DIABLE BOITEUX, *CHAPITRE XII* 155

[p. 177] |*CHAPITRE XII*

Des tombeaux.

Asmodée voulant faire voir de nouvelles choses à Dom Cleofas, l'emporta dans un autre quartier de la ville. Ils se posèrent sur une haute église remplie de mausolées. Continuons d'ici nos observations, dit le
4 diable; mais avant que de poursuivre l'examen des vivants, troublons pour quelques moments le repos des morts de cette église. Parcourons tous ces tombeaux. Dévoilons ce qu'ils recèlent. Voyons ce qui les a fait élever.
8 Le premier de ces huit tombeaux que vous apercevez à main droite, renferme le corps d'un jeune amant mort de chagrin de n'avoir pas remporté le prix d'une course de bague. Dans le second, est un avare qui s'est laissé mourir de faim; et dans le troisième, son héritier mort deux
12 ans après lui pour avoir fait trop bonne chère.
[p. 178] |Il y a dans le quatrième un père qui n'a pu survivre à l'enlèvement de sa fille unique. Dans le suivant, est un jeune homme emporté par une pleurésie pour avoir pris des remèdes rafraîchissants.
16 Celui qui suit contient les tristes restes d'un officier, qui après avoir utilement servi l'État, a, comme un autre Agamemnon, trouvé à son retour de l'armée un Egisthe dans sa maison. Le septième cache une vieille fille de qualité laide et peu riche, que la tristesse et l'ennui ont consumée;
20 et dans le dernier repose la femme d'un trésorier, morte de dépit d'avoir été obligée dans une rue étroite de faire reculer son carrosse pour laisser passer celui d'une duchesse.

P 13) Il] ~ §/. 16) Celui] ~ §/.

Chapitre XII] Tome II, *Chapitre I. Des tombeaux, des ombres et de la mort.*

R 1-3) *Ces lignes appartiennent dans R à la fin du Tome I.*

1-2) Asmodée ... sur] βgagnons un endroit plus favorable que celui-ci pour continuer nos observations. A ces mots, il emporta l'écolier. —/. 3-4) Continuons ... diable] *omis*/. 4) mais] *omis*/; avant] *début du chapitre dans R*/; que ... examen] — nous poursuivions l' —/; vivants, troublons] —, dit le démon, —/. 8) de ... à] — ceux qui sont —/. 9-10) renferme ... bague] *omis ici, idée utilisée différemment* [220¹⁴⁻¹⁸ = *Éti.* 346¹⁸⁻¹⁹]/. 10-11) Dans ... faim] *omis ici mais repris autrement plus loin* 523¹⁹⁻²⁰ = *Éti.* 391⁸⁻⁹/. 11-12 et dans ... chère] *anecdote voisine quelques pages plus loin* [519²²⁻²⁴ = *Éti.* 389³⁷⁻³⁹] βL'autre trouva dans l'excès de la bonne chère l'infaillible mort qui le suit/. 13-15) *omis*/. 16-18) Celui ... maison] *cette anecdote est devenue la première du chapitre*/. 16) Celui qui suit]β *omis*/; officier, qui] — général —/. 16-17) après ... a] *omis*/. 17-18) Agamemnon ... retour] — trouva au —/. 18) l'armée] la guerre/. 18-19 Le ... consumée] *omis*/. 20-22) et ... duchesse] *omis ici, utilisé plus haut dans R* 261⁷⁻¹⁴ = *Éti.* 361⁵⁻⁹/. 20) et ... trésorier] βDans la seconde demeure l'épouse du —/; trésorier ... dépit] — général du Conseil des Indes. Elle est devenue folle de —/. 22) d'une duchesse] de la duchesse Medina-Coeli/.

excluíram as gralhas, não importando que para tanto ele tenha operado uma volta ao manuscrito de autor ou substituído por uma conjetura uma lição impossível (1.4.1. mais acima).

Para as obras modernas, contudo, o aparato reúne na maioria dos casos lições paralelas, quase que igualmente fiéis, lições de autor enfim. Ele possibilita assim ao leitor que acompanhe, simultânea ou alternadamente, as sucessivas versões de um mesmo texto. Coincidindo a linearidade do texto ideal com a das demais versões, são as variantes introduzidas e interpretadas sem maiores dificuldades. As apresentações tipográficas variam segundo a preferência dos editores comerciais, que não raro impõem um estilo uniforme para uma coleção. Aqui está uma amostragem tirada de edições bastante recentes:

no texto	*nas variantes*
l'attentat (*b*) d'un forcené	(*b*) P.: *l'attentat exécrable d'un forcené*...
d'autres, plus curieuses, quittant leur place, vinrent même se planter sous la rue couverte (*a*).	(*a*) B. d'autres, plus curieuses,/ *quittèrent même leur place, vinrent sur le carreau de* / la rue couverte.
Mon coeur, comme un oiseau, voltigeait tout joyeux	Str. I: *Mon coeur comme un oiseau* s'envolait *tout joyeux* (1852) *Mon coeur se balançait comme un ange joyeux* (1855-1857)
Voilà comme votre pied[a]	*a.* Voilà comme ton pied (*R., B., H., D., C., C2*).
de ses doigts gantés*	* de ses doigts gantés... Aut.: *du bout de ses doigts gantés*. Le copiste a passé deux mots.
la repoussa si violemment en étendant le bras qu'elle alla tomber sur le lit de sa mère[f].	*f.* la repoussa si violemment... mère *B:* se mit entr'eux et la repoussa violemment en étendant le bras *M*.
100 commission; j'ai goûté le plaisir [...]	(no rodapé) 100. Je goûte *Ms.*
malgré l'imposteur & brillant[b] aspect	*b.* l'imposteur et brillant A B C / l'imposteur et le brillant D E.

1.6. TEXTO SERIAL E ESPAÇO GRÁFICO

A dificuldade prática com que esbarramos ao apresentar variantes complexas tem sua origem na própria natureza do texto e do espaço gráfico. Quando deixa de ser único, o texto de autor já não se sustenta no espaço gráfico linear bidimensional. As variantes complexas apresentadas no rodapé só fazem sentido se referidas ao texto ideal que as atrai.

As diferenças entre *O Diabo Coxo* de 1707 e o de 1726 (página 66) são tais que a leitura paralela de ambos os textos torna-se impossível. O editor apresenta, numa mesma página, dois textos cujo distanciamento, longe de obedecer a uma regra de reinscrição gráfica, acaba por destruir a unidade do espaço gráfico primeiro. Daí a necessidade de se empregarem dois corpos de caracteres, e de se destinar o mais forte deles ao texto dominante. O editor criou, dessa forma, um texto serial hierarquizado, um texto novo.

A redução de uma série de textos a um texto serial único constitui um problema geral da edição científica: ela se aplica ao texto simples, que até aqui vimos definindo pela sua clareza, tanto quanto ao texto complexo (que apresenta variantes não-lineares) e à série factícia (reunião factícia de textos simples, complexos ou factícios). Exemplos disso são: *As Flores do Mal*, as *Cartas à Estrangeira* (correspondência de Balzac com Mme Hanska, extraída da correspondência geral de Balzac), qualquer coletânea de *Obras Escolhidas* ou *Obras Completas*, qualquer coleção de escritos de uma pessoa jurídica (*Publicações* da Academia de...) ou de uma editora (*Classiques Garnier, Livre de Poche*, etc.). No caso das coleções de obras clássicas, por exemplo, a vinculação a uma série determina uma mesma fórmula de apresentação e uma mesma divisa sócio-cultural: se a recuperação é menos visível nas reedições consecutivas ou em reprint, nem por isso é ela menos real. A rigor, não se poderia separar a história técnica da história comercial da literatura: contudo, em virtude da falta de estudos nesse terreno, seremos obrigados a nos limitar, aqui, a um enfoque paralelo das variantes complexas e das séries parcial ou inteiramente factícias.

1.6.1. AS VARIANTES COMPLEXAS

Compreende-se que as variantes introduzidas por um autor num primeiro texto impresso na maioria dos casos o modifiquem muito pouco; um levantamento comparativo haveria igualmente, aqui, de levantar poucas dificuldades. Quando, ao contrário, o autor refaz seu livro, ele modifica o estatuto do primeiro texto, que trata como estado preparatório, publicado ou não. Não devemos, por essa razão, diferenciar os diversos tipos de documentos pré-textológicos, cuja comparação irá permitir-nos estabelecer as variantes complexas: rascunhos, projetos, dossiês, esboços parciais, versões completas. Em todos estes casos, empenha-se o editor científico por reunir a mais completa documentação possível sobre a história de um texto. Interessa-lhe a maneira pela qual foi o texto elaborado: ele procura, através das etapas da gênese, apreender o fenômeno da criação literária ou da produção textológica.

Em sua edição de *La Jeune Parque*, de Valéry, Octave Nadal viria a publicar essas "paletas de palavras", que formam uma verdadeira "rede de palavras, de objetos, de idéias e imagens que irão alar e orientar a meditação ou o sonho, far-lhes-ão um suporte, um trampolim de estruturas e de formas, indiscutíveis pontos de partida para futuros prolongamentos e desenvolvimentos"[81]. A curiosidade do público com relação às questões de gênese possibilitou o aparecimento de edições semicríticas, comportando apenas um exíguo aparato crítico. "Editando o texto do *Journal* dos Goncourt, para o qual empregávamos um número limitado de variantes", afirma Robert Ricatte, "vimo-nos na contingência de improvisar uma solução para um dos problemas surgidos. Seguíamos, evidentemente, o manus-

---

81. Octave Nadal em Paul Valéry, *La Jeune Parque*, Le Club du Meilleur Livre, Paris, 1957, p. 307.

crito integral e não os extratos retocados e truncados que publicara E. de Goncourt. Para as passagens que dessa forma logramos restabelecer, tornava-se fácil extrair da versão de Edmond, e publicar em notas, algumas poucas variantes significativas, que vinham revelar a personalidade distinta dos dois irmãos (sabe-se que até 1870 Jules *escreveu* praticamente só o texto do *Journal*). Mas acontece que Edmond não se limitou a corrigir o texto, acrescentando-lhe certos detalhes de caráter documentativo — uma data, um nome, a indicação de um parentesco, etc. — detalhes esses que sem dúvida alguma teriam que ser levados em consideração, mas que certos compromissos da edição impediam que fossem deslocados para o rodapé ou tipograficamente destacados do resto do texto. Acabamos por integrá-los ao texto, assinalando em notas a sua origem sempre que percebíamos tratar-se não de um rápido e objetivo complemento de informação — como é o caso da palavra *septembriseur**, que situa historicamente a obscura personagem que é Lajouski, em nota feita à matéria de 16 de junho de 1856 — mas uma iniciativa de maiores dimensões e de caráter mais pessoal da parte de Edmond, o que é o caso dessa sutil nuance acrescentada ao nome, de todo indiferente para o leitor, de M. de Blamont: *"Le cousin Blamont, un ci-devant garde du corps, devenu un conservateur poivre et sel, asthmatique et rageur"*** (2 de dezembro de 1851). É assim que uma escolha pessoal, que invariavelmente comporta muito de arbitrário, acaba se introduzindo no texto, de onde a edição crítica se propõe retirá-la."[82]

A árvore tolda a visão da floresta: toda escolha é arbitrária, não apenas a escolha, num segundo momento, das variantes a serem mantidas, mas principalmente a escolha inicial de uma edição com variantes. Se Edmond e Jules de Goncourt publicaram ou prepararam a publicação — não importa que ela tenha sido adiada indefinidamente — de textos de paternidade conjunta e indissociável, todo e qualquer cuidado editorial no sentido de distinguir ali a mão de um e outro implicará a negação de seu estatuto de texto, estatuto que se transfere para a edição em questão. É por colocar-se numa perspectiva genética que Robert Ricatte não chega a distinguir entre restituição do texto ideal e restauração de um texto hipotético por contaminação de estados esboçados. Iremos aqui insistir sobre essa distinção fundamental.

Tomemos o caso da edição do *Fragmento do Livro Primitivo da Queda de um Anjo*, de que Lamartine deixou quatro estados, 1838, 1839, 1840 e 1862. Georges Ascoli havia escolhido 1839 para texto de base, corrigindo seu estilo pelo de 1840: o que significava contaminar deliberadamente dois estados do texto, procedimento que descarta Marius-François Guyard, e com razão, para o caso de uma edição crítica. Já este último serve-se unicamente do texto de 1839;

---

* De "septembrisade": massacre de prisioneiros políticos ocorrido nas prisões de Paris de 2 a 6 de setembro de 1792. (N. da T.)

** "O primo Blamont, aristocrata pertencente à guarda do rei, hoje um grisalho conservador, asmático e mal-humorado". (N. da T.)

82. Robert Ricatte, Sur l'édition des textes littéraires, *Revue de l'Enseignement Supérieur*, 1959 (IV), pp. 80-81.

não obstante, "ele próprio não deixa de lançar mão do manuscrito, e com a maior naturalidade, para corrigir os lapsos da edição de 1839"[83], como observa discretamente Robert Ricatte. Ricatte constata igualmente que A. Garnier e J. Plattard, ao darem continuidade ao estudo de Joseph Bédier sobre a obra *Tragiques*, passaram a restabelecer o texto de Agrippa d'Aubigné a partir de duas edições impressas e do manuscrito *Tronchin*: pois muito bem, embora pretendendo estabelecer o último texto idealmente desejado pelo autor, esses editores apresentam uma edição que é um modelo de rigor crítico, livre, se excluirmos os erros, de toda e qualquer contaminação.

Tomemos ainda a edição dos esboços de *Madame Bovary*. Em 1936, Gabrielle Leleu havia publicado uma edição integral dos mesmos, edição onde empregava procedimentos tipográficos engenhosos mas pouco legíveis, como se poderá constatar lendo a amostra que aparece ao lado. São as seguintes as convenções adotadas:

Texto conforme a nossa edição	Em caracteres egípcios: **Quand le proviseur**
variantes e inéditos	em romanos: *Une* heure et demie
texto suprimido por Flaubert	em itálicos: *Et le maître d'études*
texto que teria motivado correção	em itálicos cheios: ***tout***
correção do texto precedente	[2]forte
palavras omitidas por Flaubert e restituídas ao texto	et ((ils)) se livrèrent

A impressão é feita em caracteres de força diferente para cada manuscrito.

A referência numérica assinalada no alto dos textos ou rascunhos indica o número de versões que teria estabelecido Flaubert para o texto em questão, bem como a ordem numérica da versão escolhida para publicação. O asterisco que acompanha essa referência indica que o texto foi publicado tal como se apresentava anteriormente às correções que ali seriam introduzidas por Flaubert no futuro[84].

Em 1949, Jean Pommier e Gabrielle Leleu publicam uma "nova versão" contínua: dessa vez, utilizando dois caracteres tipográficos de corpo idêntico, o romano para o texto publicado por Flaubert e o itálico para o seu próprio, possibilitando assim ao leitor uma pronta identificação de ambos os níveis do novo texto. "Um trabalho como esse", admitia Jean Pommier, "certamente viria a suscitar objeções, caso se pretendesse julgá-lo segundo as regras que presidem e devem presidir ao estabelecimento das edições comuns. De qualquer forma, nos esforçamos, durante sua execução, por observar todo o rigor devido a um projeto tão particular: abstivemo-nos de operar no texto a mínima montagem, publicando sempre apenas Flaubert, um Flaubert autêntico."[85] A nova versão reúne materiais antigos, apresentados

---

83. *Ibid.*, p. 80.

84. Gustave Flaubert, *Madame Bovary. Ébauches et Fragments inédits recueillis d'après les manuscrits par Mlle Gabrielle Leleu*, Paris, Conard, 1936, t. II, p. 75.

85. Gustave Flaubert, *Madame Bovary; Nouvelle Version...*, Paris, Corti, 1949, p. VI.

MADAME BOVARY

4/4e *   Ms. g 223⁴ (f° 62).   P. 243.

Le malheureux céda pourtant ! **car ce fut,** *autour de lui* **comme...** *d'autrui,* **la mère Lefrançois,** *qui d'abord l'avait dissuadé, prévoyant qu'il faudrait pendant quelques semaines se* [*passer*] *de ses services,* **Artémise** *elle-même,* des **voisins,... Tuvache,** *qu'il rencontra un jour par hasard et qui avait appris la chose de Lestiboudois,* **tout le monde...,** *lui fit presque honte.* **Mais ce qui acheva de le** *décider* **c'est que... rien.** En effet, *M.* **Bovary se chargeait même de** lui fournir *le moteur mécanique,* où l'on devait mettre son *pied, sitôt la section faite, pour qu'il* [*se*] *redressât graduellement.* C'était **Emma la première qui avait eu...** et *Charles* y **consentit** avec plaisir, **se disant... ange.**

Ms. g 221 (f° 307).

Le malheureux céda *pourtant* **car... Artémise,** des **voisins... M. Tuvache** *qui le rencontrait de temps à autre,* **tout le monde... coûterait rien.** *En effet,* **Bovary se chargeait** [*de lui*] ⟨¹même de⟩ **fournir la machine** ⟨²*mécanique*⟩ où l'on devait enfermer son membre [*sitôt*] ⟨³après⟩ l'opération, *pour qu'il s'y redressât graduellement.* [*C'était Emma qui*] ⟨⁴Emma la première⟩ avait eu... **générosité,** et [*le médecin*] ⟨⁵Charles⟩ y consentit *avec plaisir,* **se disant...**

Ms. g 222 (f° 265).

Le malheureux céda,... de fournir la machine où l'on devait enfermer son membre après **l'opération...**

4/4e *   Ms. g 223⁴ (f° 62).   P. 243.

Alors d'après la gravure du livre, **avec les conseils du pharmacien,** *en s'y donnant beaucoup de mal,* **et en recommençant trois fois, il fit construire par le**

de maneira esparsa segundo a ordem do texto publicado: mas o princípio de organização anacrônica cria uma falsificação. Seria ela absurda? Os honestos falsificadores dirigem-se aqui aos aficionados que, conhecendo o romance acabado, não procuram nele o princípio de uma outra composição mas sim uma leitura reconstituída para fragmentos diversamente ilegíveis.

Aqui está o texto de Flaubert / Pommier-Leleu:

La malheureux céda *pourtant*! car ce fut, *autour de lui*, comme une conjuration. Binet, qui ne se mêlait jamais des affaires d'autrui, *la mère* Lefrançois, *qui d'abord l'avait dissuadé*, prévoyant qu'il *faudrait pendant quelques semaines se passer de ses services*, Artémise *elle-même, des* voisins, et jusqu'au maire, M. Tuvache, *qu'il rencontra un jour par hasard et qui avait appris la chose de Lestiboudois*, tout le monde l'engagea, le sermonna, lui *fit presque* honte. Mais ce qui acheva de le décider, c'est que ça ne lui coûterait rien. *En effet, M.* Bovary se chargeait même de *lui* fournir *le moteur mécanique, où l'on devait mettre son pied, sitôt la section faite, pour qu'il se redressât, graduellement.* C'était Emma, *la première, qui* avait eu l'idée de cette générosité; et Charles y consentit *avec plaisir*, se disant au fond du coeur que sa femme était un ange.

E aqui o texto (ideal) de 1857:

Le malheureux céda, car ce fut comme une conjuration. Binet, qui ne se mêlait jamais des affaires d'autrui, madame Lefrançois, Artémise, des voisins, et jusqu'au maire, M. Tuvache, tout le monde l'engagea, le sermonna, lui faisait honte; mais ce qui acheva de le décider, *c'est que ça ne lui coûterait rien*. Bovary se chargeait même de fournir la machine où l'on devait enfermer son membre après l'opération. Emma avait eu l'idée de cette générosité; et Charles y consentit, se disant au fond du coeur que sa femme était un ange.

É esse o dilema: ou se publicam não-textos, vale dizer, textos quase que não legíveis, ou se publicam textos falsos. A revolução que Jean Bellemin-Noël pretende ter operado nos estudos genéticos não nos parece poder modificar os termos do problema. Ler o dossiê dos rascunhos como se fosse um texto equivale a ler variações num dossiê tornado *O texto*, e inclusive com um maior grau de legitimidade, já que foi o próprio autor a escrevê-lo. A questão é que nada, no pré-texto do poema *La Charette* de Milosz*, é linear: "uma vez descartada a incômoda solução do fac-similado, de que maneira poder-se-ia reproduzir tipograficamente páginas como essas, quase sempre repletas de emendas"[86]? O autor nos propõe, então (mas na verdade é o crítico que fala, dessa feita), pedaços do dossiê à guisa de textos, o que está no direito de fazer enquanto crítico literário.

A contaminação admitida e regrada não representa um procedimento textológico simples aplicado a variantes complexas; ela não é um *mal*. Mas para evitar ambigüidades que a nada levariam, falemos simplesmente de textualização. Todo aquele que se preocupa com o problema da gênese poética deve textualizar fragmentos, ao menos para seu uso pessoal; quem se interessa por fragmentos deve impor-lhes uma ordem de leitura. Apresentar como texto o manuscrito de *Jean Santeuil***, por exemplo, é o mesmo que confiar ao

---

* Poeta lituano de língua francesa (1877-1939). (N. da T.)

86. Jean Bellemin-Noël, *Le Texte et l'Avant-texte*, Paris, Larousse, 1971, p. 19.

** De Proust. (N. da T.)

leitor a tarefa de textualizá-lo; ater-se a um respeito literal pelo inacabado é fiar-se no público. A pré-textualização pode significar um bom ou mau negócio, dependendo do preparo e do tempo de cada um. Enquanto os arquitetos se vêem na necessidade de escolher entre restaurar e conservar, aos editores, que reproduzem, é dado fazer ambas as coisas. Assim, certas restrições feitas a algumas sérias tentativas de restauração revelam principalmente a confusão que se faz entre texto no sentido estrito (obedecendo a regras de leitura definidas) e coisa escrita (obedecendo imperfeitamente a essas mesmas regras); por uma analogia espacial muito comum, mas abusiva, a sucessão cronológica é tomada como equivalente à linearidade do texto[87].

Tomemos agora a edição das *Memórias de Além-Túmulo*, de Chateaubriand. Uma das alternativas consiste em se reproduzir o manuscrito definitivo, superior à edição original póstuma mas profundamente alterado por supressões e remanejamentos "impostos ao autor por circunstâncias, por preocupações e escrúpulos alheios à sua vontade"; a outra é "transcender os limites da edição original para recuperar na sua pureza, se não na sua integridade, o texto tal como se encontrava ao terminá-lo Chateaubriand em 1840 e 1841, traçando-lhe as últimas linhas e reservando-se apenas o direito de aperfeiçoá-lo ainda pela correção de detalhes e, eventualmente, por meio de acréscimos ulteriores"[88]. Maurice Levaillant ficou com a segunda alternativa. Tratava-se, portanto, de partir para a textualização dos vários esboços e mesmo de condensar, para inseri-los adequadamente na cronologia das *Memórias*, os dois volumes do *Congresso de Verona*; estes últimos haviam sido publicados separadamente e constituído um grande fracasso comercial. Em vista do que, a hipótese de um novo lançamento teria sido inclusive descartada por Chateaubriand. Mas a tarefa esbarra, aqui, numa dificuldade insolúvel: o texto integral, desejado pelo autor, simplesmente não existe. O que existe é, de um lado, um texto da *Chateaubriand-Société propriétaire* (proprietária do manuscrito que o autor alienara em seu favor quando vivo), e de outro, um texto de Chateaubriand-Levaillant. Não integrar ao manuscrito definitivo as variantes complexas, apresentando-as em notas de rodapé, por exemplo, seria o mesmo que aceitar a ordem *Chateaubriand-Société propriétaire*. A contaminação torna-se inevitável. Cabe ao editor especialista escolher. Em princípio, o projeto de Maurice Levaillant seria legítimo e responsável. Existem provas seguras de sua verossimilhança (mas não da sua verdade).

---

87. Precisemos esse aspecto. Quando Henri Coulet escreve, a propósito da *Nova Heloisa*: "o texto da edição original é antes *um momento privilegiado na história da obra que uma perfeição cristalizada*" (J.-J. Rousseau, *Oeuvres Complètes*, Bibl. de la Pléiade, t. II, p. LXXVII), ele tem razão, uma vez que está falando de história e de textos em termos de uma equivalência mais geral. Mas Jean Bellemin-Noël, nas definições de seu livro (pp. 13-18), atém-se demasiadamente à vontade do autor e acaba negligenciando a legibilidade, o espaço tipográfico, único fundamento objetivo da textualidade.

88. Maurice Levaillant, Introdução a Chateaubriand, *Mémoires d'Outre-Tombe*, Paris, Flammarion, 1948, t. I, p. LXXVI.

Já a velha tentativa de Georges Doncieux é condenável, por repousar em bases falsas. Doncieux pretendia, na obra *Le Romancéro Populaire de la France*, reconstituir, com base em versões folclóricas comprovadas, "a canção tal como o intérprete a teria feito ouvir pela primeira vez"[89]. Ora, se a comparação permite distinguir tipos regionais (*oecotipes*), está claro que ela não poderia operar sem riscos um maior retrocesso, e principalmente um retrocesso até um texto de autor — ainda que se tratasse de um autor-intérprete — dado o caráter não-textológico da transmissão folclórica. O emprego, aqui, dos "procedimentos da crítica verbal" é de todo inadequado.

O desenvolvimento de um texto no espírito do autor ou nos seus rascunhos distingue-se nitidamente da transmissão textológica, por mais complicada que a imaginemos, em virtude da não-transmissão de um certo número de elementos. Toda leitura de rascunhos sucessivos exige uma hermenêutica das lacunas, acréscimos ou transposições. A ciência do texto não chega até esse ponto. Limita-se a transcrever, de acordo com as normas tipográficas, rasuras (em itálicos), emendas (em cima ou embaixo das linhas) e o restante, tudo aquilo que poderia ter constituído um texto normal. Dessa forma é que Étiemble irá publicar três estados sucessivos e o texto definitivo de um poema de Jules Supervielle[90]: apesar de curto, porém, tal dossiê não chega a ser legível, daí o seu interesse para o estudo da produção literária, seja qual for o pressuposto crítico adotado no caso. De que valeria textualizar um não-texto?

1.6.2. AS VARIAÇÕES DO ESPAÇO GRÁFICO

Já havíamos examinado, anteriormente, certos processos de organização do espaço gráfico (utilização das margens, dos rodapés e dos versos de páginas, emprego de caracteres de diversos corpos, tipos e forças). Mas há ainda outros processos mais dispendiosos. Pode-se, por exemplo, utilizar variadas tonalidades para o papel (como no caso das célebres "páginas rosa" do *Petit Larousse*), bem como para a tinta, este último procedimento sendo bastante legível mas exigindo tantas impressões quantas forem as cores de tinta e uma extrema precisão na tiragem: o processo foi empregado com vantagens na edição da *Comédia Humana* pelo Clube dos Bibliófilos da edição original (as correções que fez Balzac em seu exemplar da edição Furne são dessa forma apresentadas como um nível textológico distinto e complementar). Pode-se ainda sobrepor, como nos livros de geografia, uma folha transparente à folha normal, remetendo à folha transparente as modificações do texto. Ou então seccionar a composição tipográfica em bandas horizontais (em séries plurilineares) ou verticais (em colunas, dispositivo por vezes denominado *polióptico*). Aqui estão dois exemplos desse processo.

---

89. Georges Doncieux, *Le Romancéro populaire de la France. Choix de chansons populaires françaises. Textes critiques par G. D. . . .* , Paris, Émile Bouillon, 1904, p. XXXVII.

90. Étiemble e Jeannine Étiemble, *L'Art d'écrire*, Paris, Seghers, 1970, pp. 485-488.

Étiemble distribuiu em séries cinco estados de alguns granéis (provas de impressão em colunas, feitas anteriormente à paginação e destinadas às correções) das *Raparigas em Flor* de Marcel Proust[91].

[Começa aqui o texto do segundo granel; dispomos de cinco lições, salvo, no início da passagem, para um importante acréscimo que só aparece nas lições 4 e 5.]

4. avait remplacé cette année-là chez les hommes de grande
5. Il avait remplacé cette année-là chez les hommes de haute
4. valeur cet autre: "Qui sème le vent récolte la tempête" (1) lequel
5. valeur cet autre: "Qui sème le vent récolte la tempête",   lequel
4. avait besoin de repos, n'étant pas infatigable et vivace comme:
5. avait besoin de repos, n'étant pas infatigable et vivace comme:
4. "travailler pour le Roi de Prusse". Ainsi la culture de ces hommes
5. "Travailler pour le roi de Prusse". Car la culture de ces gens
4. éminents était une culture alternée, et généralement triennale. (2)
5. éminents était une culture alternée, et généralement triennale.
4. Certes (3) les citations de ce genre,   desquelles (4) M. de Norpois
5. Certes   les citations de ce genre, et desquelles   M. de Norpois
4. excellait (5) à émailler ses articles de la *Revue*. n'étaient point
5. excellait   à émailler ses articles de la *Revue*, n'étaient point

(1) *qui* (cortado)
(2) *On tenait en réserve pour (l'année*, cortado; por emenda: *la saison) prochaine: "Faites nous de bonnes politiques et je vous ferai de bonnes finances comme disait le Baron Louis. On n'avait pas encore importé d'Orient la...* (cortado).
(3) *des* (artigo indefinido) transformado em *les* (artigo definido).
(4) *dont* (cortado) e por emenda: *desquelles.*
(5) *aimait* (cortado) e por emenda: *excellait.*

Patrice Coirault[92] utilizou o dispositivo polióptico a fim de confrontar diversas versões de nossas canções folclóricas (ver página seguinte).

Parece-nos que um estudo técnico dos procedimentos gráficos de organização do livro poderia melhorar sensivelmente os modos habituais de apresentação. Esse estudo não chegaria a alterar o caráter coercitivo das convenções tipográficas, da notação da linguagem escrita, relativamente ao espaço gráfico.

1.6.3. AS SÉRIES INTEIRA OU PARCIALMENTE FACTÍCIAS

O que torna factícias certas séries de textos é a necessidade prática de se reunir ou separar objetos de dimensões diversas e sem um módulo comum: daí o falar-se em *coletâneas* ou *coleções*. Sabemos por intuição que uma coletânea de poemas não tem a mesma coerência que um romance ou um tratado: essa diferença inscreve-se na materialidade mesma do livro. Cada poema, por exemplo, apresenta um título em separado; na ausência de título, funciona o primeiro verso como elemento designativo.

Num sentido estritamente bibliográfico, uma coletânea factícia é a reunião de opúsculos separados, sob um título geral: esse tipo

---

91. Étiemble e Jeannine Étiemble, *op. cit.*, p. 399.
92. Patrice Coirault, *Formation de nos chansons folkloriques*, Paris, Éditions du Scarabée, 1963, t. IV, pp. 488-490 (reprodução reduzida).

LES MÉTAMORPHOSES

Reproduzimos o arquétipo tal como ele se apresenta. As coplas ou fragmentos que lhe correspondem acham-se dispostas face a face, encimadas pelos seus próprios números de ordem. Esses números trazem o índice 2 quando representam a segunda parte da copla (geralmente são os quatro últimos versos) nas suas versões respectivas. Tendo pois, cada uma das três versões comparadas, suas coplas numeradas segundo sua ordem particular, torna-se fácil restabelecer-lhe a disposição temática própria. As coplas estranhas ao arquétipo e não intercaladas são apresentadas em seguida ao quadro comparativo.

I 1724 Veuve Oudot	II 1812 Tiersot (Alpes)	III 1902 Fr. Richard (Deux-Sèvres)	IV 1909 Femme Larrousse (B⁶⁶-Pyrénées)
CHANSON NOUVELLE **1** Si tu veux, ma Nannette, } bis dans un instant, Tu gagneras cent livres de mon argent, Pourvû que tu me rende le cœur content.	**1** Marguerite ma mie, Mon petit cœur, Si tu voulais me rendre Mon cœur content J'te donn'rais cinq cents livres De mon argent.	**1** Ma petite brunette } bis que j'aimais tant Je donn'rais cinq cent livres Pour que tu me rendrais [Ident. à I]	
			1 J'ai fait une maîtresse } bis vive l'amour Je vais la voir dimanche sans plus tarder, Je vais la voir dimanche par mon amitié.
2 — En vain tu me propose ton foible argent (1). Je veux me rendre None dans un Couvent Et je ne puis te rendre le cœur content.	**2** — Si j'avais cinq cents livres De ton argent Je me renderais dame [Ident.] Je passerais ma vie Joyeusement.	**2** — Pas b'soin d'tes cinq cents livres [Ident. à II] 12² Je m'y mettrais nonne [Ident.] Jamais je le rendrai ton cœur content.	**6²** ... Moi je me ferai nonne [Ident.] Tu n'auras jamais de moi aucun agrément.
3 — Occupé de l'idée de mon tourment (2), Je me rendray (3) Moine au même instant, Pour confesser les Nones de ce couvent.	**3** — Si tu te rends grand'dame Dans un couvent Je me renderai prêtre Prêtre prêchant (4) Je confess'rai les dames Dans ce couvent.	**3** — Ah si tu te rends nonne [Ident. à II] Je m'y mettrai Bon Père dans ce couvent Je confess'rai la nonne à tout instant.	**7** — Si tu te fais nonne [Ident. à II] Moi je me ferai prêtre pour confesser [Ident. à III] par mon amitié.
4 — Et si tu te rends Moine; dans peu de temps Je me rendray Caille dedans les champs; Cesse donc de prétendre contentement.	**4** — Si tu te rendais prêtre, Prêtre prêchant... **6²** Moi je me rendrai caille Volant aux champs Jamais galant n'aura Mes sentiments.	**4** — Si tu t'y mets Bon Père dans ce couvent... **4²** Je m'y metterai caille parmi les champs Jamais je te rendrai ton cœur content.	**8** — Si tu te fais prêtre pour confesser... **4²** Moi je me ferai biche dedans un champ Tu n'auras jamais de moi aucu agrément.
5 — Oh! si tu te rends Caille pour m'éviter (5), Pour te prendre la belle, en Epervier L'Amour me peut sans peine faire changer (5).	**7** — Si tu te rendais caille Volant aux champs Je me rendrais en forme D'un chasseur tirant, Je tirerais la caille volant aux champs.	**5** — Ah si tu t'y mets caille parmi les champs Je m'y mettrai semblable au bon chasseur, Je chasserai la caille d'un très bon cœur.	**5** — Si tu te fais biche Dedans un champ Je me ferai chasseur pour te chasser, Je chasserai la biche par mon amitié.
	8 — Si tu te rends en forme D'un chasseur tirant,	**6** — Si tu te mets semblable au bon chasseur,	**6** — Si tu te fais chasseur Pour me chasser,
6 — S'il te métamorphose (6) en Epervier J'éluderay ta ruse; dans un vivie. Je me rendray Carpe, pour l'éviter.	Moi je me rendrai truite Dans un rivier Jamais galant n'aura Mes amities.	Je m'y metterai carpe, dans un vivier Jamais tu les auras [Id. à I]	(Manque)
— O! si tu te rends Carpe dans un Vivier, Pour te prendre, la Belle, d'un Poissonnier J'empruntéray l'adresse pour te pêcher.	**9** — Si tu te rendais truite Dans un rivier Je me rendrais en forme [Ident.] Je pêcherais la truite Dans le rivier.	**7** — Ah si tu t'y mets carpe [Id. à I] Je m'y mettrai semblable au bon pêcheur Je pêcherai la carpe d'un très bon cœur.	(Manque)

(1) Torneio literário.

(2) A forma está longe de ser popular. Tratar-se-ia de uma expressão original de tendência literária? Ou de uma licença poética, destinada a preencher uma lacuna oriunda de um lapso de memória?

(3) Está claro que é preciso pronunciar aqui (e nas coplas 4, 6 e 8) *renderai* (rānderê).

(4) Que prega nas aldeias.

(5) Torneios literários. Após a copla de número cinco eles deixam de ser assinalados, mas são ainda bastante numerosos.

(6) Palavra erudita que, a partir de 1724, passou a justificar o título *Les Métamorphoses*, dado à canção por numerosos folcloristas.

de coletânea era comum, em épocas passadas, para as peças de teatro, sendo ainda usado para os periódicos, que trazem geralmente um sumário anual dos assuntos, reunindo os índices parciais dos números separados. Vimos que certos contos de Voltaire, os mais longos deles, como é o caso do *Cândido* e de *O Ingênuo*, foram originalmente publicados em volumes, ao passo que os mais curtos foram misturados a outras obras curtas. Pois muito bem, ressurge aqui o problema do *corpo* dos contos voltairianos, problema difícil de ser resolvido já que não existem critérios objetivos que nos permitam distinguir um conto de um diálogo, etc. E o problema é bastante generalizado. Para a classificação de uma série de textos, que não seria possível distinguir por sua própria natureza material, vemo-nos na necessidade de recorrer à história e à crítica literárias. Muitas vezes, o próprio autor deliberou reunir seus textos esparsos e suas obras: o valor textológico da intenção do autor, porém, é tão problemático no caso das coletâneas quanto no das diversas versões ou remanejamentos de uma obra determinada. Não vai nisso nenhum julgamento de nossa parte; constatamos, na prática, que os editores raramente se limitam à intenção do autor por uma série de boas razões. Neste terreno, ainda uma vez, não há regras: caso contrário, estaríamos abandonando os limites da pura textologia. Razão pela qual, a textualidade mesma das coletâneas, das coleções e escritos diversos torna-se problemática.

1.6.3.1. *As coletâneas.* Todo livro é escrito dentro da perspectiva material de um volume de papel: perspectiva essa precisamente definida se o livro se insere numa coleção comercial ou coletiva, e bem menos delineada se é ele pensado fora da coleção, no simples campo da expectativa pública. O que distingue a coletânea do livro unitário é o fato desta primeira inscrever-se, após sua redação total ou parcial (e por vezes antes dela), no espaço do livro. A coletânea freqüentemente retoma textos em sua maior parte já publicados (ao passo que um livro se presta muito pouco a esse tipo de retomada).

Não restam dúvidas a respeito do caráter díspar ou circunstancial das coletâneas coletivas (atas, memórias, publicações, trabalhos, miscelâneas) e mesmo de numerosas coletâneas de autor (artigos, ensaios, discursos, relatórios). E que dizer das obras puramente literárias?

Os contistas do século XIX começaram por publicar seus escritos em revistas; também os romancistas o faziam e, freqüentemente, com a diferença de que os folhetins eram seriados. O sucesso do gênero conto liga-se à existência de uma imprensa literária de grande ou média difusão (*New Yorker, Punch*): o que pode explicar seu desaparecimento do cenário francês. O contista que reúne seus textos procede a uma seleção de seus escritos já publicados, podendo por vezes juntar a essa seleção textos inéditos. Empenha-se ele por instituir ali uma ordem aparente, apoiando-se na ordem dos assuntos ou da redação (ou ainda da publicação, dependendo do caso). Está assim atuando como editor de seus próprios textos. Guy de Maupassant teve que basear-se na própria seqüência de sua produção para estabelecer a seqüência de suas coletâneas. Mas a verdade é que nada obriga o editor científico a respeitar essa vontade moral segunda. Albert-Marie Schmidt, por exemplo, não vacilou em apresentar o conjunto dos *Contos e Novelas* segundo uma ordem temática[93]. É certo que se trata, nesse caso, de uma coleção das obras do autor: mas, justamente, a distinção entre coletânea e coleção desaparece quando se coloca a questão de uma outra disposição dos textos. Há contistas que lançam mão do velho processo do conto-padrão para dar uma unidade mais substancial a suas coletâneas. Foi o que fez Alphonse Daudet com as *Cartas do meu moinho*: a coletânea adquire dessa forma uma realidade textológica indelével, ficando a cargo da crítica literária decidir sobre sua coerência. Bastante significativo, porém, é um fato bibliográfico que diz respeito às *Mil e Uma Noites* na adaptação de Antoine Galland. Na falta de um original, o editor inseriu no tomo VIII dois contos estranhos à coletânea, assim procedendo "à revelia do tradutor, que só veio a tomar conhecimento dessa distorção de seu trabalho por ocasião do lançamento do tomo em questão", como o afirmava Galland em seu prefácio ao tomo seguinte; para comprová-lo, basta que se compare o feitio dos contos incriminados com o resto da coletânea. Pois bem, ambos os contos passaram a ser religiosamente reproduzidos pelos sucessivos editores dessa vasta coletânea, isso até a edição de poche da Garnier-Flammarion, de 1965.

Quanto aos poetas, seguem fazendo suas publicações em revistas, tratando em seguida de ordenar da melhor maneira possível seus textos esparsos. Jules Supervielle reconhecia com humildade: "A classificação da segunda edição de meu livro *Gravitations* é um pouco menos fantasiosa que a primeira, mas temo que mesmo assim ela ainda o seja. O livro, na realidade, não se subdivide em várias partes (exceto no caso dos poemas *Guanamiru* e *Equateur*), mas constitui um mesmo conjunto"[94]. La Fontaine precedeu vários de seus livros de *Fábulas* de composições liminares que conservam, ao longo da coletânea, vestígios de suas publicações separadas; o fato não chegou a preocupar o autor, mas ainda que ele tivesse cuidado do problema, suas intervenções posteriores não teriam outro valor senão o de variantes. A importância da classificação de autor (bem como a da pontuação) depende da valoração de cada qual, nunca atingindo, ao que parece, um pleno estatuto textológico. *As Flores do Mal* ilustram bem esse relativismo. A coletânea aparece originalmente em 1857; ela é revisada em 1861 e republicada postumamente em 1868. Escreve Georges Blin: "A primeira representa apenas uma etapa [...]. A segunda edição, portanto, é a que conserva atualmente seu valor testamentário"[95]. Um intervalo de apenas quatro anos separa ambas as edições publicadas em vida do autor, intervalo durante o qual não chegou Baudelaire a distanciar-se de sua obra. Mas uma intervenção judicial condenando vários dos poemas de 1857 veio marcar profundamente a disposição do livro de 1861: a famosa "interpretação sifilítica" deve ter ficado nas consciências, uma vez que permanece ins-

---

93. Guy de Maupassant, *Contes et Nouvelles*, Paris, Albin Michel, 1964.

94. Jules Supervielle – Étiemble, *Correspondance 1936-1959*, Paris, S. E. D. E. S., 1969, p. 55.

95. Introdução à edição publicada pela Corti em 1968, p. 9.

crita na coletânea. Os poemas condenados passam então a constituir um bloco que, certamente, vai de encontro às intenções do autor, mais interessado em eliminar todo aquele repositório comum de obscenidades que haviam dado margem a sanções. Baudelaire porém quis preencher os vazios surgidos com esses cortes: resultado, um poema como *Le Masque* revela-se um péssimo substituto para *Les Bijoux*, rompendo, juntamente com o *Hymne à la Beauté*, uma continuidade de inflexão. A seqüência inicial "Le Vampire"/"Le Léthé"/ "Une nuit que j'étais près d'une affreuse juive" desaparece, assim, irremediavelmente. Marcel A. Ruff houve por bem restituir os seis poemas condenados à posição ocupada em 1856, o que significava nada mais que justapor duas ordens exclusivas[96]. A solução conservadora (ater-se à 1861), entretanto, é igualmente falha. Acresça-se ao problema o fato de que é preciso distinguir, na edição póstuma, os poemas verdadeiramente destinados às *Flores do Mal* daqueles que ali foram abusivamente introduzidos pelo editor de 1868. Levando-se em conta que os deslocamentos de poemas não são muito numerosos, talvez fosse possível imaginar uma edição combinando as três edições por meio da técnica das folhas superpostas (para os trechos em que isso se torna necessário): não seria essa uma maneira de restituir, sem sobrecarregar demasiadamente o leitor, o texto e a história do texto, que a censura tornou inseparáveis?

As coletâneas poéticas apresentam uma outra dificuldade: a do reemprego de poemas isolados ou de grupos de poemas em diversas coletâneas. Impossível comparar esse costume, que está ligado à exploração moral pelo autor de seus próprios direitos, à reutilização de versos em poemas distintos, ligada à exploração artística dessa mesma produção. A dificuldade aparece no momento de se reunir essas coletâneas; mas, ainda uma vez, ela se coloca entre os limites da coletânea e da coleção de obras, isso em virtude do caráter não textológico ou incompletamente textológico dos opúsculos poéticos. As *Obras Completas* de Paul Eluard fornecem um exemplo pertinente ao problema[97].

Desnecessário seria mostrar que todos os textos curtos levantam os mesmos problemas (máximas, enigmas, anedotas, historietas, etc.).

1.6.3.2. *As coleções*. As coleções de obras completas ou escolhidas devem fundar-se em princípios de inclusão: excelência em um gênero determinado (antologia ou florilégio), valor documentativo de uma série (memórias históricas, jurisprudência, conjunto dos Milagres da Virgem, etc.), produção de um mesmo autor. Enquanto nas antologias e séries coletivas partimos de critérios seletivos baseados na natureza das obras, nas coleções individuais o que se retém, de início, é apenas um traço sinalético: o nome do autor. Se se tratasse unicamente de reunir textos completos, formando cada qual um

---

96. Marcel A. Ruff, prefácio a Ch. Baudelaire, *Oeuvres Complètes,* Paris, Seuil, coleção "L'Intégrale", 1968.

97. Ver o prólogo de Lucien Scheler e Marcelle Dumas no tomo I, Bibliothèque de la Pléiade, Gallimard, 1968.

volume e com a particularidade de trazer um único nome de autor, o trabalho não apresentaria maiores dificuldades, limitando-se a conferir a cada texto uma denominação serial, isto é, factícia. Mas um autor não escreve obras perfeitamente calibradas, ele assina petições, letras de câmbio, cartas; pode ocorrer inclusive que ele deixe de assinar, seja o que for.

Não discutiremos aqui o fundamento do critério pessoal de seleção, mas examinaremos apenas suas conseqüências. A questão é: deve-se imprimir tudo o que um autor escreveu? Que ordem se deve adotar? O critério pessoal não nos permite resolver diretamente o problema. Devemos portanto fazer nossa decisão com base na natureza dos escritos, em função de uma certa abordagem da obra *e* seu autor: e toda ambigüidade está nesse *e*, ainda que exista, num dado momento, um consenso tácito sobre o assunto.

Fritz Strich, com toda a experiência adquirida em editar as obras de Schiller e de Heine, insiste na necessidade de se seguir um esquema correspondente a uma interpretação global da obra[98]. Deparamos novamente, aqui, com o imperativo da maior coerência indicado por Tomachevski para a escolha do texto de base; o que significa que não se poderia tomar como definitiva a vontade do autor. Por um equívoco, Goethe juntou às suas obras alguns poemas de terceiros. Heine estabeleceu um plano geral para a publicação de sua obra em pequenos volumes, com vista a possibilitar-lhe uma maior difusão popular, e isso em detrimento da coerência de um certo número de textos (podemos assim compará-lo a Balzac, que suprimia parágrafos para ganhar espaço e fazer economia). Segundo Strich, dever-se-ia conservar o feitio, a apresentação das obras, evitando-se a tradicional uniformização nas coleções clássicas. Mas conseguiremos, com o offset, melhorar o gosto do comprador de coleções a ponto de fazê-lo optar pela idêntica autenticidade de objetos aparentemente heteróclitos? Deve-se imprimir tudo? Se é certo que uma personalidade literária dá unidade a uma coleção, duas classes de escritos podem então ser dela excluídas: a dos escritos científicos ou profissionais (medicina, matemáticas, direito, filologia, relatórios administrativos) e a dos escritos sociais (cartões de felicitações, de visita, etc.). Quanto aos escritos diversos — *varia* — nós os examinaremos mais adiante: as *Obras Completas* quase sempre excluem a correspondência, que forma sua parte mais importante e cuja natureza de troca constitui algo de misto.

Que ordem adotar? Duas opções fundamentais se colocam: a ordem metódica e a ordem cronológica. Mas essas opções não são inocentes: uma delas afirma o primado da literatura, a outra o do escritor. Não é por acaso que a ordem metódica logrou impor-se na época em que dominava a ideologia dos gêneros, e que a ordem cronológica veio a alcançar seu triunfo durante a época do romantismo (com Victor Hugo datando seus poemas). Ambas as ordens apresentam inconvenientes práticos: a primeira pressupõe que todo texto

---

98. Fritz Strich, "Über die Herausgabe gesammelter Werke" em *Kunst und Leben*, Berna e Munique, Francke, 1960.

pode ser remetido a um gênero (vimos a dificuldade de se estabelecer o corpo completo dos *Contos* de Voltaire) e que nenhum texto mistura gêneros (as canções das peças de Musset seriam *igualmente* poemas); a segunda pressupõe que todo texto é datado ou datável e que um texto pertence a uma data determinada: ora, não somente numerosos escritores trabalham com textos distintos ao mesmo tempo, e os terminam em momentos diferentes por uma série de razões, como também a duração da concepção e da realização, o momento do término e da publicação nunca coincidem.

Na prática, o que se faz é combinar ambas as ordens. E a combinação pode variar dentro de uma mesma coleção: Fritz Strich adota, para as obras de juventude de Schiller, a ordem cronológica, utilizando, em seguida, para a obra da maturidade, a ordem metódica; já para Heine, ele mantém a ordem cronológica, salvo no caso das obras reunidas pelo próprio autor (*Impressões de Viagens, Salões, Miscelâneas*). A combinação não constitui apenas uma comodidade ao nível da coleção, pois que a existência de volumes separados cria uma terceira dimensão que caberá ao editor utilizar da melhor maneira possível. O procedimento foi pouco explorado no que respeita ao texto do autor (os índices e léxicos, publicados com acerto ao fim das séries, são glosas), quando se poderia estabelecer, com facilidade, um período azul ou rosa por meio do papel, etc.

A inovação mais audaciosa dos últimos anos parece ser a de Jean Massin na sua edição cronológica das *Obras Completas* de Victor Hugo para o Clube Francês do Livro. Ao contrário das *Obras Poéticas* publicadas pela *Bibliothèque de la Pléiade*, sob a direção de Pierre Albouy, à edição dirigida por Massin não é crítica: e nem seria possível que o fosse inteiramente, visto que numerosos textos importantes (*Os Miseráveis* entre eles) não foram ainda editados criticamente, apesar do volume de material reunido para esse fim; esse caráter não-crítico faz também com que certos textos de base não correspondam à data guardada para sua inserção na série (versões posteriores pré-datadas). Massin distingue três períodos na produção desse oceano que é Hugo: período anterior ao exílio (1812-1851: sete volumes), período do exílio (1851-1870: sete volumes), período posterior ao exílio (1870-1885: dois volumes), devendo ser ainda mencionados dois volumes de esboços e escritos diversos. As obras aparecem, em princípio, na sua data de publicação (com exceção das obras póstumas), sendo que no caso das obras de juventude e de exílio a data é a da composição. A unidade das obras é mantida, a despeito da história de sua redação (é o caso de *Os Miseráveis*), salvo raras exceções: deslocaram-se, por exemplo, as coletâneas heterogêneas (*Victor Hugo raconté par un témoin de sa vie*, que não é de Victor Hugo, *Actes et Paroles*, do autor); *Littérature et Philosophie mêlées* aparece duas vezes, primeiramente na data de sua publicação e em seguida na data de publicação dos diversos artigos que compõem a obra; *Odes et Ballades*, coletânea inúmeras vezes remanejada e ampliada, foi atomizada para que se evidenciasse a cronologia. Cada volume compreende uma parte de *obras*, um *caderno de inéditos* e um *dossiê*. Essa tripartição do espaço do volume constitui a originalidade e o mérito do trabalho. No caderno entram os esboços, projetos, obras não imediatamente publicadas; por não poderem ser datados com precisão, acham-se esses textos separados por gêneros (poético, dramático e crítico). Nos dossiês entram os documentos paraliterários, particularmente os de interesse biográfico, que não são necessariamente de Victor Hugo: é o caso de alguns fragmentos da correspondência, que não é reproduzida de maneira integral.

A fórmula de Massin foi assim adaptada a um autor fecundo, diversificado, porém totalmente literário e invariavelmente acessível. A imensidade da correspondência voltairiana e o pequeno volume de obras inéditas impediriam que se editasse um Voltaire à Massin. Fato que em nada compromete a excepcional qualidade textológica das *Obras Completas* de Hugo, qualidade que não possui um outro grande sucesso da edição crítica franco-suíça, as *Obras Completas* de Rousseau da *Bibliothèque de la Pléiade*, monumento de escrupulosa e inerte erudição, com seus volumes desordenados, de notas quase que ilegíveis.

Na realidade, por que editar *Obras Completas*? Para apresentar, de maneira rigorosa, a totalidade dos textos e escritos diversos de um autor, remetendo ao leitor o trabalho de encontrar ali o que procura. Ou ainda para possibilitar uma leitura global, cuidadosamente pré-orientada. Trata-se, em um dos casos, da publicação de uma edição analítica, e no outro, de uma edição sintética. Infelizmente, na maioria das vezes nos esquecemos de definir uma via, a fim de preservarmos um certo ecletismo: a coleção torna-se uma espécie de cartola mágica às avessas, onde é possível colocar de tudo.

1.6.3.3. *Escritos diversos*. Os escritos diversos não são rascunhos ou esboços a serem definidos positiva ou negativamente pela sua textualidade, mas constituem obras de natureza diversa: *juvenilia*, atas, diários íntimos, correspondência, extratos de textos de terceiros, anotações, *marginalia*, etc. É certo que alguns desses escritos, uma vez descobertos, podem adquirir uma importância considerável — é o caso dos *Cahiers* de Paul Valéry; outros, os diários íntimos, por exemplo, servem de fundo para o próprio autor, que vai ali se inspirar — como André Gide em suas *Pages de Journal*. Outros ainda, as *marginalia* ou *extratos*, servem principalmente para dar um tom mais sério e um certo peso à coleção: assim, a sexta seção (Traduções - Extratos - Comentários - Anotações) do segundo tomo da edição das *Obras Completas* de Racine traz 349 páginas que, segundo imaginamos, poucos leitores haverão de ler, já que elas não têm nenhum sentido fora de seu contexto histórico e pedagógico, que não pertencem à textualidade raciniana. Raymond Picard escreve: "Na edição das *Obras Completas* de um escritor, o problema da escolha dos textos parece não se colocar: basta, com efeito, que se reproduza tudo o que o autor escreveu (...). Seria algo de inesgotável a indiscrição do leitor: assim, nossa intenção era imprimir Racine integralmente, mostrar o Racine sublime e o medíocre. Mas tivemos que recuar diante do absurdo: seria então preciso reproduzir inclusive os cadernos do aluno, as anotações infantis, os resumos cansativos? Nenhum editor o fizera antes... por motivos que ficarão bem claros com a leitura de certos textos que, apesar de tudo, acabaram entrando nesta edição"[99]. Inútil acusar o editor científico de submissão ao editor comercial; é o volume que faz o texto.

Dentre os escritos diversos, as correspondências constituem a categoria mais abundante e melhor conhecida, a única que conta com uma documentação a que o leitor poderá remeter-se sem maiores dificuldades[100]. Razão pela qual nos permitimos, aqui, não nos estendermos multiplicando os exemplos.

A edição Théodore Bestermann da *Correspondência* de Voltaire, reunindo 20 mil cartas em 107 volumes, será ainda por muito tempo um modelo de documentação, de estabelecimento de texto e de apresentação. Aqui estão algumas de suas características: ordem cronológica, cartas de terceiros incluídas nos trechos em que se referem a Voltaire bem como as epístolas em verso de Voltaire: relegaram-se os documentos diversos ao apêndice; ortografia antiga mas sem precisão paleográfica, normalizada sem preocupação de sistema (distinção entre *u* e *v*, *i* e *j*, maiúsculas nos começos de frase, etc.); notas em duas colunas ao fim de cada carta, distribuídas de acordo com quatro rubricas: fontes manuscritas, fontes impressas, notas textológicas, comentários. As notas textológicas apresentam unicamente as variantes das diversas cópias ou transcrições, sem fornecer as variantes das edições desprovidas de autoridade. A notação é precisa e obedece a regras de exclusão bem definidas: "não julgamos necessário fornecer informações de ordem geral sobre personagens e acontecimentos que se referem as enciclopédias"[101].

Dificilmente se pode ler uma correspondência sem notação, visto que ela se acha invariavelmente numa situação de comunicação. Estamos falando, portanto, de cartas missivas, verdadeiramente endereçadas a um ou vários destinatários, e não de epístolas, onde a forma aparente da carta é utilizada para fins literários públicos. No gênero epístola, o que existe ainda hoje é a carta-aberta (particularmente a "carta ao editor"). A distinção entre cartas epistolares e cartas familiares, por assim dizer, desapareceu. O editor de uma correspondência moderna tem como tarefa primordial a reunião de escritos dispersos: feito o que, a datação, a notação e indexação constituem outras tantas tarefas consideráveis, de maior importância que o próprio estabelecimento do texto (decifração e transcrição de manuscritos). Esse caráter autêntico e privado não deixa de se fazer sentir na seleção dos escritos, na sua classificação e apresentação tipográfica.

Há cartas — melhor seria dizer bilhetes — que apresentam um conteúdo irrisório (encontros, agradecimentos, etc.) ou obscuro, quando não se compreendem certas alusões ou se desconhecem as respostas. "Sendo uma correspondência um diálogo", afirma Roger Pierrot, "pareceu-nos essencial publicar as cartas endereçadas a Balzac, ao mesmo tempo em que publicávamos as suas próprias. Infelizmente,

---

99. *Op. cit.*, p. 649.

100. *Les Éditions de Correspondances. Colloque, 20 avril 1968*, Publicações da Sociedade de História Literária da França, Paris, A. Colin, 1969.

101. *Ibid.*, p. 15.

não é sempre que podemos encontrar a missiva e a sua resposta"[102]. Por razões de ordem prática, ainda, devem as respostas ser selecionadas. É que as cartas trocadas entre o autor e seus correspondentes são de dimensão e interesse distintos. Romper a ordem estritamente cronológica em proveito da ordem metódica torna-se uma necessidade toda vez que houver um destinatário privilegiado: "O peso desmedido das *Lettres à l'Étrangère*", escreve Roger Pierrot, "seu caráter de diário, nos impediram de retomá-las em nossa edição. Ali poderão ser lidas todas as cartas de Balzac que nos foi possível encontrar, exceto as endereçadas a Mme Hanska, a sua filha e seu genro"[103].

A apresentação tipográfica oferece alguns problemas especiais, por não submeter-se a correspondência manuscrita à minuciosa observação dos limites da composição impressa; ela se serve livremente da expressividade gráfica, bem como dos efeitos de escrita menos convencionais que os desenhos ou caligramas destinados à publicação. O editor da correspondência dos Carlyle observa que estes últimos "freqüentemente sublinham uma palavra duas ou mais vezes, ultrapassando dessa forma a capacidade dos caracteres itálicos. Chegam mesmo a sublinhar com um traço até cinco palavras consecutivas, sublinhando novamente, em seguida, duas vezes a palavra central. O que nos colocava diante de duas alternativas: indicar através de uma nota de rodapé o número de vezes que foi sublinhada a palavra em questão ou explicá-lo entre parênteses logo após a palavra. Decidimo-nos pelo segundo método"[104].

Resumindo, reencontramos aqui a oposição entre representação "diplomática" dos documentos e reprodução tipográfica dos textos com base em uma gramática. Os diversos aspectos da edição abordados neste capítulo acarretam soluções um tanto confusas, por se acharem nos limites do espaço estritamente textológico. Enquanto no século XIX publicavam-se as correspondências unicamente por seu valor literário, a especialização dos estudos literários determina, no século XX, a publicação de cartas de interesse principalmente documentativo: e assim "séries imensas de volumes não mais se destinam à leitura, e sim à consulta"[105].

---

102. Honoré de Balzac, *Correspondência*, editada por Roger Pierrot, Paris, Garnier, 1960-1969, 5 vol., p. xii.

103. *Ibidem.*

104. Charles Richard Sanders, "Editing the Carlyle Letters", na obra editada por John M. Robson, *Editing Nineteenth Century Texts*, Toronto, U.P., 1967, p. 89.

105. Robert Halsband, "Editing the Letters of Letter-Writers", *Studies in Bibliography*, XI (1958), p. 26.

2. Problemas Materiais da Edição dos Textos

2.1. GENERALIDADES

Os livros, jornais, revistas, cartazes, todos os impressos enfim, são produtos manufaturados. Por sua diversidade, eles apresentam problemas de distribuição comercial análogos àqueles colocados pelas peças para automóveis, por exemplo, ou pelos números de telefone; a observação é válida principalmente no caso dos livros que ficam à venda por anos e anos, chegando alguns deles a se manterem durante séculos num mercado de ocasião: já um jornal só se compra com facilidade no dia de sua circulação normal, sendo o encalhe automaticamente destruído. Essa diferença entre periódicos e livros é mais do que conhecida, mas há uma outra diferença, de maior importância econômica, e que funda a distinção entre os setores de edição e de impressão, de que se esquece com muita facilidade: certos tipos de impressos são normalmente comercializados (livros e periódicos), ao passo que outros permanecem normalmente fora do circuito comercial (folhetos, volantes, cartões de visita, etiquetas, etc.). Estes últimos são produtos de intercâmbio social. A lei exige o registro de todo e qualquer impresso destinado ao público; existem, portanto, dois registros legais obrigatórios, o dos editores e o dos impressores.

Os livros *falam* aos leitores enquanto objetos significantes; *falam* também aos profissionais, enquanto objetos significados: aos livreiros, através de seus títulos, aos encadernadores através das marcas que assinalam a ordem das folhas; acresçam-se a estes últimos os compradores, a quem o livro *fala* através das cintas que os envolvem e das manchetes publicitárias. Essa linguagem interessa, em certa medida, à bibliografia, que se empenha por interpretá-la e completá-la. Mas, sem dúvida alguma, é ela algo de misto: sim, porque um nome de autor no começo de um livro, e um nome de impressor no fim (de acordo com o sistema francês*) dizem coisas pouco parecidas a respeito do mesmo livro, e não dizem tudo. O sociólogo, o historiador, o economista, que estudam a produção impressa, encontram nos arquivos uma documentação bem mais vasta, documentação essa que a arqueologia do livro pode apenas completar, na qualidade de ciência auxiliar. O bibliógrafo mantém-se próximo aos objetos concretos que o concernem enquanto indivíduos ou populações.

2.1.1. O FEIÇOAMENTO** DO LIVRO

Estamos habituados a ler na capa e na página de rosto o feiçoamento do livro: título da obra e nome do autor, nome do editor, local e data de publicação. O autor é, por vezes, uma pessoa jurídica, e o editor uma pessoa física: o que não determina nenhuma mudança fundamental no feiçoamento; foi um grave erro o que se cometeu ao excluir-se do Catálogo impresso da Biblioteca Nacional as obras que não traziam nome de autor na capa ou na página de rosto, fossem elas anônimas ou publicadas por uma sociedade qualquer (mas o que interessava era um estado civil legítimo). O feiçoamento sumário constitui aquilo a que se chama *endereço bibliográfico*, acrescido do número de páginas.

Salta à vista a utilidade desse endereço: ele permite que se localize e que se volte a localizar de forma cômoda o objeto procurado. Mas, perguntar-se-á, em que se relaciona esse endereço com o texto? No título, até certo ponto, muito embora dependa a escolha deste último de necessidades particulares e considerações de ordem comercial: o autor permite quase sempre que seu editor o oriente no assunto. Os títulos antigos resumiam ordinariamente o conteúdo da obra: e sua extensão acabava por torná-los incômodos. Os títulos modernos visam combinar uma função de identificação e uma função expressiva: práticos, por serem curtos, eles informam mal sobre o objeto a que se referem.

O endereço bibliográfico destina-se, em primeira instância, ao livreiro e ao comprador. Este primeiro tem necessidade de alguns dados suplementares — preço, peso, volume, difusão — que lhe fornecem os catálogos de editoras e os boletins especializados, ambos periódicos e cumulativos. Em seguida, vem o bibliotecário. Para catalogar seus livros, deve ele levar em conta o volume (determinado no passado pelo formato real do livro e, a partir do século XIX, pelo seu formato aparente — ver 2.3) e, acima de tudo, o conteúdo. Esse conteúdo pode consistir em elementos do endereço bibliográfico (nome de autor, data de publicação, etc.) ou numa classificação metódica extraída do texto. As classificações metódicas remontam a épocas distantes e são as únicas a possibilitarem uma fácil consulta.

---

* É esse também o sistema brasileiro. (N. da T.)

** Em francês *signalement*, que significa "descrição do aspecto exterior de uma pessoa para que se possa reconhecê-la" (Dicionário Robert). O termo empregado por Houaiss nos Elementos de Bibliologia é "feiçoamento", que achamos bastante adequado já que se constrói a partir de *feição*, "forma, figura, jeito ou feitio que as coisas têm". (N. da T.)

O livre acesso volta a introduzir, timidamente, um uso bastante antigo. Cada obra recebe uma cota, em parte metódica, estabelecida segundo um sistema geralmente normalizado para as aquisições recentes. Os sistemas de classificação mais difundidos (Classificação Decimal Universal, Classificação Dewey, Classificação da Biblioteca do Congresso de Washington) constituem linguagens documentárias. A C.D.U. utiliza uma notação numérica e hierárquica para formar palavras que são verdadeiros ideogramas de classificação; ela porém só dispõe de uma sintaxe rudimentar, o que lhe dificulta a formação de frases, indispensáveis à multiclassificação. Como se vê, a classificação de um livro inclui uma análise pelo menos rudimentar do texto, análise que nos permite atribuir-lhe um lugar no espaço metódico da biblioteca: ela entretanto não deve ser desenvolvida, já que o objeto não pode ocupar vários lugares simultaneamente (as remissões aparecerão nos fichários por assunto). Antes de mais nada, a classificação bibliográfica permite indexar para localizar.

A bibliografia sinalética, ao contrário, constitui um ramo da documentação. Ela extrai as articulações semânticas de um livro ou de um artigo para apontá-las aos pesquisadores das mais diversas áreas, aos quais podem estas últimas concernir pelos mais diferentes motivos. Ela se empenha por assegurar a informação interdisciplinar. Que ela empregue ainda processos manuais, ou que venha a automatizar a extração e o tratamento da informação pouco importa: seu objetivo é eliminar os obstáculos à boa transmissão colocados pelas capas ou encadernações de livros e periódicos. E posto que a universalização da análise documentativa seja ainda domínio da *science-fiction*, ela se propõe reunir a multiplicidade dos textos no interior de uma memória cibernética, inscrever um texto único numa única matéria. A bibliografia sinalética indexa com o auxílio de endereços (da mesma forma que um computador): é essa uma necessidade de toda classificação de entrada dupla (conteúdo/continente); mas ela aponta, mais além da aparência do volume e do texto, a presença dos significados que se procuram. Ela negligencia a materialidade do suporte e do texto.

2.1.2. BIBLIOFILIA E BIBLIOGRAFIA MATERIAL

Há os que escrevem, concebem, fabricam, distribuem, vendem, compram, consultam, folheam e até mesmo lêem livros. E há os que amam os livros: estes são os bibliófilos. Dentro de uma série de objetos impressos, papel de parede, cartas de jogar, selos, cartazes, etiquetas, tickets, eles colecionam os livros.

O livro tem a complexidade de todo objeto cultural. Produto das artes gráficas, seu interesse está no papel, na tipografia, nas ilustrações, na encadernação, e o que atrai, aqui, o colecionador são os objetos especialmente criados para ele ou os exemplares de luxo de tiragem limitada, que tragam, por exemplo, gravuras *avant la lettre* (impressas anteriormente à gravação, sobre a placa de cobre, do texto das legendas; essa omissão garante a anterioridade da tiragem, e portanto a qualidade da impressão, já que a gravação em cobre é bastante frágil); ou ainda papel arroz, papel linho, etc. (além de sua beleza, os papéis especiais garantem uma melhor conservação do livro: foi a má qualidade dos papéis celulósicos que determinou uma grave deterioração na maior parte dos exemplares comuns que vinham do século XIX). Testemunho do passado, o livro impressiona o colecionador pela raridade e/ou valor do texto que veicula. Tudo isso nos parece bastante legítimo.

Não há dúvida de que certos bibliófilos se deixam seduzir pelos *ex-libris* ou encadernações inautênticas, assim como há os que pendem para os produtos *clube* de má qualidade. Os bons conhecedores, no entanto, são sensíveis ao valor cultural ou textológico dos livros-objetos, fator esse que lhes determina a cotação no mercado. Tudo aquilo que possa ter interesse para o bibliófilo não interessa ao textólogo: ambos porém estão unidos pela sua comum preocupação pelo texto. Pois muito bem, o texto liga-se a um suporte: suporte que pode mudar mas não faltar. Essa relação explica a importância atribuída às edições originais e às edições revisadas pelo autor. A maior parte das bibliografias de autor publicadas na França foram compiladas por bibliófilos — algumas ainda por bibliotecários — mas sempre em função dos aficionados; elas vinham assim completar a coleção particular do compilador, graças às grandes coleções públicas. Apesar de suas insuficiências, essas bibliografias são de utilidade para aficionados e livreiros. Estará equivocado o editor de texto que vier a reprová-las por não terem se saído melhor num trabalho que na realidade lhe compete a cada nova edição.

Efetivamente, a bibliografia material tem sua origem na bibliografia tradicional e na bibliografia dos incunábulos (obras impressas anteriormente a 1500). Os inventários e descrições de incunábulos alcançaram, no século passado, uma excepcional precisão, isso por duas razões: há numerosos exemplares que são únicos ou mutilados, tornando-se possível, com a limitada difusão da imprensa, que se façam levantamentos completos dos impressores e fundidores de tipos. O trabalho que realizaram dezenas e dezenas de eruditos, a respeito do livro do século XV na Europa Ocidental, certamente teria exigido equipes muito mais numerosas para os séculos que se seguiram. O desenvolvimento da bibliografia material na Grã-Bretanha e posteriormente nos Estados Unidos se deve ao prestígio dos estudos shakespeareanos e elizabetanos.

2.1.3. BIBLIOGRAFIA MATERIAL, ARQUEOLOGIA DO LIVRO E TEXTOLOGIA

Durante muito tempo, a bibliografia material atribuiu-se um duplo objetivo: "servir de base à análise do método de publicação, que está diretamente ligada às relações entre os textos e a sua transmissão; fornecer ao leitor um número suficiente de informações, de modo a possibilitar-lhe a identificação, nos livros que porventura venha a ter em mãos, seja de membros de um estado, de uma emissão, de uma impressão e de uma edição precisas do "exemplar ideal" mencionado, seja das variantes não assinaladas, que exigiriam uma descrição bibliográfica mais prolongada". A definição de Fredson Bowers mostra que, em 1949, o porta-voz da bibliografia "analítica" americana[1] mantinha-se fiel ao público dos bibliófilos, esperando, em troca, a chance de poder colaborar no estabelecimento de seus textos. A progressiva minúcia das análises bibliográficas permitiu a reconstituição, por indução, das antigas técnicas de fabricação. Embora não houvesse consciência disso, o que se fazia era uma arqueologia, mas se esquecia de que os documentos de arquivo poderiam apresentar maior quantidade de fatos, fatos na maioria das vezes indiscutíveis: na realidade, ambas as abordagens devem se completar. Não há dúvida de que a história material do livro em língua francesa evidencia o fenômeno da censura e da contrafação durante os séculos do Antigo Regime.

Por uma progressão necessária, a análise bibliográfica leva à crítica textológica. Na verdade, o endereço bibliográfico só descreve materialmente o formato e o número de páginas; a descrição bibliológica acresce esses dados de alguns detalhes diferenciais (distribuição das palavras na página de rosto, erro de paginação, presença ou ausência de uma vinheta, etc.); a descrição analítica precisa a arquitetura do livro folha por folha (N.B.: "folha" deve ser aqui entendida como folha inteira, por exemplo de 56 cm × 72 cm, que dobrada n vezes dará $2n$ folhas) e lhes aponta as irregularidades, que *podem* introduzir variantes textológicas. Na medida em que a filiação textológica se encontra freqüentemente relacionada a uma filiação material de edições, é a história bibliográfica que lança as bases da história do texto.

A bibliografia material não passa de uma técnica auxiliar da história e da textologia; ela, porém, encontra sua razão de ser própria em uma bibliofilia renovada, que passou a ser de maior rigor, mas cuja finalidade permanece obscura. Vimos fazendo bibliografia pela bibliografia, como se um saber pragmático pudesse adquirir um estatuto científico independente de qualquer teoria. O bibliógrafo, segundo Fredson Bowers, descreve o livro sob todos os seus aspectos e da forma mais completa possível; o que é louvável desde que se definam modelos descritivos para cada um desses aspectos, e condenável se assim não for. Ora, numerosos preceitos de descrição são arbitrários e se prendem a uma tradição bibliológica quase que injustificável[2]. Apresentaremos aqui, sem dogmatismos e dentro de uma perspectiva prática, a incontestável contribuição da escola anglo-saxônica, aplicando-a aos problemas e exemplos do campo francês no período "clássico" da imprensa, 1550-1800, o menos pouco conhecido. Procuraremos evidenciar as regras de descrição metódica e os procedimentos de identificação, fornecendo alguns elementos necessários à sua compreensão.

---

1. Fredson Bowers, *Principles of Bibliographical Description*, 1. ed., Princeton University Press, 1949, p. 23 (nossa tradução). Bowers deplorava recentemente essa associação demasiado estreita e mal formulada com a bibliografia ("Bibliography Revisited", *The Library*, 1969, p. 117).

2. É essa também a opinião de David F. Foxon, *Thoughts on the History and Future of Bibliographical Description*, School of Library Services, U. C. L. A., Los Angeles, 1970, 31 p.

2.2. O ESTUDO MATERIAL DOS MANUSCRITOS

Os livros manuscritos da antigüidade colocam problemas materiais relativos à escrita e ao suporte. A paleografia estuda a história das escritas, a codicologia, a história dos livros manuscritos. A transliteração dos manuscritos gregos na época bizantina deu origem a alguns erros característicos: numa menor escala, vimos (1.4.5.A.) que o desaparecimento do s longo e do til determina erros específicos na reprodução dos impressos anteriores à Revolução. Também os suportes sofreram danos cuja descoberta tem justificado, por vezes, algumas reconstituições brilhantes: os buracos feitos por pequeninos bichos chegaram muitas vezes a destruir letras ou palavras de manuscrito que um copista subseqüente teria procurado reparar da melhor maneira possível, na base da conjetura, ou que simplesmente teriam sido deixadas em branco; a regular incidência das perturbações na transmissão evidencia a origem material destas últimas. Em um códice, isto é, um livro manuscrito, várias folhas dobradas ao meio são inseridas umas nas outras para formar um caderno: pois muito bem, uma folha deslocada ou mal dobrada torna inteligível a seqüência do texto. O fato ocorria com freqüência nas oficinas em que ficava o trabalho de cópia a cargo de diversos operários. A codicologia material aborda assim problemas semelhantes ao da bibliografia material, o que não deve causar admiração, visto serem as condições de produção manufatureira bastante próximas em ambos os casos. Aplicam-se a paleografia e a codicologia materiais a certas coletâneas ou livros manuscritos modernos. Um manuscrito do *Paradoxo sobre o comediante*[3]* apresenta três níveis textológicos, que diferem pela tinta e pela posição: o primeiro texto, escrito de forma regular, apresenta uma única correção (trata-se do corte de algumas palavras no alto da página 25, palavras que figuram no alto da página 13); Naigeon, que havia preparado inicialmente um caderno de seis folhas, dobradas ao meio em duas partes e encartadas umas nas outras, constata que precisa de algumas folhas a mais para terminar seu manuscrito e acrescenta então ao caderno três novas folhas, passando assim o número total de folhas de doze a dezoito; os dois outros níveis textológicos constituem, na realidade, uma única instância: são assinalados nas interlinhas os pequenos acréscimos ou correções, e nas margens as emendas mais longas. Assim é que, em seu estudo do manuscrito, Joseph Bédier emprega alternadamente argumentos paleográficos e codicológicos[4].

O exame de diversas escritas e de papéis (sobretudo das linhas d'água) possibilita muito freqüentemente que se coloque na ordem cronológica os manuscritos não datados e que se estabeleça sua autoridade relativa[5]: a evolução de uma escrita permite situar no tempo

---

3. Biblioteca Nacional, Ms. N. F. 10 165.
* De Diderot. (N. da T.)
4. Joseph Bédier, *Études Critiques*, Paris, A. Colin, 1903, pp. 81-112.
5. Ver a respeito: Paul Vernière, *Diderot, ses manuscrits et ses copistes*, Paris, Klincksieck, 1965 e René Journet e Guy Robert, "Le Manuscrit des 'Misérables'", *Les Belles Lettres*, Paris, 1963 (*Annales Littéraires de l'Université de Besançon*, vol. 61).

certos documentos problemáticos, e isso com um grau de certeza superior ao alcançado na verificação radiográfica de uma moléstia crônica e incurável, basta que se tenha em mãos um número suficiente de documentos de comparação datados[6]. Os editores de correspondência têm necessariamente um bom conhecimento das escritas com que trabalham; esse conhecimento intuitivo, porém, não diz respeito à paleografia.

O exame paleográfico dos dois *Manuscritos* dos *Pensamentos* de Pascal que foram conservados permitiu que Jean Mesnard impulsionasse o estudo do mais controvertido dos textos modernos. O "Primeiro Manuscrito" "constitui-se de cadernos bastante desiguais, indo de 2 a 12 folhas. Por que essa diversidade? Simplesmente porque se destinou a cada caderno a tarefa de apresentar, exclusivamente e sem nenhum encavalamento, um dos grupos de fragmentos que outros critérios já nos haviam permitido distinguir. Para um grupo importante, caderno importante; para um grupo mais curto, uma simples folha dupla. Se a letra se torna apertada no fim do caderno, é que o número de folhas havia sido calculado quase que exatamente. Se, ao contrário, várias páginas aparecem em branco, é que o número de folhas previsto era excessivo, ou então a pequena extensão do fragmento não permitiu que se ocupasse nem mesmo uma folha dupla, que constitui o menor dos cadernos possíveis"[7]. O "Segundo Manuscrito" já não apresenta tais particularidades: ele possui uma autoridade autônoma no que se refere aos detalhes, mas não no que se refere à ordem do texto. Quanto a essa ordem, que nunca foi definitivamente estabelecida, atestam-na parcialmente os maços de papel que logramos localizar a partir das observações de Tourneur, Couchoud e Lafuma; não devem esses maços ser confundidos com dossiês, como o fez Lafuma, uma vez que sua função era unir folhas soltas, de acordo com a prática da época: "o último pedaço de papel alinhavado, que fica portanto na parte de cima, é quase sempre apenas uma folha volante trazendo um título. Pois bem, essas folhas com títulos escritos por Pascal, de próprio punho, foram conservadas entre os originais dos *Pensamentos*; numerosos fragmentos, apesar de aparados para serem colados no álbum onde até hoje se encontram, conservam a marca dos furos de agulha"[8]. A ordem das diversas partes do manuscrito dos *Pensamentos* só pode ser imposta por conjetura, e abusivamente, visto que o conjunto nada mais é que um rascunho: a ordem dos cadernos 1 a 28, ao contrário, é provada pelos vestígios materiais subsistentes.

O interesse comercial, unido a uma certa preocupação pela própria imagem, levou uma série de editores do século XIX a remanejar — munidos de tesoura e cola — os arquivos de onde pretendiam extrair determinadas partes. Pois muito bem, todas as vezes em que foram

---

6. Ver Thomas H. Johnson, "Establishing a Text: The Emily Dickinson Papers", *Studies in Bibliography*, V (1952-53), pp. 21-32.

7. Jean Mesnard, "Aux origines de l'éditions des "Pensées: les deux copies", na coletânea coletiva *Les "Pensées" de Pascal ont trois cent ans*, Clermont-Ferrand, Ed. G. de Bussac, 1971, pp. 9 e 10.

8. *Ibid.*, p. 4.

tais operações executadas de forma minuciosa, tendo sido conservados cortes e folhas restantes, foi possível juntarem-se novamente os pedaços esparsos do puzzle. Assim, após haver destacado, com o auxílio de vapores, as colagens feitas por Charlotte Barret (a fim de ler o que estava escrito no verso) nos manuscritos pertencentes à Biblioteca Pública de Nova York, após tê-los fotografado, após ter fotografado ainda as folhas restantes, pertencentes ao British Museum de Londres, uma equipe da Universidade McGill conseguiu reconstituir em Montreal parte da correspondência de Fanny Burney[9].

A restauração de um texto por meio de processos materiais é menos sedutora para o espírito do que a pura conjetura verbal, e a indução o é menos que a intuição. Mas a análise material bem orientada pode fornecer provas muito mais sólidas, já que se baseia em testemunhos independentes do texto e seu suporte.

Os filólogos não contam com um termo correspondente ao de bibliografia material. Alphonse Dain, que reconhecia nos argumentos materiais uma força demonstrativa superior, e que foi o criador da palavra *codicologia*, nos dá desta última a seguinte definição:

> história dos manuscritos, história das coleções de manuscritos, pesquisa da situação atual dos manuscritos, problemas de catalogação, repertórios de catálogos, comercialização dos manuscritos, sua utilização, etc. Já o estudo da escrita e das condições materiais da escrita, da confecção do livro e de sua ilustração, bem como o exame de sua "arquitetura" concernem, a nosso ver, à paleografia[10].

Poder-se-ia, assim, falar numa paleografia material, não fosse o caráter quase tautológico da expressão, uma vez que todo e qualquer sinal escrito é material: o significado de um grafema é sua inscrição em relevo ou em rebaixo sobre a superfície de um suporte. Não ignoramos que é possível determinar a orientação arbitrária das filiações textológicas, de forma rigorosa, pela comparação unicamente das diferenças materiais; não ignoramos também que os erros de cópia os mais materiais — salto para o mesmo, sinonímia contextual — são os mais convincentes.

2.3. RUDIMENTOS DE HISTÓRIA DAS ARTES E TÉCNICAS DO LIVRO

Para o estudo dos textos, será suficiente distinguirmos na história das artes e técnicas do livro dois períodos: o artesanal e o industrial.

O período artesanal conheceu uma evolução contínua porém bastante lenta. A prensa de madeira, os tipos móveis de impressão, o papel feito à mão pouco mudaram. Talvez por terem sido mais suscetíveis de transformações do que os aspectos técnicos, as con-

---

9. Joyce Hemlow, "Letters and Journal of Fanny Burney: Establishing the Text", em D. I. B. Smith, *Editing Eighteenth-Century Texts*, University of Toronto Press, 1968, pp. 25-43.

10. Alphonse Dain, "Les Manuscrits", *Les Belles Lettres*, 2. ed., 1964, p. 77.

dições sócio-econômicas de exploração apresentam três fases no seu processo evolutivo: difusão, vulgarização, concentração. A invenção difunde-se rapidamente durante o século XV, mas a imprensa só irá tomar consciência de sua independência em face da tradição do livro manuscrito de forma paulatina; na primeira metade do século XVI, ela institui suas normas próprias (forma dos tipos, paginação, etc.). A partir de 1550 (ou de 1520, sob uma série de aspectos, e sobretudo na Itália, de onde vêm as inovações) tem início sua era clássica, que na França haverá de prolongar-se até a Revolução. Finalmente, uma época de transição, que vai, entre nós, de 1790 a 1820 em linhas gerais, marca o início de uma produção manufatureira e a adoção de novas técnicas (que não aparecem, bem entendido, numa ordem racional): tintagem com rolo, prensa metálica e de retiração (permitindo imprimir simultaneamente os dois lados de uma folha), normalização das medidas tipográficas, fixação da composição, etc.

O período industrial vigora ainda. Vieram beneficiar o livro certas transformações introduzidas no processo de produção, transformações essas determinadas pelas próprias necessidades do sistema tipográfico, notadamente no que se refere à composição (composição mecânica, em seguida compositoras-fundidoras e finalmente fotocompositoras). As inexpressivas tiragens do livro francês contemporâneo (1 000 a 10 000 exemplares, em média) impedem, contudo, o emprego do papel em bobina e da rotativa, da justificação eletrônica e da brochagem sem costura, salvo para as verdadeiras coleções de livros de poche (são pelo menos uns trinta mil exemplares — a maior parte das coleções só possuindo a aparência do formato poche). Evidencia esse descompasso do livro relativamente ao jornal o sutil deslocamento da palavra *imprensa*, originalmente designativa de todos os impressos tipográficos, e que hoje em dia se aplica tão-somente aos periódicos saídos das rotativas. A generalização do processo de reprodução fotomecânica, fotoelétrica, etc., não deixa dúvidas porém quanto ao fato de que a história do livro está entrando em um terceiro período.

2.3.1. O PERÍODO ARTESANAL

A oficina tipográfica recebe um manuscrito e a encomenda do editor: um número determinado de exemplares (número que vai, em média, de 1 000 a 2 500); o trabalho compreende duas operações: 1) estabelecimento de uma cópia do manuscrito em tipos móveis de fundição, 2) impressão da mesma cópia metálica sobre tantas folhas de papel quantos forem os exemplares encomendados (pelo menos em termos gerais).

À primeira das operações se dá o nome de composição. O operário que realiza esse trabalho dispõe 1) de um jogo de tipos dispostos nos compartimentos de uma caixa inclinada, a caixa dos tipos; 2) de um componedor, espécie de régua ajustável, em que ele deverá colocar os tipos para fazer uma linha; 3) de uma galé ou tabuleiro, onde entrará o número de linhas necessário para a confecção de uma página; 4) de uma rama ou tabuleiro maior, onde ele deverá dispor o número de páginas necessário para a impressão de um lado de folha.

A segunda operação é chamada impressão. Trabalham dois operários na impressora. Esta compreende duas partes móveis: um carro, movido horizontalmente, e uma platina, movida verticalmente. No carro coloca-se a rama sobre a qual deverá ser tombada uma folha em branco, presa a um chassi. Leva-se, em seguida, a rama para sob a platina que será lentamente abaixada e fortemente comprimida contra a primeira. Para que se obtenha uma impressão regular, é necessário que haja muita pressão, daí a necessidade de se repetir a operação: primeiramente, é a platina levada até uma metade da rama, e depois até a outra metade. O processo clássico de impressão é por esse motivo chamado impressão de ciclo duplo. Um operário — que é quase sempre o mais experiente — ocupa-se com a manobra do carro e com o rebaixamento da platina, enquanto um outro coloca no seu devido lugar e em seguida retira a folha de papel, procedendo ainda à tintagem da rama com o auxílio de um entintador.

Composição e impressão constituem, ainda hoje, os dois momentos fundamentais da fabricação do livro; a impressão, porém, tendo, se automatizado, já não exige mais que alguns minutos para determinados processos, quando ambas as etapas tomavam, a duas equipes de dois operários cada uma, uns trabalhando na composição, outros na impressão, um mesmo espaço de tempo. Para exercer sua atividade, necessitava o impressor do concurso de outros setores profissionais: do fundidor de tipos e do gravador de madeira ou de cobre, do fabricante de papel e finalmente do brochador ou encadernador. Para o textólogo, a quem a história do livro interessa desde o estudo arqueológico dos traços materiais, tanto os tipos como as gravações, o papel e a brochagem podem fornecer indícios primordiais. Assim, examinaremos aqui cada aspecto da fabricação sob esse ângulo: composição, ornamentação (e gravação), imposição, papel, impressão, correção, distribuição dos tipos, brochagem (e encadernação).

A composição. Consiste na disposição de signos ou tipos (letras, números, símbolos diversos e espaços em branco) de forma a possibilitar a confecção de páginas. Deixa três tipos de vestígios: forma dos tipos, maneira de dispô-los segundo "normas" da oficina tipográfica, variações individuais do operário.

Os tipos são fabricados por um fundidor: trabalhando com o auxílio da punção, este produz matrizes sobre as quais irá verter a mistura, à base de chumbo e antimônio, de que são feitos aqueles primeiros. O fundidor coloca à disposição de sua clientela catálogos ou *provas de tipos* de seu estoque. Ora, algumas dessas provas foram conservadas[11]. Assim, com um pouco de boa vontade e também de sorte, é possível que se identifiquem os tipos que entraram na composição de um determinado livro. Será preciso levar-se em conta, porém, que as punções do século XVI foram utilizadas até meados do século XVIII; e que o comércio dos tipos acabou ultrapassando

---

11. Ver Marius Audin, *Les livrets tipographiques des fonderies françaises créées avant 1800*, Paris, 1933 (reimp. Amsterdam, 1964) complementada por E. Howe, *Supplément aux livrets tipographiques des fonderies françaises*, Amsterdam, 1964.

as fronteiras nacionais, pelo menos no caso das firmas mais importantes. Em contrapartida, é possível reconhecer e até mesmo identificar certos tipos de difusão bastante limitada, fabricados nas Províncias Unidas (Holanda e Bélgica): sua utilização revela uma origem comum e quase sempre uma contrafação.

Os processos ou regras tipográficas se propagaram pela Europa com a difusão da imprensa. Essas regras seguiam, de início, as práticas das *scriptoria* ou oficinas de fabricação de livros manuscritos, isso tanto para a apresentação quanto para certas indicações de margem especialmente destinadas aos encadernadores. O emprego regular, de 1550 até a Revolução, de ornamentos gravados de forma retangular ("bandeaux") sobre a primeira página do texto remonta à ornamentação bizantina. A numeração das folhas e sobretudo a dos fólios (tendo por finalidade indicar sua ordem ao encadernador), a repetição ao pé da página da última palavra escrita na mesma página ("reclamo" — tendo por finalidade evitar omissões ou repetições no caso de ser o trabalho de cópia dividido em partes iguais (*a la pecia*) entre vários copistas), o *explicit* ou *cólofon* (fornecendo, ao término do livro, aquilo a que chamamos endereço bibliográfico, acrescido por vezes de um termo de impressão), o título corrente (retomado, no alto da página, do título da obra ou de uma das partes da obra) provêm da tradição medieval. As principais inovações da imprensa consistiram no seguinte: página de rosto (Itália, início do século XVI), numeração das páginas ("paginação"), oposição romanos/itálicos. É interessante observar que o emprego da tinta vermelha, uma prática herdada dos rubricadores medievais, que usavam essa cor de tinta para escrever seus títulos e rubricas, terminado o trabalho do copista, conservou-se na Holanda por todo o século XVIII (a tinta vermelha dos livros franceses é menos pigmentada, mais amarelada: nota-se a diferença a olho nu).

Como se vê, os mesmos princípios foram adotados nas oficinas da Europa Ocidental. Os detalhes das práticas, no entanto, variaram no espaço e no tempo. E era justamente a percepção global dessas práticas o que permitia aos Brunet, aos Quérard e outros bibliógrafos do século passado, afirmar que um livro pretensamente impresso em Amsterdam era, na realidade, produto de uma oficina parisiense ou rouenense. Essas afirmações, quase sempre corretas, mas por vezes gratuitas e até mesmo erradas, devem ser verificadas para que se decida sobre as edições de um mesmo ano (*Cartas Persas*, *Cândido*, etc.). O primeiro trabalho de caráter geral abordando o problema se deve a Robert A. Sayce[12], que observa os seguintes critérios: assinaturas, reclamos, paginação e datação. Mas seria conveniente atentarmos ainda para os títulos correntes e a ornamentação.

As assinaturas são a codificação alfanumérica apresentada ao pé de certas páginas, codificação essa que depende do modo de impo-

---

12. Robert A. Sayce, "Compositorial practices and the localization of printed books, 1530-1800", *The Library*, 1966[1], pp. 1-45.

Alguns complementos em G. Parguez, "Essai sur l'origine lyonnaise d'éditions clandestines de la fin du XVIIe siècle", em *Nouvelles Études lyonnaises*, Genebra-Paris, Droz, 1960, pp. 93-130.

sição (ver mais adiante). De maneira geral, empregava-se para o texto o alfabeto latino de 23 letras, eventualmente dobrado, seguido de um algarismo romano ou arábico: *"Aij", "Cciij"*, etc. Por volta de 1720, uma assinatura como *Aiiij* haveria de sugerir Paris, e *A4* Rouen. Para as preliminares, o processo parisiense (muitas vezes imitado na província) se distinguia pelo alfabeto das vogais *ā, ē, ī, ō, ū*, dobrado quando preciso *āā, ēē*, etc.[13]

Em um livro inglês ou holandês, os reclamos aparecem geralmente a cada página; num livro francês, somente em fim de caderno. Quando em 1738 — em Haia — em seguida à assim chamada "proscrição" dos romances, Pierre Gosse imprimiu o segundo tomo da obra *Le Bachelier de Salamanque*, de Lesage, todos os seus esforços se dirigiram no sentido de aparentá-lo ao primeiro, a ponto de ter ele feito uso da mesma ornamentação empregada por Gabriel Valleyre dois anos antes em Paris: seria o caso de se pensar numa produção clandestina francesa, não fossem os reclamos, que aparecem a cada página (bem como as assinaturas com algarismos arábicos e acessórios como as vinhetas em ponta (*culs de lampe*) de motivos florais, totalmente fora de moda na França) a autenticar o endereço assinalado na página de rosto.

A paginação, que aparece no alto da extremidade externa no livro francês, ocupa na Alemanha e na Inglaterra uma posição central, com os números entre colchetes, parênteses ou ornamentos os mais diversos. Na França, a primeira página é marcada com um *"I"*, na Holanda com um *"Pag: I"*; pelo menos são essas as formas que aparecem com mais freqüência.

A datação em algarismos arábicos é uma prática tardia na França, onde normalmente se imprime: *M. DCC. XLVII*. O uso de *CI* em lugar de *M* não é francês (no século XVIII); o que não impede que a forma apareça em obras clandestinas de endereços fictícios: "Eleuterópolis", etc. A datação nos parece um critério menos seguro, em virtude de ser endereçada ao público: já as assinaturas e reclamos são notados unicamente pelos profissionais a que se destinam.

Na maioria dos casos, por uma questão de comprimento e estética, é o título corrente repartido entre o verso e a frente de duas páginas consecutivas. Esse tipo de disposição coloca um problema com relação à última página do texto, normalmente impressa no verso: o título corrente fica incompleto. O que se pode remediar complementando, abreviando ou ainda acrescentando um "etc." à parte do título no verso. Este último procedimento nos parece ser holandês, mas carece de verificação a afirmativa.

As variações individuais de um operário de tipografia podem possibilitar a identificação de seu trabalho. São de dois tipos essas variações: lingüísticas e tipográficas. Até meados do século XVIII, gozam as grafias de liberdade suficiente para que se evidenciem as preferências individuais. Pelo seu modo de escrever o pronome *lui*, pudemos distinguir dois operários trabalhando na segunda edição do

---

13. Observe-se ainda o emprego de um asterisco diante de uma assinatura para indicar um cartão no século XVIII e a indicação do tomo à esquerda na linha de assinatura, indicação essa acrescentada à primeira assinatura de cada caderno para as obras em vários tomos: *"Tomo I.   A"*.

Diabo Coxo: encontramos ali uma forma *"lui"* e uma forma *"luy"*[14]. As variações tipográficas provêm das diferenças entre as caixas tipográficas: cada operário tem a sua caixa, onde guarda tipos de idade e estado de conservação diversos. Quanto mais caros forem os tipos de fundição, e mais limitado o estoque, mais fácil se torna a identificação de uma caixa; o que é bastante evidente no caso dos itálicos, pouco empregados, em que se poderá observar inúmeras disparidades até por volta dos anos 1730. Os títulos correntes, por exemplo, eram quase sempre compostos em caracteres itálicos e conservados, após a impressão de uma folha, para que pudessem ser reutilizados[15]. Assim, quando é o trabalho de composição distribuído entre dois operários, a alternância regular dos títulos correntes muitas vezes deixa vestígios dessa divisão. A identificação no texto de caracteres avariados foi empregada dentro dessa mesma finalidade[16]; o procedimento é de utilidade para o século XVI e o início do século XVII por duas razões: menor resistência das ligas metálicas e divisão do trabalho de composição não por folha (conjunto de duas ramas, uma delas utilizada para a frente, a outra para o verso) mas por rama e mesmo por parte de rama[17].

A ornamentação. Herança da tradição manuscrita, a ornamentação constitui um problema de paginação: seu lugar pode ser nas páginas de rosto, nas páginas divisórias do texto, em começo (filetes, frisos) e fim de capítulo (vinhetas em ponta). Os ornamentos são feitos à base de ligas de chumbo ou então de madeira. Os gravados sobre madeira formam, evidentemente, peças únicas, feitas à mão. Algumas dessas peças foram porém copiadas com bastante habilidade, e só uma comparação minuciosa permite distingui-las das cópias. Quanto à resistência, cada uma delas chegava a duzentas mil impressões em média; assim é que vamos encontrar os mesmos ornamentos ao longo de enormes períodos. Quando, para sorte do pesquisador, a madeira se fende na secagem, certas avarias aparecem nas impressões; nesse caso, a comparação possibilitará um levantamento de datas. Já os ornamentos de fundição são fabricados em série e sua identificação coloca as mesmas dificuldades existentes no caso das letras. Não obstante, costumava-se fazer à mão frisos e vinhetas em ponta, unindo-os depois na quantidade necessária; chegava-se mesmo a misturar vários

---

14. R. Laufer, *Étude de bibliographie matérielle* em *Le Diable Boîteux* de Lesage, Paris, Mouton, 1970, pp. 55-58. As diferenças devidas às caixas tipográficas são estudadas em seguida.

15. Martin Dominique Fertel escrevia, em 1722, em *La Science Pratique de l'imprimerie*: "Deve-se tomar tento em retirar, de todas as ramas a serem distribuídas, os títulos-correntes do alto das páginas, assim como os dos capítulos, artigos, seções, etc., as assinaturas, as vinhetas e, de maneira geral, tudo aquilo que possa ser útil para a seqüência da composição de uma mesma obra, o que se deverá transportar para uma galé especialmente destinada a esses elementos" (p. 194).

16. Em particular por Charlton Hinman, no seu monumental *The Printing and Proof-Reading of the First Folio of Sheakespeare*, Oxford, Clarendon Press, 1963, 2 vol.

17. A prática francesa anterior ao século XVIII não foi ainda estudada.

ornamentos para completar a justificação (comprimento de uma linha de composição). Essas combinações ganham assim um elevado grau de identificação, tornando-se sua descrição sumária bastante simples, ao contrário do que acontece com a madeira gravada. Voltaremos a esse ponto ao tratar da descrição.

Sabe-se que o século XVII foi a idade de ouro das gravações em madeira. A ornamentação do livro francês nos séculos XVII e XVIII é de qualidade inferior, apesar de certas tentativas de restauração levadas a efeito[18]. A gravação em cobre alcança, no século XVIII, um grande refinamento, porém a fragilidade do metal (cerca de mil impressões de boa qualidade para um total de três mil) acaba por impedir seu emprego na ornamentação, tanto mais que a espessura delicada do cobre exigia uma tiragem com impressora especial, diferente da utilizada para o texto ou, como se costumava dizer, para a letra. No que se refere às ilustrações extratexto, são bastante medíocres nos livros franceses comuns dos séculos XVII e XVIII, isso mesmo quando o cobre chega a suplantar a madeira; uma reprodução holandesa é, dessa forma, quase sempre melhor, tecnicamente, que um original francês. Pode-se acompanhar a história de uma gravação em cobre atentando para o grau de desgaste e os reparos sumários por rachadura, que constituem, no mais das vezes, o objeto desta primeira. A inversão de uma imagem gravada trai a inabilidade ou a pressa com que foi feita a cópia[19]. Indiquemos finalmente uma maneira empírica de se reconhecer se foi uma vinheta qualquer gravada em cobre: a pressão de uma superfície fina sobre o papel provoca ali uma depressão que enquadra a vinheta em rebaixo, nas proporções da chapa de cobre (que é geralmente menor que a página, por uma questão de economia). Já a chapa de madeira gravada, por ser impressa juntamente com a letra, não poderia deixar no papel uma tal depressão.

A imposição. Consiste numa certa disposição das páginas na rama de modo a possibilitar — uma vez impressas as folhas de ambos os lados, e posteriormente dobradas e cortadas — o bom encadeamento daquelas primeiras. A imposição determina o formato real, que é, na época clássica, função da dobragem e do corte e não das dimensões finais da página no livro brochado, dimensões que pouco variam para um mesmo formato. Para os formatos grandes, a imposição é algo de bastante simples: num in-fólio, onde a folha impressa é dobrada uma única vez, dando duas folhas de livro ou quatro páginas, coloca-se na primeira rama as páginas *1* e *4*, e na segunda rama, chamada de retiração, as páginas *2* e *3*. Para a retiração da folha, devemos virá-la. Será preciso que se tenha em mente esse detalhe quando da leitura das pranchas de imposição que aparecem mais à

---

18. Feitas por Jean-Baptiste-Michel Papillon, cuja obra *Traité historique et pratique de la gravure sur bois*, Paris, Simon, 1766, 2 vol., é ainda hoje precisa.

19. O manuscrito caligráfico dos *Contos da Mãe Pata* de 1695 traz ilustrações originais, que reproduzem, invertendo-as por vezes, as gravuras da edição impressa de 1697. Gilbert Rouger observa o fato na sua edição dos *Contes* de Perrault, Garnier, 1967, p. LXVII, o que não o impede de julgar o manuscrito "suspeito" e as variantes despidas de "interesse".

frente. Vira-se a folha segundo o eixo vertical, e da direita para a esquerda, para o in-fólio, in-4, in-8, e in-18, e segundo o eixo horizontal, de cima para baixo, para o in-12 e in-16.

Há vários formatos que comportam variantes, e acima de tudo o in-fólio, para o qual se empregam comumente duas ou três folhas por caderno, folhas essas que são encartadas, isto é, inseridas umas nas outras. No in-fólio de três folhas, a frente da primeira apresenta as páginas *1* e *12*, a da segunda as páginas *3* e *10*, e a da terceira as páginas *5* e *8*; o método, evidentemente, é preferível para a brochagem. No geral, se fazem dois tipos de in-12: no in-12 dito à francesa, o terço inferior da folha, cortado após a impressão e dobrado, forma um cartão ou "dobra a cavalo" que se encarta no meio do caderno principal; no in-12 dito à holandesa, a dobra a cavalo se coloca no fim do caderno. Ao lado da imposição normal em folha inteira, emprega-se notadamente para todos os formatos (com exceção do in-fólio) um processo de imposição em meia-folha: isso significa que uma folha inteira é imposta, mas que o mesmo texto é composto duas vezes e disposto de tal maneira que a metade da folha (cortada na altura da primeira dobra da imposição em folha inteira) contém o texto completo[20]. É esse o processo usado para as preliminares* e fim de livros[21]

O compositor dispõe cada uma das páginas nas duas ramas usadas para a impressão de uma folha. Para comodidade do encadernador, ele coloca ali certas assinaturas: a letra indica a ordem dos cadernos, e o número o modo de dobragem (por convenção, o número *1* não entra). A folha do in-12 a cavalo por fora (à holandesa) traz duas letras (convenção que evita sejam confundidos os dois tipos de in-12), o mesmo acontecendo com numerosos in-18 e outros formatos menores. Para a dobragem, deve-se deitar a assinatura única (a primeira do caderno) contra a mesa em que se trabalha, à mão esquerda. Em seguida, se deve ir tombando (ou encartando, se for o caso) a assinatura de letra idêntica e número superior sobre a primeira, segunda

---

20. No formato in-12, faz-se a imposição em meia-folha, a cavalo por dentro ou por fora: obtém-se dessa forma doze páginas em lugar de vinte e quatro. Mas se faz também o in-12 de três cadernos separados em folha inteira (que dá três colunas de oito páginas) e em meia-folha (que dá seis colunas de quatro páginas): "essa imposição é de utilidade quando restam apenas quatro páginas ao fim de um livro; nesse caso, deve-se compor três vezes as quatro páginas", Fertel, *La Science pratique de l'imprimerie*, p. 156. Usa-se fazer ainda o in-16 em meia-folha de dois ou quatro cadernos. Fertel nos apresenta trinta e sete páginas de pranchas de imposições, pranchas essas complementadas e aperfeiçoadas pelas da *Enciclopédia* de Diderot e d'Alembert.

* As preliminares comportam 1) a folha ou página de guarda, que é sempre pelo menos uma folha em branco, igual às folhas do texto mas sem apresentar dizeres; 2) a folha ou página de falso rosto ou falso título (do francês *faux-titre*), que deve trazer na sua frente unicamente o título da obra, exclusive o subtítulo; 3) a folha ou página de rosto (ou ainda frontispício, portada ou fachada), que é, modernamente, a página nobre do livro, onde se faz a sua apresentação. (N. da T.)

21. Pode acontecer de uma mesma composição se prestar, alternadamente, a duas imposições diferentes. Nesse caso, será preciso retomar cada linha no componedor para modificar a primeira justificação.

e demais assinaturas. Um caderno contendo n folhas é tradicionalmente representado na França por um $n/2$, na Holanda por um $n/2 + 1$ e na Inglaterra por um $n/2 - 1$. Tais diferenças podem ser facilmente explicadas: o método holandês indica a última dobra (a da costura), o método francês economiza a informação, e o método inglês vai mais além: economiza inclusive a penúltima assinatura (as duas últimas dobras se cruzam e é a penúltima que responde pelo bom encadeamento das páginas). O sistema alfanumérico das assinaturas, inscrito no livro para assegurar a sua perfeita realização, não deixa, portanto, de nos fornecer dados a respeito de sua própria construção. Mas a interpretação retrospectiva dos fatos coloca por vezes certos problemas que o exame do papel pode ajudar a resolver. Isso acontece particularmente no caso das imposições em meia-folha e em colunas.

As imposições francesas mais comuns serão ilustradas adiante. Então, será possível observar-se que a distribuição das páginas nas ramas está longe de obedecer a regras simples: sim, porque a volta que se dá na folha quando da retiração, bem como a dobragem final, determinam translações geométricas sucessivas segundo diferentes eixos. Mas para captarmos seu mecanismo, será preciso simular a manipulação real das folhas. Assim, reproduzimos assinaturas e paginação da frente e verso de folhas em branco que serão em seguida cortadas para formarem cadernos. Poder-se-á, dessa forma, adquirir uma experiência sumária porém suficiente dessa etapa fundamental da arte do livro.

O papel. Era feito em ramas retangulares, providas de uma grade metálica. Segurando a rama em suas mãos, o operário a manobrava de modo a espalhar a massa com uniformidade, exatamente como se faz com certas massas comestíveis. Por esse motivo é que era bastante fina e delicada a folha de papel bom. A grade, cuja função era dar escoamento ao excesso de água na massa, marcava o papel. Seus anéis e tessitura acham-se assim gravados em rebaixo nos pontusais* (espaçados de 20 a 30 mm e paralelos no lado menor) e nas vergaturas** (espaçadas de cerca de 1 mm e paralelas no lado maior). Mas era comum acontecer aos fabricantes de papel colocarem ainda na grade uma marca (desenhos de cachos de uva, coroas, armas de uma cidade, etc.) e uma contramarca (iniciais do fabricante, indicação da proveniência ou do tipo de papel: *"Limosin", "Fin"*, etc.): a marca indicava o formato do papel e por vezes a procedência, a contramarca, a procedência, o tipo ou a data de fabricação. Este último

---

* Os pontusais são "hastes metálicas que atravessam o molde para fabricação manual do papel, no sentido da largura, marcando a folha com linhas translúcidas. Ou ainda: essas linhas, que se observam por transparência no papel avergoado, mais nítidas e afastadas que as vergaturas, e verticais a estas" (Dicionário de Artes Gráficas, Federico Porta, Ed. Globo). (N. da T.)

** As vergaturas ou "linha d'água" são os arames muito juntos que constituem o fundo da forma usada no fabrico manual do papel, correndo na direção da altura, sustentados transversalmente pelos pontusais. Ou ainda: as linhas transparentes produzidas no papel por esses arames, que se podem ver observando a folha contra a luz, mostrando-se sob forma de traços paralelos, tênues e muito unidos, e contrastando com os pontusais, mais nítidos e espaçados, que os atravessam verticalmente. (N. da T.)

aspecto é importante. A partir de 1742, um regulamento tornou obrigatória a inscrição do ano de fabricação. Certos fabricantes, contudo, por interpretarem mal o regulamento ou por não lhe terem dado a devida atenção, conservaram a mesma data durante um bom número de anos; outros modificaram-na com regularidade. Há uma edição de *Gil Blas*, com o endereço *"Amsterdam, aux dépens de la Compagnie, 1740"*, que foi impressa em papel fino de uva de Rouen: ora, na linha d'água de numerosas folhas o que se lê são as datas 1748, 1749[22]. Os tipos, bastante semelhantes aos de Rosart, parecem originários das Províncias Unidas. Quanto ao texto, não segue o de 1747 — revisado — o que talvez explique a página de rosto pré-datada.

A marca e a contramarca eram colocadas no terço superior e inferior da folha, no seu eixo horizontal. Assim, desde que um exemplar qualquer não tenha sido demasiadamente aparado (massicotado*) na encadernação, a posição em que se encontram as primeiras, seu prolongamento de uma folha a outra, pode permitir a indicação precisa do modo de imposição, principalmente quando se trata de pequenos cadernos irregulares e de cartões. A direção dos pontusais permite, mais de imediato, a determinação do formato. O quadro esquemático da página 105 traz uma concordância prática das diversas indicações que poderemos encontrar nas assinaturas e nas folhas.

Com efeito, pode-se distinguir sem dificuldade alguma os dois lados da folha: o lado que fica exposto à intempérie durante a fabricação do papel apresenta uma superfície lisa, enquanto que os pontusais e vergaturas formam um relevo no lado que fica de encontro à fôrma. Essa diferença de aspecto, facilmente detectável quando se coloca contra a luz a folha de papel, constitui um útil complemento de informação. Por vezes, a margem (ou borda) da folha não foi eliminada, permitindo-nos assim indicar, com o simples exame do papel, a posição da folha no fólio. Esses detalhes são preciosos para os casos de difícil reconhecimento. Mas não nos esqueçamos de que as imposições apresentadas por Fertel e a Enciclopédia — imposições que reproduzimos aqui — são válidas, em linhas gerais, para o século XVIII francês, porém não para a totalidade das regiões e muito menos para os períodos anteriores. Assim, levantar o maior número possível de indícios e reconstituir indutivamente o modo de imposição ser-nos-á sempre de grande valia.

---

22. Exemplares da Biblioteca Nacional de cota Y^2 9968-9971.

* De "Massicot", nome dado à máquina de aparar papel, por sua vez

ALGUNS MODOS DE IMPOSIÇÃO

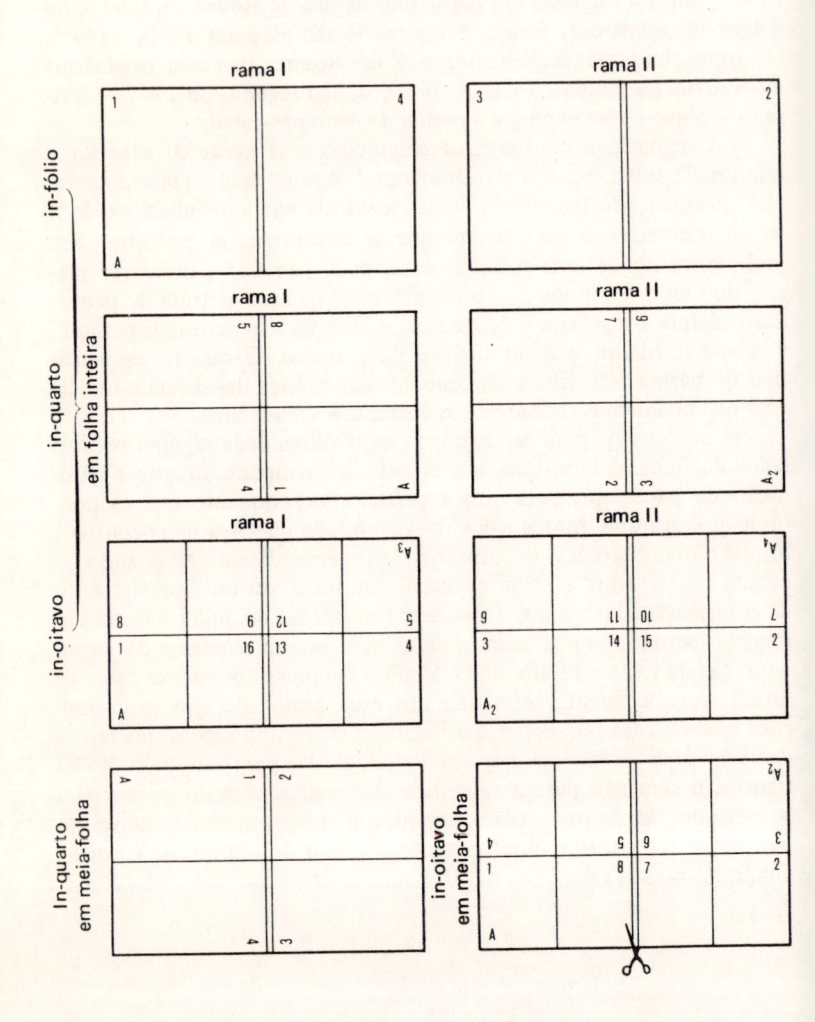

in-fólio — rama I: 1, 4, A | rama II: 3, 2

in-quarto em folha inteira — rama I: 5, 8, 4, 1, A | rama II: 7, 6, 2, 3, A₂

in-oitavo — rama I: 8, 9, 12, 5, 1, 16, 13, 4, A, A₃ | rama II: 6, 11, 10, 7, 3, 14, 15, 2, A₂, A₄

In-quarto em meia-folha: A, 1, 2, 4, 3

in-oitavo em meia-folha: 4, 5, 6, 3, 1, 8, 7, 2, A, A₂

A folha é virada da direita para a esquerda para a retiração.
A linha dupla vertical representa a barra do chassi.
A mesma rama entra duas vezes nas imposições em meia-folha.
N. B.: Existem infólios e quartos de várias folhas.

ALGUNS MODOS DE IMPOSIÇÃO

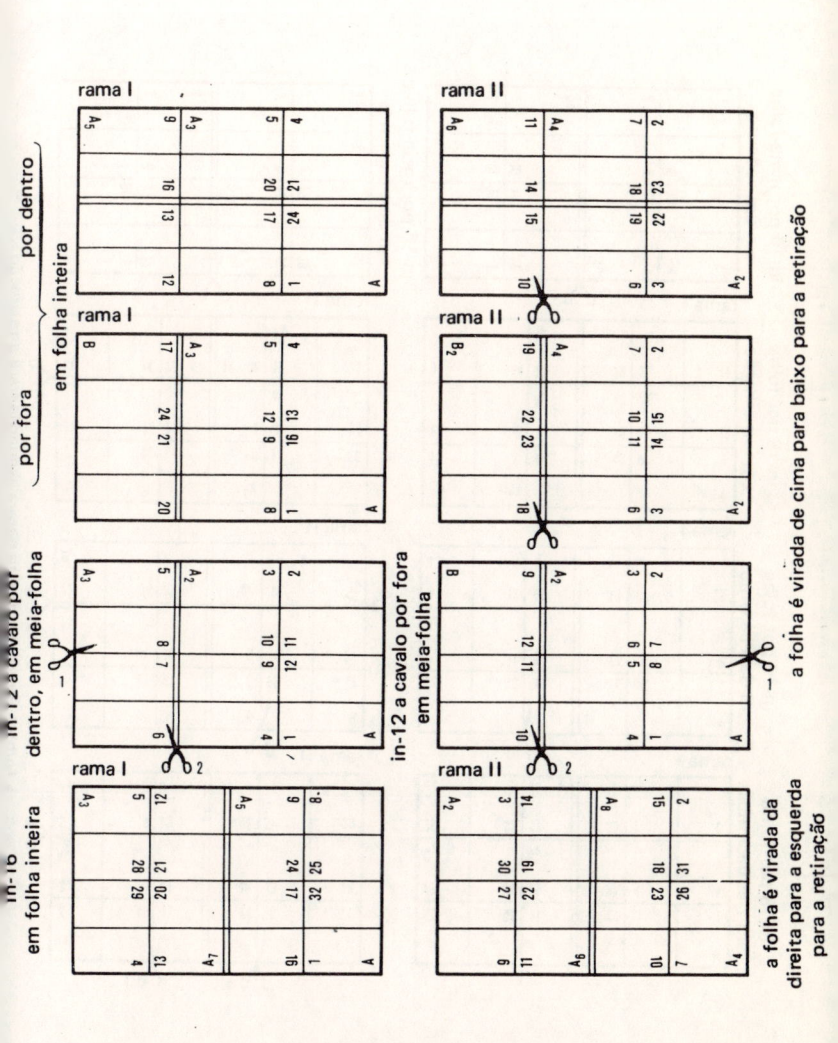

A linha dupla (vertical ou horizontal) representa a barra do chassi.

N. B.: Existem outras imposições do in-12 — particularmente de três cadernos — em folha inteira e meia-folha.

ALGUNS MODOS DE IMPOSIÇÃO

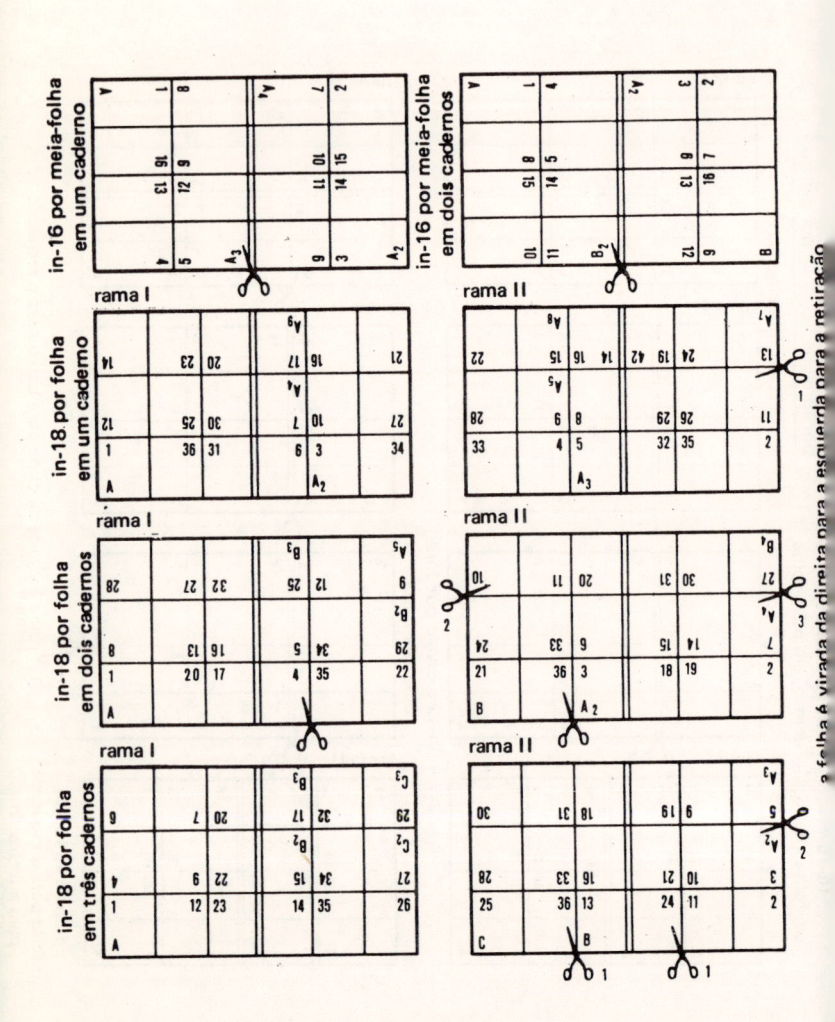

N. B.: Existem outras imposições para o in-16 e o in-18, assim como há os in-24, in-32, in-36, in-48, in-64, in-72, in-96 e in-128.

COMO RECONHECER ALGUMAS IMPOSIÇÕES COM O AUXÍLIO DAS ASSINATURAS E DO PAPEL

FORMATO	FOLHA		ASSINATURAS	
			por página	por rama ou lado de folha
in-f°	uma	verticais	A sobre 1	A sobre rama I
	duas	verticais	A sobre 1, A2 sobre 3	A sobre rama I
in-4°	inteira	horizontais	A sobre 1, A2 sobre 3	A sobre rama I
	meia	horizontais	A sobre 1	A sobre um lado
in-8°	inteira	verticais	A sobre 1, A2 sobre 3 A3 sobre 5, A4 sobre 7	A e A3 sobre rama I A2 e A4 sobre rama II
	meia	verticais	A sobre 1, A2 sobre 3	A sobre um lado
in-12 a cavalo por fora	inteira	horizontais	A sobre 1, A2 sobre 3, A3 sobre 5, A4 sobre 7, A5 sobre 9, A6 sobre 11	A, A3 e A5 sobre rama I A2, A4 e A6 sobre rama II
	meia	horizontais	A sobre 1, A2 sobre 3 e A3 sobre 5	A sobre um lado *A2 e A3 sobre mesmo lado*
in-12 a cavalo por dentro	inteira	horizontais	A sobre 1, A2 sobre 3, A3 sobre 5, A4 sobre 7, B sobre 17, B2 sobre 19	A, A3 e B sobre rama I A2, A e B2 sobre rama II
	meia	horizontais	A sobre 1, A2 sobre 3 e B sobre 9	A sobre um lado *A2 e B sobre mesmo lado*
in-16 por um caderno	inteira	horizontais	A sobre 1, A2 sobre 3, A3 sobre 5, ..., até A8 sobre 15	A, A3, ..., A7 sobre rama I A2, A4, ..., A8 sobre rama II
	meia	horizontais	A sobre 1, A2 sobre 3, A3 sobre 5 e A4 sobre 7	A e A3 sobre mesmo lado A2 e A4 sobre mesmo lado
in-16 por dois cadernos	inteira	horizontais	A sobre 1, A2 sobre 3 A3 sobre 5, A5 sobre 7 B sobre 17, B2 sobre 19 B3 sobre 21, B4 sobre 23	A, A3, B2 e B4 sobre rama I A2, A4, B1 e B3 sobre rama II
	meia	horizontais	A sobre 1, A2 sobre 3 B sobre 9, B2 sobre 11	A e B2 sobre mesmo lado A2 e B sobre mesmo lado
in-18 por dois cadernos chassis de barra mediana	inteira	verticais	A sobre 1, A2 sobre 3 até A5 sobre 9, B sobre 21, B2 sobre 23, até B4 sobre 27	A, A3, A5, B2 e B3 sobre rama I A2, A4, B e B4 sobre rama II
	meia	verticais	A sobre 1, ..., A5 sobre 9. Como essa imposição forma seis cadernos de nove folhas, a folha central é Volante (disjuntor), donde a permutação das páginas 7 com 11 e 8 com 12 na retiração. Temos então:	
				A e A3 *ou* A, A3 e A4 sobre mesmo lado; A2, A4 e A5 *ou* A e A5 sobre mesmo lado; (a combinação com A4 aparecendo, evidentemente, uma única vez)

A impressão. É feita sobre o papel molhado. Quando molhado em demasia, contudo, este sofre um considerável encolhimento, de modo que as medidas que se observam hoje em dia (da justificação, da altura do texto impresso, dos ornamentos, etc.) jamais poderiam ser exatas (num in-12, por exemplo, são comuns as variações de 3 mm). Como, por outro lado, costuma-se martelar os cadernos na brochagem, com vistas a eliminar o relevo oriundo da compressão da platina, tornam-se inevitáveis as distorções.

Realmente, a impressão deixa um relevo em rebaixo que chega a atingir dois milímetros, como podemos constatá-lo nos exemplares não encadernados. Nestes últimos, reconhecemos a face impressa em primeiro lugar por meio de seu relevo mais profundo.

A impressão e a correção: as provas. Para corrigirmos a composição antes de imprimir o número de folhas desejado, tiramos dela uma ou duas provas, levando a rama até a prensa[23]. Como se vê, teoricamente, a prova em nada difere de uma folha de livro. O revisor tipográfico (e o autor) corrigem o livro examinando cada folha ou lado de folha, e isso dentro de um prazo razoável, para que não haja interrupções no decurso da fabricação. Pelo menos é como devem ter se passado as coisas antes que viesse a se generalizar a prática das *erratas* (que assinalavam de uma só vez todos os erros encontrados ao longo de todo o texto) e dos cartões (que viriam substituir a página primitiva por uma página recomposta). Em um primeiro período, a correção era feita na máquina, passando posteriormente a ser feita após a impressão. Os livros dos séculos XVII e XVIII trazem cartões em abundância, muitas vezes por motivos de censura[24]. Mas não se poderia dizer que é essa a única razão das correções: os acréscimos de Voltaire no texto das *Cartas Filosóficas*, por exemplo, são meras correções de autor. Além do que, a própria comparação de um cartão e do *cancelando* (folha não corrigida) correspondente, quase sempre "decepciona" o textólogo, que só encontra ali mais do que variantes triviais.

A prática das correções na máquina, vale dizer, efetuadas durante a impressão, e de notória importância na Inglaterra, aparece também na França: foi Wallace Kirsop quem descobriu alguns exemplos dessa prática nas *Meditationes de Prima Philosophia* (1641) de Descartes e possivelmente na *Carta sobre os surdos e mudos* (1751) de Diderot[25]: "o autor ou o proto* ia lendo a composição tipográfica já imposta na rama e impressa num lado da folha. Toda vez que havia necessidade de se fazerem correções, era preciso interromper a tiragem[26].

23. M. D. Fertel escreve: "Nas numerosas oficinas tipográficas onde se fazem memoriais e outros livros pequenos, utiliza-se um rolo para a confecção das provas", *La Science pratique de l'imprimerie*, p. 186.

24. Ver o recente levantamento de Jacques Proust, *Questions sur l'"Encyclopédie"*, R. H. L. F., 1972¹, pp. 36-52.

25. Wallace Kirsop, "Bibliographie matérielle et critique textuelle. Vers une collaboration", Paris, *Lettres Modernes*, 1970, pp. 62-62 e 50-51: este último exemplo não nos convence.

* Chefe de oficina tipográfica. (N. da T.)

26. Mas essa não é uma conseqüência necessária, e ignoramos a prática habitual dos impressores no caso. Os inconvenientes da correção em fase de

Mas como o papel era dos materiais mais caros, nem sempre se inutilizavam as folhas erradas já impressas — e não nos é difícil imaginar as conseqüências desse tipo de procedimento. Que a economia era perfeitamente consciente em certos casos é o que demonstra a relação de *erratas* que encontramos no primeiro tomo da obra *La Topographie de l'Univers*, do Padre Expilly, obra impressa por d'Houry para Bauche em 1757. Nessa relação poderemos encontrar, entre outras, as seguintes correções:

Página 17, linha 6: num número muito pequeno de exemplares, *Zolkern* foi introduzido no lugar de *Zollern.*

Página 225, perto de vinte exemplares trazem 477 mille 67; *& o mesmo erro aparece, ainda nesses exemplares, na primeira linha da página 226"*[27].

Os poucos exemplos de correções na máquina até hoje arrolados parecem mostrar que era essa uma prática rara e bastante próxima das nossas atuais segundas provas. Mas nada nos impede de supor que as coisas tenham sido diferentes até o século XVII. Na ausência de dados concretos, tomemos aqui um exemplo hipotético:

> Seja uma tiragem de mil exemplares de um pequeno livro de oito folhas (fazendo 64 folhas de livro na imposição in-8), onde cada rama teria sido corrigida durante a impressão, no decurso exato de uma meia jornada de trabalho e por granéis iguais: o resultado seriam 4 estados por folha (unidade de composição), cada um deles representado por 250 folhas impressas. Supondo-se que haja, no momento da brochagem, uma distribuição regular dos 32 estados obtidos durante a impressão, o que se poderá constatar é que em 65 536 combinações teoricamente possíveis (4^8), apenas 1 000 poderiam ser realizadas; em outras palavras, haveria uma única chance, em 65, de se obter um exemplar correspondendo à vontade do autor e trazendo um texto fiel. Foi na prática, e por esses mesmos motivos, que os bibliógrafos anglo-saxônicos foram buscar a noção de *exemplar ideal* ("ideal copy"), que pode não corresponder a um exemplar concreto qualquer e que o editor de texto deve justamente se empenhar por reconstituir. Essa reconstituição, ao contrário da descoberta acidental do exemplar fiel, só é possível quando dispomos de métodos corretos de investigação e de um número suficiente de exemplares. Voltemos ao caso fictício acima descrito. Se apenas dois exemplares foram conservados, é bastante pequena a probabilidade de uma reconstituição correta, 4% aproximadamente, mas essa probabilidade aumenta com bastante rapidez: mais de 30% no caso de 16 exemplares conservados, 92%[1] para 32 exemplares. Na prática, a verdadeira dificuldade consiste em se conseguir um número adequado de exemplares, tanto na França quanto no estrangeiro[28].

---

tiragem poderiam ser evitados tirando-se a prova ao fim da jornada de trabalho ou se procedendo, durante a correção, à adaptação da nova rama ao prelo: ajustamento, regulagem em altura, preparação do tímpano e da frisqueta, limpeza; essas operações, que nos descreve Fertel, exigiam sem dúvida um certo tempo. Mas é principalmente a respeito da maneira de se fazer as provas, operação distinta da tiragem, que nos fala Fertel: "deve-se tirar as provas de preferência mais claras que escuras (...). Da primeira vez em que se coloca tinta na rama, a sujeira adere muito mais à peça do que ao ser a mesma entintada quando um impressor já trabalha nela, isso porque, para se fazer as provas, usam-se simplesmente as "branquetas". *La Science pratique de l'imprimerie*, p. 186.

27. *Op. cit.*, p. 40.

28. Esse parágrafo é tirado de um artigo publicado na *Revista de História Literária da França* em 1970 sob o título "A bibliografia material nas suas relações com a crítica textológica, a história literária e a formalização", p. 780.

1. Suponhamos que tenham sido guardadas (conservadas), totalmente ao acaso, amostras de p livros de uma edição constituída de 16 ramas (2×8 folhas) distintas. Cada rama existe em dois estados: corrigido (V) ou não corrigido (F). Procuramos o grau de probabilidade necessário para que uma amostra de p livros seja exaustiva, isto é, para que os estados V ou F sejam representados pelo menos uma vez em cada rama. Consideremos o conjunto das amostras — em bloco — como um quadro de p linhas e n colunas (16 no nosso caso). Há $2p$ tipos de colunas possíveis, dentre as quais apenas duas devem ser eliminadas se se pretende obter uma amostragem exaustiva: são aquelas que englobam exclusivamente estados corrigidos ou estados não corrigidos VVVVV... e FFFFF... A probabilidade que tem uma coluna de pertencer a uma amostra exaustiva é pois de $\dfrac{2p-2}{2}$. Sendo uma amostra composta de n (16 no nosso caso) colunas independentes, a probabilidade de que haja uma amostra exaustiva de p livros é de $\left[\dfrac{2p-2}{2p}\right]^n$. Devemos aqui agradecer a G. G. Granger por ter-nos ajudado a resolver este problema.

A distribuição dos tipos. Deve ser feita ao se terminar a impressão de uma rama, voltando cada um deles para a sua respectiva casa. Como já o vimos, algumas linhas são guardadas, para serem em seguida reutilizadas: nos títulos correntes, por exemplo. Mas pode acontecer, por vezes, de ser a composição inteira conservada, "como nas oficinas tipográficas onde se fazem Horas menores e outros Rituais semelhantes"[29]: nesse caso, os tipos são atados uns aos outros com barbante, página por página, sendo em seguida empilhados os paquês. Assim se procede, no entanto, apenas com os livros comerciais, aqueles que voltam regularmente a serem publicados. O custo dos tipos e a dificuldade de se armazenarem os paquês tornam desvantajosa a conservação das obras menos importantes. Para a distribuição dos tipos o processo é o mesmo da composição: trabalha-se com grupos de palavras. Quando uma página ou uma rama inteira caem e se "quebram", a distribuição é feita tipo por tipo, e com que sobrecarga de serviço!

O fato de terem sido inteiramente recompostas certas obras de sucesso não deve porém causar admiração. Isso porque uma grande "onda" em torno de um livro pode justificar uma recomposição parcial, no caso de ter sido tomada a decisão de se aumentar a tiragem já com a obra parcialmente impressa e as ramas devidamente distribuídas[30]. A aparente similaridade de numerosas edições distintas pode ser explicada pelo fato de ser a reprodução quase fac-similada bem mais rápida para quem dispõe dos mesmos tipos, já que nesse caso a justificação está dada. Mas a verdade é que duas composições nunca são idênticas: com uma régua colocada em diagonal sobre a mesma página de exemplares a serem comparados poder-se-á constatar as diferenças; uma maneira ainda mais simples de fazer essa constatação é atentar para a posição das assinaturas, nas páginas em que elas apareçam: o exame não dá margem a dúvidas. Algumas pequenas modificações do alinhamento, assim como as letras caídas, devem-se

---

29. M. D. Fertel, *op. cit.*, p. 197.
30. Foi o que aconteceu com a segunda edição do *Diabo Coxo*. Ver R. Laufer, *Étude...*, p. 25, descrição da terceira edição.

por vezes a um alargamento da rama ou a acidentes causados pelo entintador.

Não se deve confundir com a correção na máquina ou com uma recomposição parcial a composição diferente de páginas impostas em meia-folha, pois que nesse caso há normalmente várias composições simultâneas, necessariamente diferentes no detalhe dos espaços (repartição dos brancos)[31].

A brochagem. Consiste na dobragem — e eventualmente no corte — da folha e na posterior costura — feita com uma agulha — de cadernos sucessivos, que ficam dessa forma presos uns aos outros. O menor caderno possível constitui-se, portanto, em um pedaço de papel dobrado em dois: é esse o formato in-fólio. Todo caderno, seja qual for seu formato, e desde que tenham sido suas páginas devidamente cortadas, é feito de pedaços de folhas encartadas umas nas outras. Essa unidade normal compreende duas folhas conjuntas, razão pela qual os diferentes formatos constituem múltiplos de dois[32]. Assim, podemos colocar o número do formato como expoente da letra da assinatura de cada folha para indicar-lhe o formato: A^2 = = primeiro caderno de um in-fólio englobando duas folhas conjuntas, isto é, uma folha dobrada em dois; B^4 = segundo caderno de um in-quarto englobando quatro folhas conjuntas; I^{18} = nono caderno de um in-18 em folha inteira por um único caderno englobando dezoito folhas conjuntas.

E quanto aos cartões? Podem ser conjuntos, sem dúvida, bastando para isso que corrijam quatro páginas consecutivas, mesmo no caso dos cancelandos (folhas a serem suprimidas) pertencerem a dois cadernos sucessivos. Por uma questão de economia, são normalmente disjuntos, isto é, substituem uma só folha (não é possível imprimir-se menos de duas páginas, exceto no caso de um verso em branco). Um cartão de uma folha disjunta não pode ser costurado: ele deve ser colado na extremidade do cancelando. A maneira mais simples de localizar os cartões é tentar encontrar sua extremidade no verso das folhas. Mas deve-se nesse caso tomar o maior cuidado possível, já que não muitas das encadernações feitas por bibliófilos do século XIX escondem esse tipo de vestígio: um autêntico exemplar clássico, livre de restaurações, tem em geral maior valor de que um exemplar deflorado.

---

31. A correção na máquina descoberta nas *Meditationes* por Wallace Kirsop é confirmada pelo emprego da mesma letra enfeitada, pela sujeira do estado corrigido, pelo estreitamento anormal da composição por supressão dos brancos na linha 17 do extrato do privilégio, pelo idêntico grau de desgaste dos tipos, etc. Em contrapartida, os cartões ±A2 da *Carta sobre os surdos e mudos* distinguem-se mediante um exame atento. Na frente, por exemplo, o primeiro "e" de *celle* foi destruído em um dos exemplares (linha 8), e o acento grave em "a" é mais longo e mais vertical; mas são principalmente os alinhamentos verticais das três últimas linhas e da assinatura que provam serem diversas as composições. O mesmo acontece com o verso. As diferenças de estado advêm, provavelmente, de uma imposição em meia-folha que o estudo do papel talvez nos permitisse indicar.

32. Observar a curiosa exceção do in-18 de dois cadernos em meia-folha sobre chassi de barra mediana.

Pode acontecer ainda dos cartões terem margem curta, o que determina o aparecimento de falhas na borda do livro. Outras vezes, é a tipografia que destoa ali do restante da paginação, ou então a tinta que era muito fresca e que acabou manchando as páginas vizinhas. Não nos esqueçamos porém de que o sinal mais seguro é o da assinatura precedida de um asterisco ou o asterisco sozinho, este último porém regularmente utilizado apenas a partir de meados do século XVIII. Examinar-se-ão, por último, a linha d'água e os pontusais, levando-se em conta a dobragem exigida por cada formato: as marcas das folhas disjuntas não correspondem às do caderno modificado.

A *encadernação* antiga era invariavelmente feita por encomenda de um cliente; as cartonagens de editores, grosseiras e desprovidas de indicações tipográficas, começam a se difundir apenas no fim do século XVIII. Mas como os ferros que ornamentam as encadernações variam de acordo com a moda, torna-se possível datar com boa margem de aproximação (com uma diferença de cerca de vinte anos) as encadernações mais ordinárias. Infelizmente, não foram estas últimas catalogadas, por serem as encadernações de luxo as únicas com que se preocuparam os bibliófilos. Dizíamos que um livro brochado é martelado pelo encadernador, até que desapareçam os vestígios da pressão da platina. Pois muito bem, a cabeça do martelo era dessa feita ligeiramente encerada para que deslizasse sobre o papel. A primeira e última páginas de um livro têm assim uma aparência lisa e lustrosa, resultado desse tipo de tratamento.

2.3.2. O PERÍODO INDUSTRIAL

O livro dos séculos XIX e XX não foi estudado na França do ponto de vista que nos interessa aqui. Mas podemos supor que ele levanta os mesmos problemas que os livros inglês e americano.

A industrialização irá determinar o desaparecimento da maior parte dos vestígios deixados no livro por uma produção artesanal. As variações são agora mínimas e mais difíceis de serem detectadas.

Em primeiro lugar *a prensa* de retiração vem possibilitar a impressão simultânea de ambas as ramas num único ciclo. Substitui-se a prensa de madeira pela prensa metálica, esta última rapidamente mecanizada.

A composição será ainda manual durante a primeira metade do século XIX. Ela demora a ser substituída pela composição mecânica que, por sua vez, irá sofrer um aperfeiçoamento graças à compositora-fundidora Linotipo ou Monotipo (a única usada na França para os livros).

Na composição mecânica, empregam-se algarismos arábicos sem letras para as assinaturas, que são quase sempre acrescidas de uma abreviatura do título do livro ou do nome do autor. Quanto à indicação do tomo, pode vir por vezes em algarismos romanos, com o número da folha por índice (II_7). Há impressores que indicam a primeira dobra por meio de uma segunda assinatura, diferenciada através de asterisco. Desaparecem os reclamos. A paginação segue sendo praticamente a mesma, apenas que se numera agora a partir da primeira página, normalmente em branco (página de guarda). No século XIX, os títulos correntes mudam com bastante freqüência, de página para página ou a cada duas páginas, trazendo assim informações bastante úteis sobre o conteúdo. A ortografia torna-se uniforme; perde sua individualidade o trabalho dos compositores.

A ornamentação irá reviver no século XIX, passado o período de sobriedade clássica lançada pelos Didot. As vinhetas em ponta e metálicas não são raras nas obras literárias, que ganham assim um falso ar de Antigo Regime.

A imposição permanece inalterada, mas diminui o número de formatos. O in-12, por exemplo, agora de fabricação muito dispendiosa, acaba por desaparecer. Sobretudo, a noção de formato real é substituída pela de formato aparente, pois com o advento do papel mecânico, produzido nas mais variadas dimensões, aquela primeira já não pode, por si só, dar conta das dimensões de um livro. "Quando as folhas são fabricadas com papéis de grandes dimensões, colocam-se por vezes duas assinaturas na mesma folha, para evitar um distanciamento muito grande entre o formato real e o formato aparente; assim com a *Révue des deux mondes*, cujo formato aparente é o de um in-8 mas que constitui, na realidade, um in-16, e que traz uma primeira assinatura ao pé da primeira página de cada fólio e uma segunda ao pé da página 17 do mesmo fólio"[33]. Daí o aparecimento de designações como in-8° grande, in-8° pequeno, in-8° quadrado, *couronne, jésus, raisin* (estas últimas saídas do nome do papel utilizado), designações não só bastante incômodas como também imprecisas; a nomenclatura subsiste até que se tome consciência de que o modo de dobragem não pode interessar ao livreiro, que lhe interessam unicamente as dimensões (e isso por razões de ordem prática) e o peso do livro; foi em meados do presente século que se passou a utilizar o sistema métrico para esse tipo de aferição.

As provas em granel, vale dizer, impressas anteriormente à paginação (e portanto à imposição), datam sem dúvida do início do século XIX. É evidente que seu emprego irá alterar as condições da correção, que passa a ser feita antes mesmo da impressão. Contudo, os cartões não serão totalmente abolidos: essa prática perdura por toda a época romântica e pode ser encontrada ainda nos nossos livros[34].

A impressão e a estereotipia: do ponto de vista da transmissão dos textos, a mais importante inovação do período industrial consiste na fixação da composição, com vistas a reempregá-la. O fato está na origem de uma inoportuna confusão, feita entre *edição* e *tiragem*: recompondo a página de rosto e o termo de impressão, e mantendo a antiga composição, que era novamente impressa, podia-se obter uma nova "edição". Durante muito tempo, as Edições Gallimard chamaram edição a cada série de 500 exemplares de uma mesma

---

33. Charles Mortet, *Le format des livres. Notions pratiques suivies de recherches historiques*, Paris, Édouard Champion, 1925, p. 22.

34. Por exemplo, o segundo tomo das *Obras Completas* de Racine da Bibliothèque de la Pléiade, traz duas anomalias no primeiro caderno: dezoito folhas ao invés de dezesseis (o livro é um in-16), podendo ser ali encontradas duas páginas de guarda sucessivas (marcadas respectivamente "Racine II.I" e "Racine II.I*") e uma página de falso rosto cartonada (±I 2).

tiragem; uma tiragem de dez mil exemplares compreendia portanto vinte "edições". Essa dificuldade terminológica provém, como no caso do formato, da evolução das técnicas. O historiador do livro certamente haverá de empregar a palavra *edição* apenas para uma edição real, que implique uma recomposição total ou quase: e chamará *emissão*[35] à republicação de uma mesma composição com modificação do endereço e/ou termo de impressão. Uma emissão é um estado de edição.

Vimos que a partir do início do século XVIII costuma-se conservar a composição de determinadas obras religiosas de grande tiragem. O método, bastante aleatório, consistindo em atar a página de tipos com um barbante, irá subsistir até meados do século XX, apesar do perigo de quebra.

É em 1797 que Firmin Didot irá aperfeiçoar o processo da estereotipia: "A estereotipia, escreve Henri Fournier, é um procedimento que consiste em solidificar e converter num só bloco de ferro fundido as páginas compostas com tipos móveis. Seu objetivo é possibilitar uma economia nas despesas com a composição das obras cuja reimpressão deva ser freqüente"[36]. Pouco tempo depois, já se consegue moldar no gesso, e posteriormente na pasta de papel, na cera e na guta-percha, matrizes sobre as quais era vertida ou assentada, por galvanoplastia, uma composição metálica destinada unicamente à impressão. O aperfeiçoamento dos processos técnicos permitiu aumentar as tiragens e a própria clareza da impressão. A transformação fundamental, porém, consistiu justamente na possibilidade de se republicar um livro sem a necessidade de recompô-lo. Para que se obtenha, hoje em dia, uma reprodução em offset de excelente qualidade, é o bastante conservar um exemplar de primeira tiragem em papel "couché".

A composição fixada em um "clichê", no entanto, acabava por se deteriorar, fosse por desgaste ou acidente; nesse caso, podia-se consertar os clichês ou então emendá-los. Ora, são justamente essas alterações que constituem um grave problema para o textólogo, uma vez que elas não deixam vestígios exteriores visíveis. Se com um pouco de prática este último conseguia detectar os cartões e colecionar em seguida, palavra por palavra, os cancelandos encontrados e os cartões, ele deve agora colecionar integralmente numerosos exemplares impressos em clichês até que chegue a descobrir suas eventuais diferenças. Charlton Hinman inventou uma máquina óptica que superpõe as imagens de dois exemplares de uma mesma edição sobre uma tela: a oscilação da imagem em um ponto determinado revela a existência de diferenças[37]. Não existe na França exemplar algum dessa máquina,

---

35. Endossamos assim a tradução proposta por Wallace Kirsop para a palavra inglesa "issue", *Bibliographie matérielle et critique textuelle*, p. 32, nota 37. A palavra "publication" seria mais normal, mas poderia causar confusões.

36. Henri Fournier, *Traité de la Typographie*, Paris, Oficina Tipográfica de Henri Fournier, 1825, p. 294.

37. Um dispositivo econômico para a colação dos microfilmes é descrito por Vinton A. Dearing em "The Poor Man's Mark IV or Erzats Hinman Collator", *The Papers of the Bibliographical Society of America*, 1966, pp. 149-

que é bastante cara mas indispensável. Talvez, dentro de alguns anos, já possa o trabalho de colação ser entregue a um computador, devidamente munido de um dispositivo de leitura eletrônica.

A brochagem e a encadernação de editor para os livros modernos nos fornecem dados materiais pertinentes, porque pertencentes ao terreno da edição. A capa e a sobrecapa (e mesmo a cinta publicitária) dos livros brochados fazem as vezes das antigas páginas de rosto. Por essa razão, justamente, seu estudo concerne mais à história do livro que à textologia.

2.4. A DESCRIÇÃO BIBLIOGRÁFICA

A descrição bibliográfica com fins textológicos deve permitir distinguir as edições e os estados de um texto. Ela compreende portanto o feiçoamento (endereço) e a cota (ou pelo menos a localização) de exemplares pertencentes a bibliotecas públicas, se for esse o caso. Embora nada informem a respeito do livro objeto — ou quase nada — salta aos olhos a necessidade de tais informações, uma vez que todos os repertórios são de tipo sinalético. Mas ela compreende ainda uma descrição material. Descrição que jamais poderia ser exaustiva, devendo ater-se tão-somente a alguns traços pertinentes, escolhidos por convenção. E é aqui que começam as dificuldades. A descrição bibliológica tradicional é notoriamente insuficiente; quanto à descrição americana da escola de Bowers, nada mais é que pedante. Tentaremos aqui propor um meio-termo, conscientes de que são poucas as chances que têm tais convenções, parcialmente arbitrárias, de virem a ser adotadas.

Indiquemos, antes de mais nada, o que não é arbitrário: a caracterização do conteúdo e a caracterização do continente nas suas linhas mestras, vale dizer, aquilo que há no livro e como foi ele fabricado. As observações feitas anteriormente a respeito do livro dos períodos artesanal e industrial deixam claro que a imposição regular e as particularidades das preliminares ou dos cartões nos fornecem uma maquete sumária do objeto material. Endereço e formulário de colação são indispensáveis, mas não bastam para identificar uma edição, e muito menos um estado. O formulário de colação, na realidade, possui um reduzido poder de identificação, salvo no caso de serem numerosas as irregularidades encontradas.

Reproduzir com maior ou menor fidelidade as particularidades materiais da página de rosto tem sido tradicionalmente uma preocupação, uma prática bibliológica que a escola anglo-saxônica só fez perpetuar, sem tratar de justificar essa exigência descritiva. A idéia de se reproduzir de forma quase fac-similada a página de rosto parece, num primeiro momento, produtiva: essa reprodução seria o apêndice material da ficha sinalética. Infelizmente, a reprodução mesmo aproximada da tipografia da página de rosto esbarra, na prática, com obstáculos quase que insuperáveis, dada a variedade dos tipos, da

-158, e Gerald A. Smith sugere certos aperfeiçoamentos para o processo, "Collating Machine, Poor Man's VII", *P. B. S. A.*, 1967, pp. 110-113.

paginação e dos ornamentos; além do que, as páginas de rosto de edições consecutivas são quase sempre muito parecidas, de forma que uma descrição completa (ou pretensamente completa) acaba por ocultar diferenças pertinentes. A descrição quase fac-similada não só é antieconômica (para o bibliógrafo tanto quanto para o leitor) como também multiplica os riscos de erro. Vejamos. Robert A. Sayce suspeitava, e com razão, que o trabalho *Bibliographie Générale des oeuvres de Blaise Pascal*, de Albert Maire, carecia de rigor. Pois muito bem, tendo encontrado, além de uma série de simplificações gráficas, dez "erros" de pontuação, de maiúsculas, de acentos e de travessões apenas na descrição do título de uma contrafação dos *Pensamentos* de 1670, Sayce é levado a concluir que o exemplar que consultara na Bodleiana de Oxford era desconhecido de Albert Maire. Com a descrição de Sayce, pode-se observar nos exemplares da Biblioteca Nacional que não se trata disso[38]. Mas a objeção que se segue é ainda mais grave: até o século XIX, a página de rosto é imposta separadamente do texto, pertencendo a um caderno particular, não raro cartonado para possibilitar a distribuição do livro entre diversos livreiros ou ainda o relançamento de um encalhe (título de relançamento). Desde que haja condições, poder-se-á reproduzir fotograficamente (em tamanho natural) a página de rosto; dessa forma será possível inclusive conseguir-se um efeito agradável. Caso contrário, impõe-se uma transcrição do endereço conforme as normas da bibliografia sinalética francesa. O que não resolve o problema da identificação material. Propomos, nesse caso, que se recorra ao sistema da impressão (*empreintes*)*.

Só o desenvolvimento da descrição sistemática do livro em suas características materiais permitirá o progresso da arqueologia do livro. E aquela primeira só poderá ser levada a cabo quando dispusermos de linguagens descritivas parciais para os ornamentos, para a encadernação, paginação, etc. De qualquer forma, ela só interessa à textologia muito indiretamente[39].

38. R. A. Sayce, "A *Contrefaçon* of Pascal's *Pensées*, 1970", *Australian Journal of French Studies*, 1966, p. 273.

* Processo de descrição bibliológica constituído, fundamentalmente, de três unidades, editor, cidade e ano, que aparecem estampadas ao pé da página de rosto. "Embora ocorra com certa freqüência a omissão de um ou dois desses elementos básicos, reduzindo-se assim a impressão a um único elemento, modernamente ela pode chegar a minúcias, devendo porém partir do particular para o mais geral, do subordinante para o subordinado, do anterior (no tempo) ao posterior, cada unidade com a sua eventual qualificação. As impressões podem assim apresentar, após as partes anteriores do rosto: (a) indicação de ano (de existência), volume, tomo, fascículo; (b) autoridade que ordena a impressão; (c) qualificação; (d) editor; (e) qualificação e endereço; (f) impressor; (g) qualificação e endereço; (h) eventuais distribuidores e/ou depositários; (i) qualificações e endereços; (j) cidade, seguida ou não da indicação do país; (k) datação (dia, mês, ano)..." (elementos de Bibliologia, cap. VIII, vol. II). (N. da T.)

39. Expusemos o objetivo arqueológico em "Pour une description scientifique du livre en tant qu'objet matériel", *A. J. F. S.*, 1966, pp. 252-272, e tentamos descrever de maneira sistemática (pelo menos em parte) algumas edições do *Diabo Coxo*: o resultado é rebarbativo e imperfeito. Foi prematura a tentativa.

2.4.1. UM EXEMPLO DE FORMULÁRIO DE COLAÇÃO: AS PRIMEIRAS EDIÇÕES AUTORIZADAS DOS *PENSAMENTOS* DE PASCAL

O texto dos *Pensamentos* apresentado pelos Senhores de Port-Royal, embora infiel à letra de Pascal, é de indiscutível valor documentativo. Os comentaristas divergiram entre si ao julgarem as variantes dos exemplares impressos, vendo nelas simples atenuações de caráter doutrinal impostas pelos censores eclesiásticos, ou ainda floreios verbais inspirados no gosto acadêmico[40]. Nenhum deles porém se preocupou em fornecer, previamente, um levantamento completo dessas variantes.

As variantes mais significativas são as encontradas entre dois exemplares datados de 1669 e os exemplares cartonados dessa mesma edição, com data de 1670. A segunda edição autorizada comporta variantes mínimas, tendo sido algumas delas inadvertidamente atribuídas por Léon Brunschvicg à primeira edição.

Há muito que é possível reconhecer as edições autorizadas de 1669 a 1671 pelo monograma do livreiro Guillaume Desprez na página de rosto e pelo bandó gravado na página divisória do texto, representando o Colégio das Quatro Nações[41]. A combinação das páginas de rosto e divisórias cria seis estados (sem contar os exemplares a que falta a página de rosto), enquanto o exame bibliográfico revela que apenas três edições autorizadas saíram nesses dois anos. Estas, por sinal, diferem quanto ao número de páginas: 365, 358, 348. Como classificá-las? Os bibliógrafos adotam a ordem exata indicada, no que estão certos, quase que por acaso no que se refere à segunda e à terceira. A "semelhança" entre os exemplares datados de 1670, bem como a presença nestes últimos de uma *errata* que irá desaparecer logo em seguida, provam que a edição de 365 páginas é realmente a primeira. Quanto às duas outras edições, a combinação das páginas de rosto, por si só, permite-nos estabelecer os fatos: a segunda real existe com a página de rosto da primeira ou com uma outra qualquer, cartonada, trazendo a menção "segunda edição"; a terceira real existe com a página de rosto "segunda edição" ou com a página de rosto "terceira edição", datada de 1671. Essa primeira triagem evidencia o fato de que o endereço "aparente" e o endereço "real" não concordam necessariamente: um exemplar que traz a menção "segunda edição" pode na verdade pertencer à terceira. A solução é citar a menção aparente, para evitar confusões, mas fornecendo na descrição o endereço real; em caso de necessidade, uma retrospectiva haverá de dissipar todo e qualquer mal-entendido.

No nosso caso, a mistura das páginas de rosto pode ser explicada pelo atraso com que saiu a primeira edição. Uma folha datada de 1669 não poderia servir em 1670, época em que o livro foi posto à venda. Preparou-se então um cartão com a nova data, de que se

---

40. Thérèse Goyet tem uma boa bibliografia sobre o problema (a que falta o artigo de R. A. Sayce) em "Le visage de 1670", in *Les Pensées de Pascal ont trois cent ans*, pp. 31-78. A primeira parte do artigo é consagrada às primeiras edições. O autor, que desconhece a bibliografia, aperfeiçoou contudo as observações de seus predecessores.

41. A identificação precisa é de Robert A. Sayce, artigo citado, p. 277.

extraíram numerosos exemplares; o deslocamento irá repercutir na segunda e na terceira edição.

A primeira edição. Trata-se de um in-12, a cavalo por dentro, de quinze folhas inteiras e uma coluna para o texto. Em termos de assinaturas, utilizando-se o alfabeto latino de 23 letras (sem o J, o U e o W), temos: $A^{12} B^{12} C^{12} \ldots P^{12} Q^4$, que se pode simplificar da seguinte maneira: $A\text{-}P^{12} Q^4$. É preciso salientar que o texto vai até a frente da terceira folha de Q (Q3r), cujo verso acha-se em branco (Q3v branco); em Q4r começa o índice de assuntos.

Em termos de páginas, temos o seguinte: 15 folhas de 24 páginas = 360 páginas, + (no caderno Q) 2 folhas de duas páginas e uma frente de 1 página = 5 páginas, ou seja, 365 páginas ao todo, de acordo com o processo de contagem no livro e como o dizem os bibliógrafos. Mas por que razão passar pela notação das assinaturas? Na realidade, se estivesse correta a paginação e se o livro não comportasse nenhuma irregularidade, o formulário das assinaturas haveria de parecer inútil. Veremos porém que a segunda edição, precisamente, acha-se mal paginada, e que todos os exemplares conhecidos da primeira edição contêm grande número de cartões. Ora, a paginação nada informa a respeito da arquitetura do livro. Possuímos três estados da primeira edição, os dois primeiros sendo encontrados cada qual num único exemplar[42], o terceiro largamente representado[43].

Para indicar um cartão adotaremos o sinal ±, que traduz bem a substituição: ± A11 indicará que a 11ọ folha original do 1ọ fólio foi cortada, e que uma folha solta veio substituí-la, tendo sido colada sobre a extremidade deixada para essa finalidade. Por extensão, a folha substituída ou cancelando será notada −A11, e o cartão +A11. Pode acontecer de cartões sucessivos serem inseridos uns nos outros: assim com ± C3 e ± C4, ± D7 e ± D8, ± D11 e ± D12. Esses cartões são ou disjuntos (soltos) ou conjuntos (pedaço de folha dobrada em dois). Emprega-se a vírgula (,) para marcar a disjunção e o ponto (.) para marcar a conjunção. Haveremos pois de distinguir a notação: ± C3.4 e ± D7,8. Conjunção e disjunção aplicam-se unicamente aos cartões; sabemos pelo formato o que foi feito das folhas originais. Assim, ± C3.4 no nosso in-12 significa − C3,4 + C3.4.

Resta saber em que lugar do formulário das assinaturas se deverá colocar a indicação dos cartões. A tradição americana, de estrita obediência, justapõe a cada assinatura as irregularidades eventuais. Esse tipo de procedimento é recomendável para os séculos XV e XVI, cujo sistema de assinaturas é ele próprio irregular. Para o período de 1550-1800, seu emprego nos levará a inúteis repetições. Senão vejamos.

---

42. Exemplar Biblioteca Nacional Grande Reserva D 21374 (que abreviaremos para B.N.) e exemplar do fundo *Des Guerrois* da Biblioteca municipal de Troyes. Agradecemos a Mlle Bibolet, conservadora dessa biblioteca, pelo empréstimo feito à Reserva da B. N.

43. Reserva da B. N. D 80344, D 80361, p. D. 19, 8°Z Don 597 (23) e Grande Reserva D 21375.

Estado A (B. N.) da primeira edição, texto único:

A^{12} (± A11) B^{12} (± B2) C^{12} (−C3,4 ± C3.4) D^{12} (± D8) E^{12} (± E7 ± E11) F-H^{12} I^{12} (± I11) K^{12} (± K10 ± K12) L^{12} (± L4) M-P^{12} Q^4

Preferimos a seguinte transcrição:

A-P^{12} Q^4 (± A11 ± B2 ± C3.4 ± D8 ± E7 ± E11 ± I11 ± K10 ± K12 ± L4)

O estado B (Troyes) contém um cartão mais que o estado A, a saber N11.

O estado C contém, além dos 12 cartões do estado B, 20 cartões suplementares, a saber ± C1 ± D2 ± D7 ± D11.12 ± F11 ± G1,2,3 ± K3.4 ± K5 ± L3 ± N3.4 ± N6 ± N12 ± O12 ± P1 ± P9.

Trata-se agora de examinar as preliminares. Constatamos que elas são marcadas com o alfabeto das vogais, o que caracteriza a prática parisiense: $\tilde{a}^{12}$ $\tilde{e}^{12}$ $\tilde{i}^8$ para os estados A e B. O livro foi portanto composto como um in-12 a cavalo por dentro. Como de costume, foram as preliminares feitas por último, para que se pudesse escolher o modo de imposição mais econômico: sem dúvida que $\tilde{i}^8$ e Q^4 foram impostos na mesma folha, num in-12 a cavalo por fora. Na folha Q^4 começa o índice de assuntos, o que explica o fato do encadernador tê-lo retirado do exemplar de Troyes. No estado C, são os cadernos iniciais complementados pelo caderno $\tilde{o}^8$ e a folha disjunta $\tilde{u}1$, e o pós-texto continua, bem entendido, nos cadernos R^8 e S^2 (S2 branco). A página de rosto é cartonada (± $\tilde{a}1$).

É preciso salientar que, no formulário, as assinaturas são até certo ponto normalizadas. As assinaturas reais são do tipo 'A', 'Aij', 'Aiij', etc. A página de rosto não é marcada, de acordo com uma prática generalizada: nós a inferimos com base nas assinaturas que se seguem e no caderno. As assinaturas reais, em particular, e as assinaturas erradas devem ser indicadas numa nota: aqui, $\tilde{a}2$ é assinalado 'aij' e N4 não é assinalado. Em muitos livros, nos fólios, por exemplo, deve o alfabeto de 23 letras ser reempregado numerosas vezes: dobrado ('Aaiij'), triplicado (Bbbvj), etc. Nada nos impediria de reproduzir as assinaturas reais, mas é bem mais cômodo uniformizá-las e simplificá-las, ainda que tenhamos que explicar em seguida, e separadamente, as particularidades ou anomalias: 2A3, 3B6, etc. Também no caso dos livros em vários tomos, independentemente da assinatura trazer uma menção do tomo, seria conveniente indicarmos num índice cada uma das séries: ^{2}A-F^8, por exemplo, para um segundo tomo assinalado num alfabeto de assinaturas simples (um oitavo de seis folhas).

A escolha entre assinatura real e assinatura convencional coloca um problema de princípio, quando se trata de designar cadernos ou folhas não assinalados. A nosso ver dever-se-ia generalizar o sistema convencional das assinaturas parisienses do século XVIII, introduzindo-o entre parênteses no sistema do formulário de colação. Mas é preciso deixar claro, antes de mais nada, que uma ausência de assinatura correspondendo a uma letra não utilizada numa seqüência alfabética não constitui problema algum. Ainda que a folha u1 não tivesse sido assinalada, essa mesma assinatura imaginária haveria de impor-se.

Para as preliminares não assinaladas, W. W. Greg recomendava o emprego de π. Isso se deve ao fato de que na prática britânica as preliminares nunca contaram com um alfabeto próprio: π representava assim uma solução específica. Mas um tal alfabeto, de uma única letra, apresenta dois inconvenientes: a letra grega dá margem a confusões no caso dos livros marcados com o alfabeto grego, além de não figurar nos teclados de máquinas de escrever; para inúmeros cadernos de preliminares será preciso transformar π em expoente $^\pi$A-C^8. O alfabeto de vogais inventado por certos protos parisienses (em minúsculas, recebendo quase sempre um til) revela-se mais engenhoso.

Para as folhas supranumerárias não assinaladas, Greg recomendava um χ. A nosso ver seria preferível generalizar o asterisco das oficinas parisienses. Assim, uma folha solta inserida depois de C3 será +*C3, duas folhas conjuntas +*C3^2, duas folhas disjuntas +*C3$_{1,2}$, etc. Se a ou as folhas são antepostas, a assinatura do caderno não traz número algum: faz-se a distinção com base no índice: +*C$_1$ (antes de C1) e +*C1 (depois de C1).

Todo e qualquer acréscimo deve ser indicado na primeira parte da fórmula de colação, para evitar confusões na contagem das folhas: A^{12} (*+A3$_{1,2}$) B^{12} (*+B12^2), etc. As ilustrações extratexto, impressas separadamente, devem porém ser indicadas ao fim da fórmula ou mesmo numa nota especial, juntamente com a menção do lugar que lhes foi destinado.

Voltemos agora ao estado C dos *Pensamentos*, e indiquemos sua fórmula completa, precedida da indicação do formato e do número de folhas e seguida da paginação:

in-12 (a cavalo por dentro) 235 folhas (última folha em branco) ã-ẽ^{12} ĩ^8 õ^8 ũ1 A-P^{12} Q^4 R^8 S^2 (± ã1 ± A11 ± B2 ± C1 ± C3.4 ± D2 ± D7,8 ± D11.12 ± E7 ± E11 ± F11 ± G1,2,3 ± I11 ± K3.4 ± K5 ± K10 ± K12 ± L3,4 ± N3.4 ± N6 ± N12 ± O12 ± P1 ± P9) 41 folhas não paginadas[44], + 365 páginas de 1-365 (p. 366 não paginada, em branco) + 11 folhas não paginadas (última em branco).

Seria conveniente ainda dar uma idéia do conteúdo: foi o que tivemos que fazer para dizer onde terminava o texto. Observemos que ele começa, aqui, na assinatura A1, de acordo com a prática francesa. Uma página divisória trazendo uma outra assinatura revela na maioria das vezes uma edição tardia ou uma contrafação, como é possível constatá-lo em numerosas edições dos *Pensamentos* de 1670, edições essas que trazem o suposto endereço de Guillaume Desprez. As informações relativas à aprovação ou ao privilégio, bem como ao registro, precisam os dados da página de rosto. A folha solta ũ1 traz uma advertência ao leitor. A *errata* referente a o8^v é particularmente preciosa. Ela apresenta dez erros a serem corrigidos, dos quais apenas três parecem puramente estilísticos, os demais tendo por função atenuar o sentido das folhas B12^r (p. 48), G4^v (p. 152) M2^r (p. 267), M5^r (p. 273), M6^v (p. 276) e O1^r (p. 313, indicada por engano, "303"): a repartição das correções parece vir complementar a dos cartões.

---

44. Pode-se escrever também: (LXXXII), indicando entre parêntese o número de páginas não paginadas, ou ainda (82).

A descrição da primeira edição dos *Pensamentos* é condição prévia para que se possa passar ao estudo das variantes. Se tivermos o cuidado de examiná-las todas, haveremos de constatar que os censores apagaram cuidadosamente todas as formulações do jansenismo extremista, que afirmavam a arbitrariedade de um Deus escondido, e que eles foram incansáveis ao introduzir no texto, por meio de retoques, formulações compatíveis com a ortodoxia católica romana. O textólogo que se dispusesse a fazer esse tipo de estudo deveria tentar reconstituir a história da composição do texto e a dos cartões, examinando o reemprego dos ornamentos e títulos correntes e os detalhes de imposição: teria assim chances de esclarecer a própria história do texto.

A segunda edição. Esta apresenta muito menos irregularidades: *Pensamentos* de Pascal, 2ª edição[45], Paris, Guillaume Desprez, 1670, in-12 (a cavalo por fora) 229 folhas ã-2ã$^{8/4}$ 2e^4 A-2G$^{8/4}$ 2H^8 2I1^{46} (± D4.E1) 40 folhas não paginadas, + 358 páginas paginadas 1-312, 307-330, 313-334, + 20 folhas não paginadas.

Observações: o erro de paginação diz respeito à folha 2D.2E. A assinatura precedente, primeira assinatura do caderno 2C, está errada: 'Dd' no lugar de Cc. Isso pode explicar o erro de paginação, uma vez que a página 2C1^r traz o número 305, 2C1^v o número 306 e 2D1^r o número 307 (como também 2C2^r). Trata-se de um erro trivial, sem nenhuma relação com o conteúdo. Por outro lado, o único cartão existente nada mais faz senão corrigir um erro de tipografia: o texto de D4^v (p. 48) segue o da primeira edição inserindo-lhe o acréscimo indicado na *errata* do estado C, acréscimo esse provavelmente omitido na composição.

Além da inserção dos erros a serem corrigidos, pela *errata* da primeira edição, observam-se ainda variantes (p. 3 e 130, por exemplo) sem dúvida alguma erradas.

Existem dois estados da segunda edição: o estado regular, acima descrito, e o estado cartonado para o rosto (± ã1 = + a1 do estado C da primeira edição).

A terceira edição. Pode ser sumariamente descrita como se segue: *Pensamentos* de Pascal, 3ª edição, Paris, Guillaume Desprez, 1671, in-12 (a cavalo por fora 223 folhas ã-2ã$^{8/4}$ 2ẽ^2 2ĩl A-2F$^{8/4}$ 2G^4 2H^4 39 folhas não paginadas + 348 páginas + 10 folhas não paginadas.

Observação: nessa edição, os parágrafos numerados aparecem em notas marginais (margem externa). Existe um estado cartonado para o rosto (± ã1 = ã1 da 2ª edição), datado de 1670.

2.4.2. EDIÇÃO, ESTADO, EMISSÃO; IMPRESSÃO, TIRAGEM

A edição é o conjunto de exemplares impressos a partir de uma mesma composição. Uma ligeira variação da composição (cartona-

---

45. A menção *Seconde Édition* não aparece nos exemplares de estado cartonado para o rosto.
46. A notação ã – 2ã$^{8/4}$ se transforma regularmente em ã^8 ẽ^4 ĩ^8 õ^4 ũ^8 2ã^4, e assim com o restante.

gem ou recomposição parcial) cria um estado distinto. Uma emissão é um estado que difere pelo endereço, servindo a palavra unicamente para designar um tipo de estado que pode engendrar erros de caracterização.

O termo impressão é empregado unicamente para caracterizar o trabalho do impressor; uma impressão lyonense, uma impressão de Firmin Didot, mas uma edição dos *Pensamentos*. A tiragem de uma edição antiga significa apenas o trabalho da impressora, e o número de uma tiragem é o número de folhas impressas numa rama. Mas o termo pode ser empregado ainda para distinguir, numa mesma edição, os exemplares de duas imposições distintas: a reimposição de uma mesma composição ocorre, com efeito, na época artesanal. Já na época industrial, cabe ao bibliógrafo distinguir as tiragens de uma mesma edição: a modificação da data no endereço e no termo de impressão não cria uma nova edição. O termo reedição deve ser evitado, por dar margem a confusões. Não nos devemos esquecer, entretanto, de que os encalhes sofreram uma reforma completa, foram relançados, como se costuma dizer, na época industrial, graças ao tradicional processo da página de rosto cartonada: diremos nesse caso que se trata de uma emissão, e não de uma tiragem ou edição. A obra *Le Trésor de la beauté* (1849) de Charlemagne Defontenay não é uma segunda edição do livro *Essai de Calliplastie* (1846), mas uma emissão de relançamento.

Uma edição compartilhada é uma edição que comporta duas ou várias emissões simultâneas, trazendo o endereço de diferentes livreiros: a imposição em meia-folha tornava fácil a personalização do livro.

2.4.3. EDIÇÕES ORIGINAL, PRINCEPS, PRÉ-ORIGINAL; CONTRAFAÇÃO E PREFAÇÃO

Precisemos ainda alguns termos. A edição *original* é a primeira edição, impressa e autorizada, de uma obra moderna. Edição *princeps* aplica-se tão-somente à primeira edição impressa de um texto de anterior difusão manuscrita. O termo tem um sentido claro para as edições de obras antigas na época da Renascença, podendo englobar ainda obras modernas comercialmente inéditas mas difundidas em determinados meios ou ainda clandestinamente: assim com a edição do *Testament** de Meslier, apresentada em 1864 por Rudolf Charles, e que deverá ser qualificada como edição princeps. Na maior parte dos casos, porém, será menos pretensioso e mais legítimo falarmos simplesmente em edição original póstuma: como para o livro *La Comtesse de Tende*, publicado em 1718, vinte e cinco anos após a morte de Mme de La Fayette, ou para *O Sobrinho de Rameau* de Diderot.

---

* Jean Meslier (1678-1733?), cura de Étrépigny, famoso por sua incredulidade, deixou um testamento de que Voltaire extraiu o *Testament de Jean Meslier* ou *Extrait des sentiments de Jean Meslier*, publicado originalmente na Holanda (1762). Esse testamento faz parte das obras de Voltaire apresentadas por Beauchot. Também d'Holbach publicou extratos de Meslier. (N. da T.)

Uma contrafação é uma imitação ilegítima, um abuso comercial. Mas nem sempre uma publicação não autorizada constitui uma contrafação nesse sentido; fala-se por exemplo em edição pré-original a propósito de edições subrepticiamente elaboradas com base num manuscrito de autor, à revelia deste último e contrariamente às suas disposições. O texto de uma edição pré-original não se afasta necessariamente do de uma original, no entanto o autor repudia, em princípio, aquele primeiro, uma vez que ele lhe foi roubado; mas pode também, por vezes, acontecer exatamente o contrário: o autor escolhe a publicação clandestina, que passa então a constituir uma verdadeira original.

Freqüentemente, se faz a primeira publicação de um livro dentro de uma obra coletiva, como por exemplo um periódico. Nesse caso, dever-se-á distinguir entre edição original, constituída por um ou vários números de jornal ou revista, e edição original separada. Foi a propósito das contrafações belgas dos romances de Balzac que se sugeriu o termo *prefação*: trata-se com efeito das primeiras edições separadas, posteriores à publicação em folhetim mas anteriores à publicação francesa autorizada em volume. O termo prefação é bastante claro e poderia muito bem substituir essa expressão obscura que é edição pré-original. A primeira edição holandesa das *Máximas* de La Rochefoucauld é a prefação de um original manuscrito de um estado transitório do texto.

2.4.4. DESCRIÇÃO DO PAPEL E DAS MANCHAS IMPRESSAS

Há numerosos bibliógrafos que descrevem apenas sumariamente o papel e as manchas impressas.

Para a época artesanal, mede-se a distância entre os pontusais e as vergaturas, e se indicam as marcas e contramarcas visíveis na linha d'água. São dados que têm um interesse arqueológico e geográfico. Mas que só terão valor textológico na medida em que forem interpretáveis: jogá-los ao acaso numa descrição parece-nos inútil. Examinar-se-á portanto o papel (principalmente quando se tratar de imposições irregulares), mas só se levará em conta esse exame no caso de ser ele produtivo.

Esse mesmo critério de sobriedade haverá de pautar a análise das manchas impressas. Aqui, o que se costuma ressaltar é o número de linhas impressas por página e as medidas milimétricas: altura do texto (de uma haste superior a uma haste inferior), e altura total (da linha do título corrente à assinatura), que são colocadas entre parênteses, e em seguida largura. Temos assim, para a primeira edição dos *Pensamentos:*

texto: 27 linhas 111 (120) × 55; prefácio: 23 linhas 109 (118) × 55; para a segunda edição:

texto: 27 linhas 109 (118) × 57; prefácio: 23 linhas 109 (117) × 57; para a terceira edição:

texto: 28 linhas 115 (123) × 52 (66); prefácio: 24 linhas 115 (124 × 56) (duas para a largura do texto da terceira edição em virtude do emprego de títulos de margem).

Essas dimensões acusam diferenças flagrantes. Mas perguntamos: o que é que elas nos informam que já não saibamos pela diferença do número de páginas? Mesmo no caso das edições sucessivas trazerem um número idêntico de páginas, a descrição tipográfica sumária não basta para distingui-las. Se o objetivo é estritamente tipográfico, esses dados são indispensáveis e, mais que isso, insuficientes: será preciso indicar o corpo do tipo e pesquisar sobre sua proveniência. Quando se conhecem os catálogos tipográficos dos fundidores, a identificação de um material pouco difundido adquire um sentido pleno.

De maneira geral, dever-se-á ficar, numa descrição, unicamente com os elementos para os quais se irá propor uma interpretação. Caso contrário, o mais provável é que ninguém jamais venha a fazer uso dos mesmos.

2.4.5. DESCRIÇÃO E IDENTIFICAÇÃO: AS IMPRESSÕES

Durante muito tempo os bibliófilos acreditaram, que identificar um livro era suficiente; ou pelo menos eles não compreenderam o quanto a descrição era indispensável para uma correta classificação das edições. Já os bibliógrafos consideravam que a descrição enquanto tal deveria possibilitar a identificação; era o bastante exigir um grau de rigor, de precisão e de completude cada vez maior. O formulário de colação, na escrita bowersiana, mistura descrição (ao nível do formato) e identificação (ao nível das irregularidades individuais). Essa mistura dificulta a leitura e altera o sentido do formulário. Seria conveniente que se separasse a descrição da edição, no seu modo de fabricação geral, das irregularidades de uma determinada edição ou determinado estado. A descrição refere-se à imposição, à identificação, à brochagem. As irregularidades de imposição, propriamente ditas existem: elas criam verdadeiros monstros. Se a rama de retiração (rama II) de um quarto é colocada à direita do lado esquerdo sob a prensa, as páginas ficarão na seguinte ordem: 1, 6, 7, 4, 5, 2, 3, 8. Impossível confundir esse tipo de aberração com obras cuja boa constituição original teria sido modificada pelo acréscimo ou substituição de elementos de imposição diferente, porém correta.

Quando duas partes de uma fórmula de colação nos permitem, juntamente com o endereço, identificar todas as edições de uma obra, inútil, em princípio, ir mais além. Ocorre que as edições sucessivas feitas por um mesmo editor, as contrafações habilidosas e as tiragens da época moderna correm o risco de passar despercebidas. Como identificá-las então?

Duas soluções parecem se apresentar: uma solução inteligente, extremamente trabalhosa no que se refere à sua realização e utilização, e uma solução prática, desprovida de sentido imediato mas eficiente.

A solução inteligente consiste em desenvolver a descrição e estendê-la a todos os componentes materiais de uma edição; é essa a via arqueológica. Ora, os atuais modelos de descrição geral não nos permitem chegar a tanto. Tomemos um exemplo. As edições dos

Pensamentos feitas por Guillaume Desprez e as contrafações que reproduzem seu endereço distinguem-se pela vinheta da página de rosto, pelo bandó que aparece no começo do prefácio e ainda pelo que aparece na página divisória do texto. Este último, nas edições autorizadas, representa a ҫapela do Colégio das Quatro Nações: reconhecer o objeto que figura na imagem e traduzi-lo em linguagem natural evidentemente não é o mesmo que descrevê-lo. Fossem todos os figurativos e se poderia adotar uma linguagem descritiva com um vocabulário extraído da linguagem natural (o Colégio seria então um edifício com cruz e cúpula); ocorre que muitos deles são ornamentais e até mesmo não-figurativos. Assim, só para descrever os bandós, vários tipos de linguagem são possíveis: uma linguagem abstrata que evite o reconhecimento das formas, uma linguagem própria da história da arte, que enfatize a evolução do estilo e dos assuntos, etc. Ora, a descrição arqueológica deve corresponder a um objetivo previamente definido, independentemente de aplicar-se aos bandós, assinaturas reais, paginação, etc.

O formulário de colação funciona porque se serve de um código preexistente, que irá normalizar, em parte, um sistema de notação elaborado pelos artesãos do livro com vistas a uma operação relativamente simples, a da brochagem. Observe-se que aquelas operações para as quais não se empregou notação alguma permanecem sem notação: um exemplo é o corte do terço da folha no in-12 a cavalo por dentro, que não é assinalado. As assinaturas, destinadas ao corte da folha, não nos permitem necessariamente fazer a operação inversa, que interessa ao bibliógrafo: tornar a encontrar o lugar da folha no fólio. Faz-se necessário então recorrermos a uma semiologia empírica, fundamentada no papel e na tipografia. Algumas sessões de trabalhos práticos haveriam de completar, de forma bastante produtiva, as indicações dadas acima.

Resta portanto a identificação, que deverá ser feita com o auxílio de procedimentos simples e seguros: reprodução fotográfica ou análise semântica de elementos gráficos, medidas milimétricas e levantamentos de posição. A reprodução fotográfica, na verdade, é para o bibliógrafo muito mais um meio de trabalho de que um método de descrição: além do preço e das dificuldades técnicas de se observar a escala e de se fornecer uma imagem de boa definição, ela só pode servir de ilustração para uma descrição no mínimo parcial. Seu emprego está ligado à exagerada importância que se costuma dar às páginas de rosto; revela a fragilidade de seu testemunho o exemplo dado dos *Pensamentos*. Uma seqüência de fotografias pode nos propiciar uma visão em ponto menor de uma determinada obra, visão menos deformante que certas notícias quase que inutilizáveis de bibliografias falhas. Ela remete ao próprio leitor o trabalho de comparar: constitui assim um substituto e não uma descrição ou uma *impressão* do objeto.

A *impressão* seleciona elementos, sejam eles quais forem, em função de seu poder discriminativo, logo de sua singularidade. Ela se propõe o objetivo inverso ao da descrição: atribuindo arbitrariamente valor de norma a traços aleatórios.

A análise semântica de elementos gráficos vem sendo praticada pelos bibliófilos há algum tempo. Consiste essa análise em especificar que uma marca de editor, que um sinal de parágrafo de determinada edição, encontram-se no catálogo X; ou ainda que determinado bandó representa uma capela, enquanto que o de uma contrafação traz ao centro uma cabeça de sátiro, frutas e folhas, etc. Ela aponta as diferenças gráficas que aparecem na linha tal da página tal, bem como uma vírgula que se encontra no lugar de um ponto. O que é perfeitamente legítimo, desde que se apresente um número suficiente de elementos de comparação. Contudo, é necessário observarmos que, na falta de uma linguagem documentária bem construída, a caracterização de uma particularidade em linguagem natural cria ambigüidades; e, principalmente, que a escolha de critérios *ad hoc* para cada edição torna incômoda a comparação de numerosas edições. Para remediar esse problema, justamente, é que se passou a recorrer às particularidades da página de rosto: idéia boa em si, mas que veio mostrar na prática suas limitações e perigos.

As medidas milimétricas são empregadas na descrição da paginação e dos papéis. Havíamos anteriormente contestado seu interesse, desse ponto de vista, uma vez que o número de linhas por página, a justificação e as dimensões do papel (e conseqüentemente as da grade na rama) pouco variam para um mesmo formato. Ao contrário, se se medem elementos únicos, cujas dimensões não têm sentido algum para a estrutura do livro, obtém-se diferenças claras, facilmente verificáveis. Basta medir uma vinheta, ou um bandó na sua maior altura e em seguida na sua maior largura para que se consiga uma imprenta eficiente mais de nove vezes em dez (diferenças mínimas (2 mm), que podem advir da retração ou expansão do papel, não são levadas em consideração). O método não é bem-sucedido no caso das vinhetas que constituem contrafações, mas a melhor das descrições fracassa igualmente nesse caso: além do mais, as medidas parecidas não garantem a identidade dos objetos, de forma que escapamos aqui às falsas identificações que más fotografias nos possam sugerir. Num livro dos séculos XVII ou XVIII, a medida do bandó da página divisória (quando esta última não é cartonada) sempre nos permitiu distinguir a série das edições autorizadas e as contrafações.

Os levantamentos de posição trarão, sem dúvida alguma, a resposta mais satisfatória para o problema da identificação. Poderemos obtê-los verificando as combinações dos ornamentos de fundição, as assinaturas e o próprio texto. No período artesanal, os impressores utilizavam filetes de ornamentos de fundição, que eles próprios combinavam. Identificar ou descrever os ornamentos individuais seria viável, caso dispuséssemos de um repertório ou de um pequeno glossário. Mas será suficiente indicarmos o número e a disposição dos elementos para a identificação das combinações. Limitamo-nos portanto a distinguir os ornamentos utilizados num mesmo filete (geralmente simples, por vezes duplo ou triplo, isto é, em uma, duas ou três linhas): em A1r 1 filete de 10a, ou então 1 filete de 21a, etc. Um ponto, dois pontos ou um pequeno círculo separando os ornamentos traduzir-se-ão por um único ponto (.). Teremos assim 4a.5a ou ainda 4a 1b 6a, etc. Quanto mais complicada for a combinação, maior será a probabilidade de identificação. Mas a experiência mostra que a identidade de dois levantamentos sucessivos garante a identidade dos exemplares. Único inconveniente do método: o desaparecimento das combinações feitas à mão por volta da metade do século XVIII. Os filetes de fundição que surgem nessa época em substituição aos primeiros são difíceis de serem descritos, ainda uma vez por falta de uma linguagem adaptada. Ao notar que um impressor que recompõe um livro de seu estoque volta a utilizar o bandó gravado em madeira que já lhe servira anteriormente; e tem ainda o cuidado de empregar combinações de fundição que sejam próximas por seus elementos constitutivos, guardando-se de reproduzi-las na sua particular e aberrante disposição.

A posição das assinaturas fornece-nos um excelente indício, já que nenhum compositor razoável se preocupou jamais, ao reproduzir uma composição existente, em colocar as assinaturas exatamente como seu antecessor, com diferença de milímetros. Como descrevê-la? Aceitando algumas imprecisões (o que é necessário, dadas as irregularidades da tintagem), escrever-se-á: assinatura A1: A sob ' (*d'avoir*), *ou ainda*, assinatura A1: A entre t e d (vantoi*t d'*avoir), *ou ainda*, assinatura A6 ('Avj'): A sob t (vantoi*t*), v entre v e o (a*v*oir), j entre o e i (a*vo*ir). Essa demarcação tem a vantagem de ser relativamente simples. Ela aplica-se a todos os livros antigos, completando-lhes a fórmula de colação. O caráter rude da notação (*sob* por *exatamente embaixo de* e *entre* por *sob e entre*) pode eventualmente fundar uma semelhança, mas nunca várias em seguida. Dá excelentes resultados essa demarcação.

A *impressão literal* é o procedimento menos elegante porém o mais eficiente. Consiste em definir arbitrariamente posições no próprio texto e em assinalar que tipo ocupa que casa. Aplica-se portanto a todos os livros de todas as épocas. Mas a que posições nos devemos ater?

Como o levantamento é desprovido de sentido imediato, instruções complexas haveriam de dar margem a erros: assim, o que se deve fazer é delimitar páginas, linhas e lugares. Utilizar-se-ão as páginas numeradas, para evitar qualquer risco de erros devido à falta de uma folha (o que é freqüente quando se tem folhas em branco, as chamadas páginas de guarda): se o livro é numerado por folha, e não paginado, ficaremos com a página que traz o número da folha (numeração por folha de duas páginas). Eliminam-se dessa forma as páginas de rosto e de falso-rosto, cujos conteúdos são sempre análogos e cujo levantamento seria pouco econômico. As linhas inferiores da página se parecem mais que as outras nas edições antigas, em que os compositores copiavam a justificação de seu modelo; por esse motivo, deve a primeira linha ser igualmente eliminada. Na linha, a última casa pode conter todos os sinais de pontuação, bem como numerosos travessões, mas as propriedades distributivas dos grafemas a tornam relativamente pobre de letras. A primeira casa contém poucos sinais de pontuação, sinais esses que não iremos levar em conta; em contrapartida, é ela rica de letras. Para recobrirmos as publicações curtas, os formatos mais comuns, e ultrapassarmos os limites da brochura (definida pela UNESCO como uma publicação de quarenta e oito páginas), para levantarmos um número razoável de letras, propomos uma fórmula de seis elementos, mnemotecnicamente simples: primeira letra da segunda linha das páginas numeradas, 3, 13, 23, 33, 43 e 53. Para uma página em branco, não paginada ou sem sua folha numerada, indicaremos a ausência de número por um Z. Nos demais casos, introduziremos a letra minúscula, sem acento ou sinal diacrítico.

Temos assim, para a coletânea *O Muro* de J.-P. Sartre: edição de 1943 "Zeeads"; 1963 (Livre de Poche) "Zmcodp"; 1964 "Zuafas". Para os livros modernos, cuja paginação começa quase sempre na página nove ou onze, o primeiro elemento é inexistente, fato que distingue os livros antigos dos modernos. Levando-se em conta ainda o endereço bibliográfico e a fórmula de colação, tornam-se nulos os riscos de ambigüidade.

2.4.6. RECOMENDAÇÃO PRÁTICA AOS BIBLIÓGRAFOS E TEXTÓLOGOS

Todo aquele que se interessa de perto por um texto deve verificar-lhe a autenticidade. Caso não haja uma boa edição ou uma boa bibliografia do mesmo, o que não é raro acontecer, que o interessado faça por si o trabalho.

Para a redação do endereço, pode-se recorrer às normas apresentadas em *Le Tapuscrit*, por Mme M.-L. Dufour, Serviço de Publicações da Escola Prática de Altos Estudos (VI seção).

Para a fórmula bibliográfica e a *impressão*[47] literal, pode-se seguir os procedimentos acima referidos. Eles não demandarão um maior esforço que os feiçoamentos bibliológicos tradicionais e apresentarão resultados mais satisfatórios.

O estilo de apresentação depende dos objetivos visados, que não concernem necessariamente ao estabelecimento do texto: as bibliografias monográficas de um editor, de um autor ou de uma obra, têm um interesse histórico. A descrição de algumas dezenas de edições deverá ser mais detalhada que a de inúmeras centenas delas. O princípio de decréscimo da descrição é um princípio empírico de bom senso: ele pode nos levar a reduzir o espaço atribuído às edições desprovidas de autoridade textológica, publicadas após a morte do autor ou gradativamente no tempo; a selecionar critérios de que não tratamos neste livro, como destinação das edições (luxuosas, comuns ou populares), maquete e tipografia, ilustrações: uma bibliografia das *Fábulas* de La Fontaine englobando uma tipologia da ilustração teria um valor sócio-crítico. O que importa é conservar os elementos distintivos: para os *Anfitrião* de 1668, as medidas tipográficas fazem parte desses elementos.

Jeroom Vercruysse dá-nos uma descrição minuciosa de "Une édition romantique inconnue du *Christianisme dévoilé*"[48], mas con-

---

47. A idéia da impressão literal é dos bibliotecários do British Museum. Um projeto de adaptação francesa, lançado pelo Instituto de Pesquisa e de História dos Textos associado ao C. N. R. S., não nos parece ter vingado. A impressão aqui proposta leva em consideração certas sugestões desse projeto, simplificando-as. Sem dúvida, ela é imperfeita; mas pelo menos tem o mérito de existir.

48. Em *Beiträge zur Romanischen Philologie*, 1967, pp. 372-374.

tenta-se com uma apresentação sumária para cada número de sua *Bibliographie descriptive des écrits du Baron d'Holbach*[49]. Só a decisão que tomou, de fornecer uma descrição quase fac-similada (inclusive as ligaturas Œ e Æ) da página de rosto já nos parece bastante discutível: por ser pouco legível e dispendiosa (aumenta em um terço o volume). Quanto ao mais, Vercruysse inspirou-se livremente em Bowers. "Não indicamos o "4°" nem o "8°" utilizados por Bowers para marcar o formato real do volume, pois acreditamos que esse formato já se acha suficientemente assinalado pelo expoente, em geral o mais alto de um caderno ou de vários cadernos, a funcionar como índice de seu caráter completo (A^4 significando que o caderno A é de formato in 4°)[50]." O que está correto, de uma maneira geral, no caso daqueles formatos, já que cada caderno é composto de uma única folha comportando uma assinatura. Para os demais, quando folha, caderno e assinatura não coincidem, a indicação do formato não é redundante, uma vez que as assinaturas de expoente 6, por exemplo, podem pertencer a um in-fólio em três folhas, um in-doze em meia-folha ou um dezoito em filha inteira. "Para a nomenclatura das assinaturas de cadernos (prossegue o bibliógrafo) reproduzimos exatamente, como sugere Bowers, as marcas encontradas: capitais, minúsculas, asteriscos e quaisquer outros sinais: A^4, a^8, $*^{12}$,). (^{16} (...); a total ausência de sinal é indicada por meio de colchetes com expoente, colchetes esses onde nada inscrevemos [ ]. Não o seguimos porém quando ele nos propõe que resumamos fórmulas de cadernos ($4A^4$ para $AAAA^4$, por exemplo)"[51]. Ambos os procedimentos seguem a prática inglesa, pouco abstrata mas clara. Uma outra convenção, definida por Vercruysse, parece-nos ao contrário perigosa, porque demasiadamente compacta: essa convenção distingue "p. xii — 356" (volume de 12 páginas marcadas em algarismos romanos seguidas de 356 páginas marcadas em algarismos arábicos) e "p. xii — 356" (volume de 356 páginas ao todo, das quais são as doze primeiras marcadas em algarismos romanos). As restrições que aqui fizemos com relação a certos aspectos do trabalho de Vercruysse são porém secundárias: a verdade é que sua bibliografia, precisa e límpida, é a melhor já publicada sobre um autor francês. Pouco importa o estilo descritivo escolhido, contanto que ele seja coerente e permita uma análise bibliográfica pelo menos sumária[52].

2.5. DE ALGUNS EMPREGOS DA BIBLIOGRAFIA MATERIAL

Temos mencionado, ao longo destas páginas, os aspectos gerais e as particularidades que nos permitem estabelecer ou restabelecer o modo e o local de fabricação, bem como controlar, completar e, caso necessário, corrigir o endereço bibliográfico de um livro.

---

49. Paris, Minard, 1971.
50. *Ibid.*, p. 11.
51. *Ibidem.*
52. Outras descrições serão apresentadas mais adiante.

Uma vez alcançada a indispensável familiaridade com os objetos a serem estudados, e com a prática fundamental da análise bibliográfica para a determinação da fórmula de colação, cada qual haverá de fazer as observações originais e pertinentes que digam respeito às obras que lhe couberem. O texto ideal é o resultado da colação detalhada, palavra por palavra, de vários exemplares; trata-se de um trabalho que exige atenção e perseverança. Apenas anomalias de fabricação ou divergências textológicas constatadas demandam um estudo material aprofundado, a fim de que se possa descobrir a explicação material dos fatos, de que se fornecerá em seguida uma interpretação. Diferenças tipográficas mínimas podem ser provenientes do banho que se dá no papel, da tintagem, do desgaste ou da avaria dos tipos, do alargamento ou da quebra de uma rama, etc.; os deslocamentos ou mudanças de sinais tipográficos provêm da recomposição parcial do texto por correção na máquina, colagem de folhas soltas, e até mesmo correções feitas à mão, substituição de folhas (cartonagem), de cadernos ou de folhas inteiras, e finalmente da reimposição parcial ou completa da composição.

O objetivo é sempre reconstituir a seqüência dos fatos para determinar, com conhecimento de causa, o valor relativo dos testemunhos materiais, quer se trate de variantes paralelas (produzidas por certas imposições, em vista das quais é o texto composto duas ou três vezes), quer se trate de variantes sucessivas, de uma mesma edição ou de edições vizinhas. A investigação parte da filiação interna ou externa. Vimos, a propósito do texto de *Paulo e Virgínia*, que o conhecimento da ordem cronológica (material) das edições nos possibilita passar economicamente do encadeamento arbitrário ao encadeamento real (1.4.4.). Na prática, coloca-se a escolha entre uma análise bibliográfica desenvolvida e uma análise verbal, e dependendo do caso é que optamos pelo método mais demonstrativo ou pelo mais econômico, levando igualmente em conta o grau de certeza ou de probabilidade que podem alcançar diversos argumentos. Toda seqüência irreversível, material ou textológica, traz-nos uma certeza. Entenda-se por seqüência uma série homogênea, tal como a sucessão das edições publicadas por um mesmo editor e, melhor ainda, saída das mesmas impressoras. Assim, numa edição, a folha conjunta precede a folha disjunta correspondente, a gravura intacta a gravura avariada (que não será necessariamente menos bem-vinda).

2.5.1. A ORDEM DAS EDIÇÕES VIZINHAS

Determinar a ordem das edições vizinhas é a questão primordial, para o textólogo tanto quanto para o bibliófilo.

A. As edições de mesma família. Certos traços materiais simples nos permitem identificar de imediato as edições de uma mesma família e separar as contrafações, como é o caso do bandó original dos *Pensamentos*. Em contrapartida, tais traços, comuns aos membros da família, não nos permitem identificar estes últimos, salvo em caso de avaria constatada em numerosos exemplares de cada edição. Que critérios utilizar então? Tomemos alguns exemplos:

O *Diabo Coxo*, segunda edição de 1707. Sob um endereço idêntico, se ocultam duas edições marcadamente distintas, visto que de quatorze folhas de composição dez foram recompostas. Como distinguirmos a verdadeira segunda da terceira? Por meio de critérios bibliológicos de baixa probabilidade: o papel mais fino na segunda, a presença do frontispício na segunda e sua ausência na terceira (nos cinco exemplares consultados). Mas a descoberta de uma particularidade textológica irreversível basta para provar a filiação. Na folha P7 da primeira edição, pode-se ler: *"pour m'aider à detourner"*, e nas folhas respectivas das duas seguintes edições *"pour à detourner"* e *"pour detourner"*. A edição *"pour à detourner"* é necessariamente a segunda, a edição *"pour detourner"*, a terceira.

A obra *Le Bachelier de Salamanque*, de Lesage, aparece em volume em 1736. Um segundo volume aparece em 1738, sem que se tenha anunciada previamente sua publicação. Pois bem, existem duas edições do primeiro volume, trazendo ambas a data de 1736: tipografia semelhante, composição de justificação análoga, a ponto de nos pormos a verificar pela posição das assinaturas se se trata realmente de composições diferentes; mesmo bandó na página divisória, e um segundo bandó, colocado ora no início do Livro II ora no início do Livro III (o terceiro bandó é diferente). Ora, na linha da assinatura encontramos um indício simples mas decisivo: aqui, nenhuma menção de tomo, em outra parte, na primeira assinatura de cada caderno, a menção *"Tomo I"*: não restam dúvidas, a edição que traz a indicação do tomo é a segunda (nós a encontraremos ainda com um título de relançamento datado de 1741, o que pode ser explicado pelo fato de ter sido a obra de pouco sucesso: o argumento porém nos oferece apenas uma probabilidade, enquanto que o outro nos traz uma certeza).

Fedra e Hipólito (tal é o primeiro título da tragédia de Racine) surgiu numa edição compartilhada pela livraria Ribou e a Barbin na primavera de 1677. Durante muito tempo se discutiu sobre a prioridade de uma edição sobre a outra: qual teria sido a primeira, a de 78 páginas (sigla P) ou a de 74 páginas (sigla Q)[53]. Os testemunhos históricos são demasiadamente imprecisos para distingui-las. O que se afirmava, de maneira bastante superficial, é que P seria anterior a Q, uma vez que a primeira achava-se quase sempre encadernada separadamente, ao passo que a segunda era geralmente integrada ao segundo tomo da coletânea da *Obras* de Racine: Ivan Barko encontrou, em quatro exemplares consultados, dois exemplares separados de P, e oito separados de Q em vinte consultados. Barko constatou que o frontispício aparecia em todos os exemplares conhecidos de P e em dezesseis de Q[54]. Mas temos aqui argumentos pouco convincentes, quando existe um outro bastante simples, expresso pela pró-

---

53. Seguimos o excelente estudo de Ivan Barko, "Du nouveau sur l'édition originale de *Phèdre*", *A. J. F. S.*, 1966[3], pp. 282-311.

54. Ivan Barko examina as diferentes posições do frontispício, como extratexto em todos os exemplares conhecidos menos um, mas se esquece de considerar o valor estatístico da distribuição do frontispício nos exemplares de *P* e *Q*.

pria diversidade das fórmulas de colação. As duas edições constituem um in-12 em meia-folha, e terminam aí as semelhanças:

Fórmula de P: $\tilde{a}^6$ A – F^6 G^4 46 ff. pág. [12] 1 – 78 [2][55]
Fórmula de Q: A – G^6 42 ff. pág. [10] 1 – 74

A imposição das preliminares na série normal da assinatura mostra que a composição e a impressão de Q foram contínuas, o que nunca acontece com uma edição original francesa da época clássica. Por outro lado, a imposição realiza uma economia evidente em P, cujas duas últimas folhas são particularmente brancas. O papel e a tipografia confirmam essas deduções. Foram empregados dois estoques diferentes de papel para a impressão de P: um deles para as folhas A.B e C.D e o outro para as folhas E.F e G.ã. Este último entrou igualmente na primeira folha de Q. O que nos leva a concluir que a impressão de Q seguiu-se imediatamente à de P. A composição tipográfica das folhas ã5 e ã6 de P e A4 e A5 de Q, aliás, é idêntica (com exceção do reclamo ao pé de $\tilde{a}6^v$, suprimido em Q). O compositor de Q, querendo ganhar espaço, apertou a composição até a altura de $E4^r$ (fim do ato III), omitindo ornamentos e empregando abreviaturas nasais (tis) a fim de evitar o corte das palavras em fim de linha e dessa forma ganhar mais linhas; em seguida, ele reproduziu a composição mais arejada de P. O exame das variantes gráficas triviais entre P e Q e as edições de 1687 e 1697 vem confirmar a ordem de filiação. Repousa a confirmação sobre a hipótese de que as edições autorizadas se encadeiam em ordem estrita; hipótese que parece ter fundamento. Mas o que se pode deduzir de variantes triviais é apenas uma probabilidade; só os erros substanciais são convincentes. No caso de *Fedra e Hipólito*, a transformação irreversível da fórmula de colação é suficiente para provar a ordem. A confusão nas discussões entre bibliófilos quanto à prioridade de P e Q nada mais é que uma prevenção contra a aceitação de conclusões por vezes justas mas desprovidas de rigor demonstrativo.

O *Anfitrião* de Molière é publicado em março de 1668. Duas edições da obra, com o endereço de Jean Ribou, trazendo o mesmo privilégio* e o mesmo termo de impressão, são conhecidas. Juntamente com Jean Tannery, A. J. Guibert defende a opinião de que a edição do soneto** constitui a verdadeira edição original, baseando-se para tanto em fatos históricos precisos, desvinculados da produção dos livros; melhor teria sido que Guibert se limitasse aos dados materiais. Aqui está a descrição bibliográfica que ele nos apresenta na sua *Bibliographie des Oeuvres de Molière publiées au XVII siècle* (Edições do C. N. R. S., 1961):

---

55. Nesse tipo de escrita, os números entre colchetes indicam a quantidade total de páginas não paginadas. Não fica suficientemente claro que a última folha de *P* está em branco; há os que empregam, para tanto, os caracteres itálicos.

* Autorização para a publicação de uma obra. (N. da T.)

** Trata-se de um poema louvando a conquista do Franco-Condado à Áustria (ver página 145). (N. da T.)

ANFITRIÃO
1668
Edição Original

In-12. Paris, Jean Ribou, 100 pp. num., oito das quais prelim. não num.

ROSTO

ANFITRIÃO//COMÉDIA.//Por I. B. P. Molière.//(Um florão: duas fileiras de três flores estilizadas)//Paris,//IEAN RIBOV, no Palácio, defronte//à porta da Egliſe de la Sainte//Chapelle da Imagem de São Luís.//M. DC. LXVIII.//Auec Priuilege du Roy.

Comentário crítico: Guibert segue o sistema tradicional; indica por // o fim de linha; procura nos dar uma idéia dos tipos empregados para a composição do rosto.

O emprego de // em lugar de / simplesmente o impede de assinalar que entre a linha "Chapelle da Imagem de São Luís" e a data existe um filete (uma linha negra) feito de quatro traços separados. Ele deixa de indicar que as linhas *"Par I. B. P. Molière"* e *"Auec Priuilege du Roy."* aparecem em itálicos. Não nos dá as dimensões extremas (altura por largura) do florão (10 x 15 mm). Transcreve "IEAN RIBOV" em lugar de "IEAN RIBOV". O emprego de I por J e V por U, como se sabe, é normal na época; a distinção entre maiúsculas grandes e pequenas, ao contrário, é pertinente (comparar com a edição seguinte). Erros e insuficiências como essas provam que toda transcrição quase fac-similada é aproximativa e comporta demasiados riscos em face das vantagens que apresenta. Quem quer que seja que viesse a utilizar-se da descrição proposta, para o exemplar em questão, haveria de concluir que estava ali uma descoberta...

COMPOSIÇÃO

a) *Folhas preliminares ao texto:*

1 f....	frente :	o rosto
	verso :	em branco
1 f. + 1 p.	:	Epístola dedicatória à "Sua Alteza sereníssima o Príncipe".
1 p........	:	Extrato do Privilégio
1 p........	:	Soneto ao Rei
1 p........	:	Distribuição

Essas quatro folhas preliminares não numeradas estão incluídas na paginação.

b) *Texto*

Começa página 9 e termina página 80 (em conseqüência de um erro de paginação).

Comentário crítico: a apresentação é arejada e legível. Guibert enfatiza e com razão o fato de que as 4 folhas preliminares são contadas na paginação total, muito embora não tragam no alto o número da página. Seus dados são porém insuficientes: a mistura de folhas e de páginas na descrição do começo do livro obriga o leitor a atribuir-lhe uma ordem; a solução consiste simplesmente em se induzir uma assinatura a partir das assinaturas reais da obra. No presente caso: A1^r para o rosto, A1^v em branco, A2-A3^r para a Epístola, A3^v para o Extrato, A4^r para o Soneto e A4^v para a lista dos personagens. O texto começa em A5^r e termina em I2^v. A fórmula do livro é a seguinte: in-12 em meia-folha A – H^6 I^2 50 ff. p. (1-8) 9-36, 27-50, 41-80 (dois erros sucessivos de paginação). Observação: a f. F1 não traz nenhuma assinatura.

A Biblioteca Nacional possui um exemplar do livro, de cota Res. p. Yf. 372. Guibert nos diz como a Biblioteca Nacional adquiriu esse exemplar único, por ocasião da venda da biblioteca de Jean Tannery.

ANFITRIÃO
1668

In-12. Paris, Jean Ribou. 4 ff. prelim. não num. + 88 pp. num.

ROSTO

Comentário crítico: Mesma apresentação. Não são indicados: dimensões do florão (29 × 46 mm), o filete acima da data, a impressão em itálico da última linha. Essa página é totalmente diferente da página anterior; para a identificação, bastaria que se tivesse escolhido um detalhe qualquer (por exemplo, as dimensões dos ornamentos).

COMPOSIÇÃO

Comentário crítico: A ausência do soneto distingue essa edição. O bibliógrafo não ressalta que a epístola recobre duas folhas ao invés de uma e meia e que o extrato do privilégio foi "transportado" para o verso da folha (a4); no que respeita ao texto, ele não se detém no fato de que a página 8 está em branco (entre o fim do prólogo e o início do texto mesmo da comédia). A fórmula do livro é: in-12 em meia-folha (a^4) A – G^6 H^2 48 ff. p. viii 1 – 7 (8) 9 – 88. A Biblioteca Nacional possui um exemplar do livro, de cota Res. Yf. 4148.

Interpretação: Vimos que Guibert descreve de maneira sumária as edições: ele não se preocupa em analisar as diferenças. Propõe-nos uma interpretação puramente histórica, desprovida contudo de rigor. Teremos ocasião de constatar que a análise bibliográfica desmente esta primeira.

Guibert lança mão de fatos exteriores: 13 de janeiro, "première" de A no palácio real, 2 de fevereiro, início da campanha do Franco--Condado. 19 de fevereiro, fim da campanha. 20 de fevereiro, Molière obtém o privilégio. 5 de março, termo da impressão. 2 de maio, Luís XIV assina a paz de Aix-la-Chapelle e restitui o Franco-Condado. Guibert conclui que o exemplar do soneto "só pode ter sido impresso entre 20 de fevereiro e 5 de março de 1668. Posteriormente, informado da cessão do Franco-Condado e do tratado de Aix-la-Chapelle, Molière se dá conta de que a presença de um tal soneto tornou-se insustentável; convidado pela corte, talvez discretamente, ele reimprimirá uma edição do *Amphitryon* já expurgada, contentando-se em utilizar o mesmo privilégio. Não vemos como se justificaria a hipótese contrária, a saber, que Molière tenha impresso de início a obra sem o soneto, justamente na ocasião em que tomava conhecimento da conquista, e tempos depois o caderno com o soneto, isso após a restituição". Mas deixemos de lado uma intervenção nesse nível, com toda a sua carga de romanesco, e atentemos para o detalhe de que, se a edição do soneto constitui uma contrafação, toda a argumentação cai por terra. Juntemos os fatos. A produção de uma obra curta como essa não exige nem uma semana sequer: ora, quase dois meses separam o termo de impressão do tratado de paz. Por outro lado, a edição do soneto é bastante falha: mesmo que Molière tenha querido melhorá-la, ou que uma contrafação tenha sido responsável pelos erros ali introduzidos, a verdade é que o prazo não deveria exceder algumas semanas. Analisemos os dados bibliográficos. O emprego das assinaturas prova que a composição começou, num dos casos, pelas folhas preliminares (marcadas com A), e no outro, pelo prólogo (marcado com A). Quando se passa de um manuscrito para a composição nunca se começa pelo início do livro, em virtude da diagramação e da datação (termo de impressão). Quando se copia, é possível escolher entre copiar exatamente a imposição do modelo (o que não nos traria indício algum) ou impor por seqüência, do começo até o fim (o que é bem mais cômodo e revela *formalmente* uma cópia de impresso). Já tivemos a oportunidade de encontrar esse tipo de argumento. Mas podemos ir mais adiante estudando a tipografia. Se a edição do soneto tem 4 folhas a mais, muito embora suprima todos os brancos entre os atos e se estenda por 35 linhas (e mais freqüentemente 36, uma vez que a linha da assinatura é sistematicamente utilizada pela composição, o que não está de acordo com a prática mas representa mais uma economia de espaço) por página, ao invés de 34, é que a largura da justificação (63 mm ao invés de 68) e um corpo ligeiramente mais largo fazem com que o fim dos alexandrinos fique quase sempre para a linha seguinte. As duas edições não provêm portanto da mesma oficina, e uma delas foi feita numa oficina mal equipada: o que não prova em absoluto que a edição do soneto seja uma contrafação (pois Ribou poderia ter confiado o trabalho a um terceiro), mas também não deixa de sugeri-lo. Consideremos a composição tipográfica: em certas partes, nenhum vestígio de pressa; em outras, numerosas irregularidades, uma das quais iremos assinalar aqui, a título de ilustração. Como o nome dos personagens foi composto em itálicos maiúsculos, o *y* de *Amphitryon* atrapalha o operário, pois sua caixa não contém o tipo em número suficiente: ele começa por substituí-lo pelos Y (romanos), passando em seguida a empregar os I (itálicos). Pois muito bem, esse mesmo recurso será aplicado a dois fólios consecutivos: D e E: estes foram portanto compostos por operários diferentes. Não seria essa a edição do soneto que devia sair o mais depressa possível? Ultimo argumento: o exemplar do soneto, que pertenceu a Jean Tannery, é o único de que se tem notícia e só foi comprado pela Biblioteca Nacional em 1954; em contrapartida, numerosos exemplares da edição sem o soneto foram conservados, e particularmente o exemplar de registro da biblioteca do rei: presumivelmente, seria esse o exemplar autêntico.

Não há dúvida portanto, a edição do soneto é uma contrafação desprovida de autoridade; a original da Ribou é realmente aquela que nos legou a tradição. As duas edições não são da mesma família.

B. *As edições de família duvidosa.* Trabalhando no claro, o editor deve fazer pessoalmente a análise bibliográfica das edições de autoridade, começando por determinar essa autoridade. No caso das edições clandestinas e simultâneas, a solução é difícil de ser encontrada. Para que se possa fazer uma observação decisiva, será necessário um exame minucioso e metódico, exame que a maioria dos bibliófilos, bastante mal informada, não soube aplicar aos livros que descreveu. Pelo menos no momento, existem pouquíssimas análises rigorosas, capazes de orientar até o fim as futuras pesquisas. Para só citar os livros mais importantes de um período que conhecemos um pouco, ignora-se qual seja ao certo a edição original da *História do Cavalheiro des Grieux e de Manon Lescaut*, das *Cartas Persas*, das *Memórias do Cavalheiro de Grammont*. Um exame rápido e superficial deste último, feito unicamente nos exemplares da Biblioteca Nacional, nos sugere a ordem Ln²⁷ 9022 A, Ln²⁷ 9022 B e Ln²⁷ 9022: há pelo menos um indício crítico, que aparece no texto do sumário dos capítulos, na linha 3 da folha S10ᵛ. O título do capítulo VII está presente no primeiro dos exemplares acima mencionados *Il devient amoureux de Mademoiselle Hamilton* (Ele apaixona-se...) e no passado histórico* nos dois outros. Esse erro de caráter textológico, que seria trivial no corpo do texto, ganha um maior peso no pós-texto, onde os erros se transmitem religiosamente.

Na falta de argumentos decisivos, entram evidentemente as diferenças de papel, de gravura, de texto e de tipografia. O estreitamento da composição ocorre em dois casos: para que se obtenha uma melhor fórmula de colação, como acabamos de ver, ou para atenuar irregularidades de uma primeira composição. Lembremo-nos de que a comparação só é possível quando as edições comparadas se acham bastante próximas, linha por linha. Um estreitamento voluntário da composição permite que se obtenha brancos mais destacados em fim de parágrafo ou ao redor de sinais de pontuação; permite também que se suprimam as linhas inferiores supranumerárias. Com efeito, para uma primeira paginação, pode o compositor servir-se do recurso de deixar a composição avançar, ao pé da página, sobre a linha de assinatura, de preferência quando esta última não é utilizada: ele estará evitando, dessa forma, recomeçar com a justificação de uma dezena de linhas, sempre que o fim de um parágrafo o impeça de deslocar para a página seguinte uma porção de linhas (evita-se colocar uma linha incompleta em começo de página, por razões estéticas óbvias). Mas nada impede o compositor seguinte de apertar nesses trechos a composição, a fim de suprimir toda e qualquer irregularidade.

Se compararmos as edições de 1717 e 1721 de *Roland l'Amoureux*, adaptação feita por Lesage da obra de Boiardo, haveremos de nos espantar com sua extrema similaridade: os endereços têm plenas possibilidades de serem verídicos no caso de um livro dessa natureza, e a Ribou foi quem publicou ambas as edições, que no entanto tiveram diferentes impressores, ou pelo menos diferentes compositores. A má qualidade da reedição confirma os dados da página de rosto. Apliquemos o teste do estreitamento tipográfico destinado a eliminar a linha supranumerária no primeiro tomo: 1721 o pratica nove vezes[56] em onze. Quanto às duas irregularidades mantidas, apenas

---

* *"il devient amoureux"*, que se pode traduzir igualmente por "ele apaixona-se", com o verbo no presente do indicativo, forma por excelência do nosso passado histórico. (N. da T.)

56. P. 24 (B4ᵛ), 32 (C4ᵛ), 78 (G3ᵛ), 92 (H2ᵛ), 100 (I2ᵛ), 114 (K1ᵛ), 276 (Z6ᵛ), 356 (2G2ᵛ): neste último caso, o compositor tomou a linha da página precedente.

uma (p. 252 X6ᵛ) se explica pela negligência; a da página 275 (Z6ʳ) conservou-se porque a página seguinte comportava uma outra linha supranumerária, esta última tendo sido eliminada. Nota-se um caso de linha incompleta no alto de uma página perfeita (frente, p. 239 2E1ʳ): é que o compositor não pôde passá-la para baixo de 2D8ᵛ, pois ela não deixaria lugar suficiente para o reclamo no fim do caderno; por esse mesmo motivo, 1736 guiou-se por 1717.

Em momento algum 1721 introduz uma linha supranumerária. O texto é válido, portanto. Ocorre que os impressores não possuíam, para o caso, práticas uniformes: assim é que as linhas supranumerárias do tomo I do *Bachelier de Salamanque* de 1736 serão conservadas em 1738.

2.5.2. CRÍTICA LITERÁRIA E BIBLIOGRAFIA MATERIAL

Inútil insistirmos nesse ponto, que uma prova é melhor que uma suposição. Desde que um argumento material prove a superioridade de uma lição, esta última deve ser adotada. A conjetura nada mais é que um último recurso.

Há ainda um outro aspecto das relações entre crítica literária e bibliografia material que nos parece interessante: o da coerção por vezes imposta ao autor pelas necessidades práticas da edição. Não se trata do módulo imposto por uma coleção nem de uma escrita favorecida por uma editora qualquer, porém, mais concretamente, dos retoques de última hora determinados pelo formato e pela imposição. Cremos ter encontrado dois exemplos desse aspecto na obra de Lesage. Vamos resumi-los aqui.

A segunda edição do *Diabo Coxo* modifica a fórmula de colação da primeira:

1ʳᵉ – (ã⁴) A-2C⁸⁄⁴ 2D⁸ (± B1); 168 ff., pagin.: (viii) 1-144, 141--314 = 318 (319-326, 327-328 em branco); erros de pagin. desde '141' (= 145) em N1ʳ até o fim, a mais 219: '119' (= 223), 222: '212' (= 226).

2ᵉ – ã⁶ A-2C⁸⁄⁴; 168 ff., pagin.: (xii) 1-318 (319-323, 324 br.); erros de pagin. 134: '234', 268: '286', 313: '3s3'.

A mudança de imposição permite-nos utilizar melhor a última folha do livro, mas o texto recobre o mesmo número de páginas. Ora, um novo capítulo foi introduzido nessa edição, o XVII e último: são quatro novas páginas que vêm determinar a supressão de quatro páginas do capítulo XV. Coloca-se então a seguinte questão: teria o autor cortado parcialmente o capítulo XV, introduzindo em seguida no livro um capítulo suplementar para compensar a perda, ou sua intervenção se deve a uma causa material? O que se constata é que as quatro páginas introduzidas no fim da obra têm por finalidade preencher a aparente falta de quatro páginas que parece apontar o erro de paginação. Não nos parece que o autor tenha pensado primeiramente em dobrar o número de páginas que pareciam faltar, arrancando mais quatro páginas de texto. O que é provável, ao contrário, é que ele tenha querido antes preencher a lacuna, decidindo inserir o novo capítulo, que viria valorizar a edição, apenas ao constatar que a falta era aparente, ocasião em que teria feito os cortes necessários. Como o provam testemunhos contemporâneos, o autor trabalhava apressadamente, e em estreita colaboração com um dos dois operários encarregados da composição, a quem foram confiadas as partes do texto que maior número de correção receberam[57].

A obra *L'Histoire d'Estévanille Gonzales* (1734) mostra-nos que Lesage concordara em fornecer a seu editor uma página suplementar de descrição para atender a necessidades específicas da composição (Livro II, capítulo i, início). A edição póstuma de 1763 suprime essa página, sem que o editor explique o porquê. Pois muito bem, justamente nesse trecho a fórmula de colação da original torna-se irregular. O livro é um in-12 a cavalo por fora A-O^{814} P^8 (± P2.7 – P8) q^8 r^4 (ã^2) P^2 Q^4 R-2L$^{8/4}$ 2M^8 2N^2. Perto do término da impressão, decidiu o editor dividir o volume em dois tomos e, para dar-lhes uma espessura bastante próxima, colocar seu catálogo no fim do primeiro (folha q^8.r^4). O primeiro tomo continha dessa forma o primeiro Livro e o catálogo, e o segundo tomo os Livros segundo e terceiro. Havia apenas um problema: na composição contínua inicial, partia o segundo Livro de P7^v, continuando em P8 e em Q, regularmente; era necessário portanto tornar a compor P7, deslocar o fim do Livro I para P7^r (como a princípio) e compor o catálogo em P7^v. Mas recompor exatamente P7^v e P8 era impossível, já que a nova composição daria três páginas e que nenhum texto de livro jamais começara num verso. Seria bem mais simples inserir no início do tomo II duas folhas conjuntas, razão pela qual se pediu ao autor uma página suplementar. Com o que ele concordou[58].

---

57. Cf., para maiores detalhes, nosso *Étude de Bibliographie Matérielle. "Le Diable Boiteux" de 1707*, Mouton, Paris-Haia, 1970.

58. Maiores particularidades no nosso *Lesage ou le métier de romancier*, Paris, Gallimard, 1971, pp. 395-396.

Conclusão

Por necessidade, a presente obra possui dois objetivos: introduzir à textologia e introduzir a textologia nos estudos literários. Por esse motivo é que se interrompeu a exposição didática, aqui e ali, com algumas interrogações endereçadas ao público. A vulgarização de uma disciplina nova e incipiente exige, de direito e de fato, um processo de adaptação que só será levado a cabo ao término de um trabalho coletivo; pois bem, esse trabalho está para ser feito. Cuidamos de evitar preencher as lacunas por meio de afirmações dogmáticas pessoais, transmitindo porém, sem concessões, o saber seguro já acumulado.

Se certas páginas pareceram difíceis ao leitor, é que elas o surpreendiam, sem dúvida: que ele as retome e se empenhe em seu estudo. Se outras lhe pareceram fáceis, por seu tom ensaísta, ainda assim deve este último voltar a elas, apenas que, desta feita, para participar da elaboração do saber e de seu questionamento.

Ele estará adquirindo, antes de mais nada, um conhecimento concreto dos livros, ao confrontar nas bibliotecas os dados que aqui são fornecidos à guisa dos mais variados exemplos. Se olharmos as folhas contra a luz, haveremos de encontrar a orientação e a posição das marcas; folheando as páginas, poder-se-á localizar as assinaturas, a paginação, os títulos-correntes; abrindo ao meio os cadernos — quando a encadernação não for demasiado apertada encontrar-se-ão as costuras. É preciso não negligenciar, no que se refere ao texto, a comparação de duas ou várias edições de uma mesma obra, e tentar formar uma idéia dos problemas que haveria de colocar o estabelecimento do texto ideal. A experiência das artes e técnicas do livro obtém-se mediante um contato direto. Mas ela não basta. Ela deverá ser complementada por uma cultura histórica.

Nós não podíamos e não tivemos a intenção de fazer mais que uma introdução.

LEGADO E PERSPECTIVAS PRÁTICAS DA TEXTOLOGIA

A filiação e a transmissão dos textos foram, durante muito tempo, estudadas pelos filólogos e posteriormente pelos bibliógrafos. O grande público, que se interessa pela literatura francesa moderna, tem ignorado esse legado, cuja importância não lhe foi mostrada. Quando um problema relativo aos manuscritos se apresentava, não era raro que os especialistas se voltassem rapidamente para a escola dos filólogos; não havia nunca uma preocupação pelos livros enquanto objetos materiais. Temos aqui portanto um primeiro manual que indica como verificar certos textos e que sugere a maneira de se passar a verificar outros.

Sim, porque o livro em língua francesa é muito pouco conhecido. Essa ignorância explica a maior parte dos silêncios e lacunas desta *Introdução*, a própria curteza do conjunto. Para o futuro, haveremos de escrever um verdadeiro manual de textologia, fundado sobre pesquisas que, ainda hoje, estão para ser iniciadas, na sua maior parte. Não se trata apenas de estudos de detalhes, que poderiam alguns reputar abstrusos, mas dos textos com que nos defrontamos.

Constatamos, de diferentes maneiras, a insuficiência das edições correntes, que varia de acordo com os autores e as épocas, e, no geral, preocupamo-nos muito pouco com o problema. Lemos os trechos escolhidos de Descartes e Fontenelle sobre a dúvida crítica, contudo não logramos aprender a exercer essa dúvida. O dogmatismo real do nosso ensino literário, no manual e na palavra do mestre, consiste em fazer falar a herança através dos textos, ao invés de preparar para a leitura dos textos. Esse dogmatismo nos condiciona de tal forma que passamos a ver as coisas ou em termos de rejeitar em bloco a herança, ou então de transmiti-la — apesar de tudo. A extensão até os textos modernos dos métodos da crítica textológica pode ajudar a desenvolver o pensamento materialista antidogmático, o racionalismo, desde que não a encerremos nas malhas de uma erudição passadista.

PROBLEMAS TEÓRICOS DO TEXTO

Numa época em que se questiona o estatuto do texto, a introdução da textologia poderia parecer curiosamente inoportuna. Por que nos encerrarmos no círculo de que pretendemos sair?

Entre a era da palavra tradicional e a das comunicações de massa, a literatura pretendeu representar o mundo no espaço dos livros. A ilusão romântica, a certeza de que o escritor fornecia no universo de sua ficção a imagem da vida real, foi uma ilusão que triunfou no século XIX. A realidade social tornar-se-ia, em seguida, realidade interior e depois realidade da escrita: o espelho da página mostra, fora do tempo, a perpétua gênese do mundo no sinal gratuito da tinta que extrai do nada a criação. No início era a escrita, e a escrita estava junto ao homem, e a escrita era o homem.

A partir da Renascença, os filólogos se empenharam em dessacralizar as noções de escrita e de texto: o *estrangement* dos sinais escritos pede, com efeito, ou a restituição literal, aberta à interpretação individual, ou a glosa dogmática, quando o comentário oculta sua própria historicidade. Vêm daí os conflitos entre marxistas e marxianos, católicos e protestantes... Enquanto que a palavra só pode ser pronunciada numa situação de comunicação que a completa e a condiciona ostensivamente, o texto (literário) só pode ser produzido elidindo o contexto. Corremos, portanto, o risco de interrogar em vão o "não-dito" do texto (a lógica aparente exigiria "não-escrito", mas nos referimos ao modelo, inaplicável, da comunicação oral), uma vez que o não-dito constitui o texto: só escreve um texto escritural (que se dá como inscrição individualizada) calando o trecho de onde o retiro. Nada impede uma interpretação metafísica desse silêncio primeiro, dessa mancha (de tinta) original: ao contrário, a ambigüidade da literatura, ora meio ora finalidade da comunicação, favorece-a. E essa ambigüidade é colocada por alguns, desde Nietzsche e Mallarmé, como a verdade da condição humana: a literatura diz aquilo que não é, não pode dizer aquilo que é nem o que ela é. Reina a analogia: sinal, índice, vestígio, símbolo e signo são confundidos e subsumidos no texto, de que se deixa de analisar as condições de possibilidade. A análise fenomenológica de escrito torna-se dessa forma Revelação, segundo um processo que não é novo na história da humanidade.

O texto é um produto material. O jogo com os significantes, que constitui o espaço literário, é um jogo com significantes escritos, mesmo quando se dá como paródia. Se começarmos a nos preocupar com as condições econômicas, sociais e culturais que determinam a produção dos textos, não haveremos de ficar indiferentes à produção material do livro moderno: sim, pois o modo de produção por impressão explica em larga medida a diferença entre literatura manuscrita e literatura tipográfica. Os recursos limitados da tipografia e as normas dos tipógrafos colocaram o escritor diante de coerções históricas precisas, coerções essas que, bem mais que a ortografia, delimitaram a própria noção de texto. A notação tipográfica criou o mito da comunicação na imortalidade do texto, acabado e assinado. Longe de superarmos esse mito, o que fazemos é perpetuá-lo ao pretender textualizar todo e qualquer sinal escrito e, por analogia, todo sinal tornado signo de escrita. Para que se escreva a Gênese grafêmica do Universo, será preciso tinta, papel, tipos, um editor, livreiros...

De tudo isso ocupa-se a textologia.

Orientação Bibliográfica

O texto e as notas contêm numerosas referências críticas que seguem a ordem de nossa exposição; seria conveniente consultá-las. Fornecemos aqui apenas uma orientação geral.

Obras de base

Ronald B. McKerrow, *An Introduction to Bibliography for Literary Students*, Londres, O. U. P., 1. ed. 1927.

> Representa ainda a melhor iniciação às técnicas da época artesanal. Exposição vigorosa e clara, centrada sobre as Ilhas Britânicas.

Fredson Bowers, *Principles of Bibliographical Description*, Princeton U. P., 1. ed. 1949.

> Conjunto da bibliografia analítica em seu aparecimento. Difícil, dogmática, quase sempre ultrapassada mas excepcionalmente rica. Continua sendo a referência indispensável, da qual só nos poderemos afastar se usarmos de muita prudência.

Para o domínio francês, poderão ser essas obras complementadas pelo texto e as pranchas da *Enciclopédia* de Diderot e d'Alembert e, de acordo com a época, por: Dominique Fertel, *La Science pratique de l'imprimérie*, 1722; Antoine F. Momoro, *Traité élémentaire de l'imprimérie ou le manuel de l'imprimeur*, 1793; Henri Fournier, *Traité de la Tipographie*, 1825; Théotiste Lefêvre, *Guide pratique du compositeur d'imprimérie*, 1878-1880; L. E. Brossard, *Le correcteur typographe*, 1924.

> Esses e outros títulos de obras poderão ser localizados no catálogo de reimpressões offset das edições Gregg International na Inglaterra.

J. Froger, *La critique des textes et son automatisation*, Dunod, 1968.

Excelente levantamento e iniciação aos problemas da automatização para literatos, que vai além da latinidade medieval.

Wallace Kirsop, *Bibliographie Matérielle et critique textuelle. Vers une collaboration*, Minard, 1970.

Bom estado atual, útil em particular no que se refere às controvérsias dos anos 60 na Inglaterra.

Questões atuais

É indispensável que se acompanhe as revistas de língua inglesa mais importantes, e principalmente:

The Library, cujos números trimestrais trazem uma bibliografia sinalética internacional,
Studies in Bibliography,
Papers of the Bibliographical Society of America.

Devemos ainda assinalar as rubricas textológicas publicadas em *Russkaja Literatura* e a publicação de periodicidade irregular *Voprosy Tekstologii*.

História da imprensa e do livro

O catálogo da exposição organizada na Biblioteca Nacional por ocasião do ano internacional do Livro (1972) apresenta uma perspectiva de conjunto, agradável e fácil.

A *Bibliographie annuelle de l'Histoire de France* poderá orientar-nos na vasta literatura existente sobre o assunto. A obra de síntese de Henri-Jean Martin, *L'Apparition du livre* (última edição revisada 1968), envelheceu mas continua indispensável.

COLEÇÃO ESTUDOS

1. *Introdução à Cibernética*, W. Ross Ashby.
2. *Mimesis*, Erich Auerbach.
3. *A Criação Científica*, Abraham Moles.
4. *Homo ludens*, John Huizinga.
5. *A Lingüística Estrutural*, Giulio Lepschy.
6. *A Estrutura Ausente*, Umberto Eco.
7. *Comportamento*, Donald Broadbent.
8. *Nordeste 1817*, Carlos Guilherme Mota.
9. *Cristãos-Novos da Bahia*, Anita Novinsky.
10. *A Inteligência Humana*, H. J. Butcher.
11. *João Caetano*, Décio de Almeida Prado.
12. *As Grandes Correntes da Mística Judaica*, Gershom G. Scholem.
13. *Vida e Valores do Povo Judeu*, Cecil Roth e outros.
14. *A Lógica da Criação Literária*, Käte Hamburger.
15. *Sociodinâmica da Cultura*, Abraham Moles.
16. *Gramatologia*, Jacques Derrida.
17. *Estampagem e Aprendizagem Inicial*, W. Sluckin.
18. *Estudos Afro-Brasileiros*, Roger Bastide.
19. *Morfologia do Macucanima*, Haroldo de Campos.
20. *A Economia das Trocas Simbólicas*, Pierre Bourdieu.
21. *A Realidade Figurativa*, Pierre Francastel.
22. *Humberto Mauro, Cataguases, Cinearte*, Paulo Emílio Salles Gomes.
23. *História e Historiografia*, Salo W. Baron.
24. *Fernando Pessoa ou o Poetodrama*, José Augusto Seabra.
25. *As Formas do Conteúdo*, Umberto Eco.
26. *Filosofia da Nova Música*, Theodor W. Adorno.
27. *Por uma Arquitetura*, Le Corbusier.
28. *Percepção e Experiência*, M. D. Vernon.
29. *Filosofia do Estilo*, G. G. Granger.
30. *A Tradição do Novo*, Harold Rosenberg.
31. *Introdução à Gramática Gerativa*, Nicolas Ruwet.
32. *Sociologia da Cultura*, Karl Mannheim.
33. *Tarsila — Sua Obra e seu Tempo* (2 v.), Aracy Amaral.
34. *O Mito Ariano*, Léon Poliakov.
35. *Lógica do Sentido*, Gilles Deleuze.
36. *Mestres do Teatro I*, John Gassner.
37. *O Regionalismo Gaúcho*, Joseph L. Love.
38. *Sociedade, Mudança e Política*, Hélio Jaguaribe.
39. *Desenvolvimento Político*, Hélio Jaguaribe.
40. *Crises e Alternativas da América Latina*, Hélio Jaguaribe.

41. *De Geração a Geração*, S. N. Eisenstadt.
42. *Política Econômica e Desenvolvimento no Brasil*, Nathanael H. Leff.
43. *Prolegômenos a uma Teoria da Linguagem*, Louis Hjelmslev.
44. *Sentimento e Forma*, Susanne K. Langer.
45. *A Política e o Conhecimento Sociológico*, F. G. Castles.
46. *Semiótica*, Charles S. Peirce.
47. *Ensaios de Sociologia*, Marcel Mauss.
48. *Mestres do Teatro II*, John Gassner.
49. *Uma Poética para António Machado*, Ricardo Gullón.
50. *Burocracia e Sociedade no Brasil Colonial*, Stuart B. Schwartz.
51. *A Visão Existenciadora*, Evaldo Coutinho.
52. *A América Latina em sua Literatura*, UNESCO.
53. *Os Nuer*, E. E. Evans-Pritchard.
54. *Introdução à Textologia*, Roger Laufer.
55. *O Lugar de todos os Lugares*, Evaldo Coutinho.
56. *Sociedade Israelense*, S. N. Eisenstadt.
57. *Das Arcadas ao Bacharelismo*, Alberto Venâncio Filho.
58. *Artaud e o Teatro*, Alain Virmaux.
59. *O Espaço da Arquitetura*, Evaldo Coutinho.
60. *Antropologia Aplicada*, Roger Bastide.
61. *História da Loucura*, Michel Foucault.
62. *Improvisação para o Teatro*, Viola Spolin.
63. *De Cristo aos Judeus da Corte*, Léon Poliakov.
64. *De Maomé aos Marranos*, Léon Poliakov.
65. *De Voltaire a Wagner*, Léon Poliakov.
66. *A Europa Suicida*, Léon Poliakov.
67. *O Urbanismo*, Françoise Choay.
68. *Pedagogia Institucional*, A. Vasquez e F. Oury.
69. *Pessoa e Personagem*, Michel Zeraffa.
70. *Convívio Alegórico*, Evaldo Coutinho.
71. *O Convênio do Café*, Celso Lafer.
72. *A Linguagem*, Edward Sapir.
73. *Teoria Geral da Semiótica*, Umberto Eco.

Este livro foi impresso na

POLIGRÁFICA LTDA
Av. Guilherme Cotching, 580 - S. Paulo
Tels.: 291-7811 — 291-1472
Com filmes fornecidos pela Editora